LET'S GO 로마서 ㊦

깊게 읽고 쉽게 풀어쓴

LET'S GO 로마서

㉻

강학종 지음

베드로서원

머리말

신약성경 27권 중에 바울이 쓴 책이 무려 13권입니다. 그중에서 로마서를 가리켜 기독교 교리를 가장 잘 설명한 책이라고 합니다. 여기에는 그만한 이유가 있습니다. 다른 서신서들은 바울과 관계가 있는 교회나 개인에게 보낸 것인데 반하여 로마서의 수신자인 로마교회는 바울과 아무런 관계가 없기 때문입니다.

예컨대 갈라디아서는 바울이 갈라디아교회에 보낸 편지입니다. 바울이 2차 전도 여행 중에 갈라디아교회를 세웠는데 갈라디아교회에서부터 별로 반갑지 않은 소식을 듣게 됩니다. 갈라디아교회에 율법과 복음에 대한 갈등이 있다는 것입니다. 그러면 바울이 어떤 내용을 말해야 할까요? 당연히 율법과 복음의 관계를 설명해야 합니다. 기독교 교리 전반을 얘기할 여유가 없습니다. 고린도교회도 마찬가지입니다. 바울이 세운 고린도교회에 분파, 우상, 간음 등의 여러 병리적 현상이 있었습니다. 그래서 고린도교회에 서신을 보내면서 주로 그 문제를 언급했습니다.

로마서는 그렇지 않습니다. 로마교회는 바울이 세운 교회가 아닙니다. 더구나 바울은 로마교회를 방문하고 싶어 하면서도 그 뜻을 이루지 못하고 있었습니다. 어쩌면 평생 로마교회를 방문해 보지 못하고 그의 사역이 끝날지도 모릅니다. 이런 바울이 로마교회에 편지를 쓰려니 자기가 아는 기독교의 전반적인 내용을 전부 다 쏟아 놓아야 했습니다. 그리고 우리는 그런 로마서를 가리켜서 기독교 교리의 중심이 되는 책이라고 합니다.

이런 때문인지 많은 설교자가 로마서를 강해하고 싶어 합니다. 신구약 성경에서 책 하나를 택해서 강해하라고 하면 대부분 로마서를 택하지 않나 싶습니다. 저 역시 부목사 시절에 청년회 성경 공부를 인도하면서 로마서를 강해한 적이 있고, 교회를 개척하고 20년 목회하는 동안 찬양예배 때와 수요예배 때, 그리고 주일낮예배 때 각각 한 번씩 로마서를 강해했습니다.

부목사 시절의 일입니다. 청년회에서 회지를 발간하면서 저한테 원고를 부탁하기에 어떤 내용을 쓸까 하다가 로마서 강해를 연재한 적이 있습니다. 성경을 읽어도 무슨 뜻인지 모르겠다는 말을 종종 들었는데 사실 성경은 읽으면 읽은 만큼 알 수 있는 책입니다. 하지만 어쨌든 성경 내용이 읽는 대로 머리에 쏙쏙 들어오지 않는 것은 사실입니다. 그래서 로마서를 한 절씩 최대한 쉽게 풀어서 썼습니다. 그리고 그때 할 수만 있으면 신구약 성경 66권을 전부 풀어서 쓰고 싶다는 생각을 했습니다. 앞에 나온 〈거룩한 에로스 아가〉와 〈Let's Go 히브리서〉가 그런 책입니다.

여기에 실린 내용은 지난 2009년 1월부터 2011년 5월까지 2년 4개월 동안 주일낮예배 때 설교한 내용을 간추려서 정리한 것입니다. 그때 매일 새벽기도를 마치면 로마서를 1독 하는 것으로 일과를 시작했던 기억이 지금도 새롭습니다. 그랬던 내용이 베드로서원의 도움으로 세상에 나오게 되었으니 방주석 장로님과 베드로서원 가족들에게 고마움을 전합니다. 내용의 방대함으로 1장부터 8장까지 상권, 9장부터 16장까지 하권으로 나누어 발행

했습니다. 아울러 책을 읽는 모든 독자에게 제가 로마서를 통하여 받은 은혜가 그대로 전달되기를 소망합니다.

주후 2022년 2월

하늘교회 목사 강학종

차례

㊦

㊦

9장 참 이스라엘

8장은 12장으로 바로 이어진다. 우리가 얻은 구원이 얼마나 확실한가를 강조하는 것으로 8장이 끝났다. 그리고 12장이 "그러므로 형제들아 내가 하나님의 모든 자비하심으로 너희를 권하노니 너희 몸을 하나님이 기뻐하시는 거룩한 산 제물로 드리라 이는 너희가 드릴 영적 예배니라"라는 말로 시작한다. 8장과 연결하면 "우리가 얻은 구원은 완벽하다. 그 어떤 것도 우리와 하나님 사이를 끊을 수 없다. 그러므로 우리가 어떻게 살아야 하느냐 하면, 우리 몸을 하나님께 거룩한 산 제물로 드리며 살아야 한다."라는 뜻이다.

그러면 9-11장은 왜 있는 것일까? 구원이 완벽하다면 당장 이스라엘이 문제가 되기 때문이다. "무슨 말이냐? 이스라엘은 예수를 배척하지 않았느냐?"라고 하는 것은 섣부르다. 구원 얻을 자격이 없기는 우리도 매일반이다. 우리는 구원 얻을 자격이 있지만 이스라엘은 자격이 없다고 생각한다면 아직 구원이 무엇인지 모른다는 뜻이다.

9:1-3〉 내가 그리스도 안에서 참말을 하고 거짓말을 아니하노라 나에게 큰 근심이 있는 것과 마음에 그치지 않는 고통이 있는 것을 …(중략)… 내 자신이 저주를 받아 그리스도에게서 끊어질지라도 원하는 바로라

크리스천들을 도무지 이해하지 못하겠다고 한 배우가 있다. 자기들은 사실이 아닌 것도 사실처럼 연기해서 사람들을 울리고 웃기는데 크리스천들은 명백한 사실을 얘기하면서도 전혀 실감이 안 난다는 것이었다. 공감이 가는 지적이다. 예수님이 우리를 위해서 돌아가신 것이 정말로 있었던 일인지, 그냥 그렇다 치는 것인지 분간이 안 되게 신앙생활을 하는 사람이 한둘이 아니다. 모름지기 신앙이 귀한 것이라면 귀한 것을 귀한 것으로 여기는 모습이 있어야 한다.

자기 신앙만 귀하게 여기면 되느냐 하면 그렇지 않다. 바울이 자기 신앙 때문에 애쓰는 것이 아니다. 유대인들 때문에 노심초사하고 있다. 유대인들은 늘 바울을 박해했는데 그런 유대인들을 위해서 애를 태운다. 신앙이 그만큼 귀한 것이기 때문이다.

감정이 안 좋은 친구를 극장에서 마주치면 모른 척할 수 있다. 하지만 불이 났으면 얘기가 다르다. 아무리 자기를 괴롭히던 친구라도 피하라고 해야 한다. 사람이 죽느냐, 사느냐 하는 문제 앞에서 사사로운 감정을 내세우는 것은 말이 안 된다. 예수를 믿는 문제가 그렇다. 개인감정이 개입할 여지가 없다.

유대인들은 바울이 가는 데마다 쫓아다니면서 박해했다. 그런데도 신앙 앞에서는 아무 문제가 안 된다. 무슨 일이 있어도 예수를 믿게 해야 한다. 우리는 사랑할 만한 사람을 사랑하고 도와줄 만한 사람을 도와주도록 부름받지 않았다. 우리 역시 구원받을 수 없는 형편에서 구원받았다.

얼마 전에 어떤 분을 전도하다가 황당한 말을 들었다. 자기는 절대 교회 다닐 수 없다는 것이었다. 무슨 영문인지 여쭸더니 대답이 기가 막혔다. 교회에 다니면 시어머니를 사랑해야 하는 것 아니냐는 것이었다. 시어머니를 계속 미워하기 위해서 교회 근처에도 가지 않겠다는 것이 그분의 말이었다.

불신자도 신앙과 사랑이 동격인 것을 안다. "예수를 믿는 사람은 다른 사람을 미워하면 안 된다"라는 생각이 불신자에게도 있다. 그런데 우리가 신앙을 대수롭지 않게 여긴다. 예수를 믿는다고 하면서 태연하게 남이 자기에게 어떻게 대했는지 따진다.

예전에 어떤 목사의 세미나 테이프를 들은 적이 있다. 걷지 못하는 사람을 걷게 하고 못 듣는 사람을 듣게 하는 등의 치유 이적으로 유명한 목사다. 관절염으로 고생하는 여자가 기도를 받으러 왔는데 아무리 기도해도 낫지 않는 것이었다. "다른 사람은 다 낫는데 왜 안 나을까? 무엇이 문제일까?" 하고 생각하던 중에 마음속에서 하나님의 음성이 들렸다. "그 여자가 미워하는 사람이 있다. 그 여자에게 남을 미워하는 마음이 있다."

목사가 물었다. "혹시 미워하는 사람이 있습니까?" 그 여자가 흠칫 놀라는 표정을 짓더니 고개를 끄덕였다. "용서하십시오. 남을 정죄하는 마음을 품은 채 어떻게 하나님의 은혜를 구하십니까? 병 낫기를 구하기 전에 먼저 용서해야 합니다." 여자가 고개를 푹 숙인 채 한숨을 쉬면서 말했다. "알겠습니다. 그냥 가겠습니다." 자기가 미워하는 사람을 용서하느니 차라리 관절염으로 계속 고생하고 말겠다는 것이었다.

누가 더 독한가? 시어머니를 용서하기 싫어서 교회 안 다니겠다는 불신자가 더 독한가, 미워하는 사람을 용서하느니 차라리 병을 앓고 말겠다는 신자가 더 독한가? 우리는 예수를 믿는다고 하면서도 하나님의 뜻보다 자기의 감정을 더 중요하게 여기곤 한다. 하나님이 싫어하셔도 별수 없다는 생각을 하는 사람을 신자라고 할 수 있는지 의문이다.

기독교가 본래 이치에 맞지 않는 종교다. 하나님이 우리를 사랑하신다는 사실 자체가 말이 되지 않는다. 만일 하나님이 이치를 따지는 분이었다면 우리 중에 하나님의 사랑을 입을 수 있는 사람은 아무도 없다. 이 사실을 인정한다면 우리에게서도 이치에 맞지 않는 사랑이 나와야 한다. "나의 형제 곧 골육의 친척을 위하여 내 자신이 저주를 받아 그리스도에게서 끊어질지라도 원하는 바로라"라는 고백이 우리의 고백으로 이어져야 한다. 주님께서 십자가에 달릴 때 그런 마음이었다.

9:4-5〉 그들은 이스라엘 사람이라 그들에게는 양자 됨과 영광과 언약들과 율법을 세우신 것과 예배와 약속들이 있고 조상들도 그들의 것이요 육신으로 하면 그리스도가 그들에게서 나셨으니 그는 만물 위에 계셔서 세세에 찬

양을 받으실 하나님이시니라 아멘

입만 열면 복음을 얘기하는 바울이 못내 안타까워하는 사실이 있었다. 이스라엘이 복음을 배척했다는 사실이다. 그런데 다시 생각하니 그렇지 않다. 어차피 구원은 하나님의 은혜에 기인한다. 이스라엘이 메시야를 거부한 것은 사실이지만 이방인이라고 해서 메시야를 이해해서 구원 얻은 것이 아니다. 그러면 비록 이스라엘이 구원을 얻는 일에 실패한 것처럼 보이지만 하나님께는 이스라엘을 구원하실 경륜이 있을 것이다.

구약시대에는 이스라엘 백성으로 태어나는 것이 하나님의 백성 된 징표였다. 특히 본문에서는 이스라엘을 유난히 강조한다. "그들은 이스라엘 사람이라"라고 해서, 이스라엘 사람이라는 사실 자체가 하나님과 가까운 사이임을 암시한다. 이어지는 내용에서도 "그들에게는 양자 됨과 영광과 언약들과 율법을 세우신 것과 예배와 약속들이 있고 조상들도 이스라엘 사람들이요 육신으로 하면 그리스도도 이스라엘 사람들에게서 나셨다"라고 말한다.

성경이 "이스라엘 사람이다"라고 말하는 것은 우리가 "미국 사람이다", "일본 사람이다"라고 하는 것과 다르다. 본래 이스라엘은 야곱의 다른 이름이다. 야곱은 '남을 속이는 자', '빼앗는 자'라는 뜻이다. 지금까지 야곱이 그렇게 살았다. 하나님이 그런 야곱의 이름을 이스라엘로 바꿔주셨다. 이스라엘은 하나님과 겨루어 이겼다는 뜻이다. 그렇다고 해서 야곱이 하나님보다 강할 수는 없다. 그때 야곱은 하나님께 복을 달라고 매달렸다. 그러니까

"하나님으로부터 복을 얻는데 성공했다"라는 뜻으로 생각하면 된다. 혹은 "하나님이 다스리신다"라고 해석할 수도 있다.

하나님이 야곱의 이름을 이스라엘로 바꿔주신 것은 "지금까지 너는 야곱으로 살았다. 남을 속이고 남의 것을 빼앗으며 살았다. 하지만 앞으로는 그렇지 않다. 너는 하나님께 복을 받은 사람이다. 하나님이 너를 다스릴 것이다."라는 뜻이다. 이 야곱이 나중에 이스라엘 열두 지파의 조상이 되고 이스라엘은 나라 이름이 된다. 이런 내용을 감안하면 "그들은 이스라엘 사람이라"라는 말을 할 만하다.

복음서에 나오는 유대인들은 사사건건 예수님을 반대했다. 그리고 성경은 한 번도 그들을 이스라엘 사람이라고 한 적이 없다. 항상 유대인이라고 했다.

빌립이 예수님께 나다나엘을 데리고 왔을 때 예수님이 "이는 참으로 이스라엘 사람이라 그 속에 간사한 것이 없도다"라고 했다. 유대인은 부정적인 의미로 쓰인 반면 이스라엘은 긍정적인 의미로 쓰였다. 이스라엘이 그만큼 하나님과 특별한 사이였다.

또 이스라엘에게는 양자 됨과 영광과 언약들과 율법을 세우신 것과 예배와 약속들이 있다. 성경에 나오는 조상들도 이스라엘 사람들이고 예수님도 이스라엘 사람으로 이 땅에 오셨다.

너는 바로에게 이르기를 여호와의 말씀에 이스라엘은 내 아들 내 장자라 내가 네게 이르기를 내 아들을 보내주어 나를 섬기게 하라 하여도 네가 보내주기를

거절하니 내가 네 아들 네 장자를 죽이리라 하셨다 하라 하시니라(출 4:22-23)

출애굽 직전, 하나님이 모세한테 바로에게 말을 전하라고 하셨다. 이스라엘은 하나님의 아들이요 하나님의 장자인데 그들을 내보내지 않으면 바로의 장자를 죽이시겠다는 것이다. 이스라엘과 이방 민족은 엄연히 달랐다. 하나님이 이스라엘을 특별히 생각하시는 이유는 교회의 예표이기 때문이다. 이스라엘 백성으로 태어난 것이 구원 얻은 표는 아니지만 이방인들에게 주어지지 않은 것이 주어진 것은 사실이다.

또 이스라엘에게는 하나님의 영광이 있었다. 구름 기둥과 불 기둥이 그들을 인도했다. 그들은 하나님의 인도하심을 직접 체험하며 광야를 행진했다. 또 솔로몬이 성전을 지었을 적에는 하나님의 영광이 성전에 가득했다.

이스라엘에는 언약들이 있다. 아브라함에게는 "내가 너를 복의 근원으로 삼겠다", "너의 후손을 하늘의 별처럼 많아지게 하겠다", "장차 네 후손에게 가나안을 유업으로 주겠다"라고 언약하셨고, 다윗에게는 "네 후손의 나라를 영원히 견고하게 하겠다"라고 언약하셨다. 그리고 모두 이루어졌다. 물론 이 모든 언약은 그리스도에게 초점이 있다.

또 율법과 예배와 약속들이 있고 조상들이 있다. 우리가 성경을 통해서 아는 아브라함, 요셉, 모세, 다윗, 솔로몬이 전부 이스라엘의 조상이다.

조상이 없는 민족은 없다. 하지만 이스라엘의 조상은 경우가 다르다. 그들은 그리스도를 설명하기 위하여 성경에 등장한다. 이스라엘이 그런 조상들을 가지고 있다. 심지어 그리스도도 이스라엘에서 태어났다. 그렇다면 이스라엘은 다른 민족보다 더 열심히 하나님을 섬겨야 옳다. 예수를 영접하는 일에 단연 일등이어야 한다. 그런데 오히려 예수를 배척했다. 여기에 바울의 애끓는 심정이 있다.

하나님이 이스라엘에게 양자 됨, 영광, 언약, 율법, 예배, 약속들을 주신 이유는 그리스도를 설명하기 위해서다. 이 세상에서 오직 이스라엘만 그리스도를 영접할 자격이 있다는 뜻이 아니다. 이스라엘도 긍휼의 대상이라는 뜻이다.

우리가 바로 그렇다. 이스라엘이 이방보다 낫지 않은 것처럼 우리 역시 남보다 낫지 않다. 옛날 이스라엘이 "이방인은 율법이 없지만 우리는 율법이 있다", "이방인은 할례를 받지 않았지만 우리는 할례를 받았다"라고 하는 것이 말이 안 되는 것처럼 "저들은 교회 다니지 않지만 우리는 교회 다닌다"라고 하면 안 된다. 우리는 더욱 그리스도께 인도되어야 하는 사람들이다. 하나님이 이스라엘에게 양자 됨, 영광, 언약, 율법, 예배, 약속들을 주셔서 그들을 그리스도에게 인도하기 원하셨던 것처럼 우리 환경을 통해서 우리를 신앙의 중심으로 인도하기 원하신다. 우리가 속한 교회나 옆에 있는 교인은 물론이고 친구나 직장, 혹은 개인의 건강이나 진로, 시장에서 마주치는 콩나물 장수 아주머니까지 하나님이 이스라엘에게 간섭하신 것과 같은 간섭들이다. 우리는 그런 간섭을 통해서 그리스도에게 나아가야 한다.

우리나라의 외식 문화에 문제가 많다고 성토하는 말을 들은 적이 있다. 음식을 맛있게 하는 식당이 너무 많아서 다이어트에 지장이 있다는 것이었다. 식당마다 맛없는 음식만 팔면 44사이즈도 가능한데 66사이즈도 낀다고 했다. "약속이 너무 많아서 성경 읽을 틈이 없다", "TV 프로가 재미있어서 기도할 수 없다", "돈 쓸 데가 많아서 십일조를 못 하겠다"라고 하는 격이다. 자기는 가만히 있는 채로 신앙생활이 저절로 되기를 바란다면, 그런 날은 주님 오실 때까지 오지 않을 것이다.

혹시 지금보다 환경이 나아지면 예수를 잘 믿을 수 있을 것 같은가? 예수를 믿는 것과 주어진 환경 사이에는 아무런 관계가 없음을 이스라엘 역사가 증언했다. 이스라엘이 하나님 앞에 변명할 수 없는 것처럼 우리 역시 변명할 것이 없다. "하나님, 이 문제만 해결해주시면 신앙생활 잘하겠습니다."라고 하는 것은 핑계에 불과하다. 하나님은 우리를 그리스도에게 인도하기 위해서 온 세상을 움직이는 분이다. 문제는 우리 자신이다.

9:6-9〉 그러나 하나님의 말씀이 폐하여진 것 같지 않도다 이스라엘에게서 난 그들이 다 이스라엘이 아니요 …(중략)… 약속의 말씀은 이것이니 명년 이때에 내가 이르리니 사라에게 아들이 있으리라 하심이라

9-11장이 전부 이스라엘에 대한 얘기다. 그렇다고 해서 하나님께서 이스라엘을 우대하신다는 뜻이 아니다. 구원 기회를 외면한 이스라엘도 포기하지 않으실 만큼 우리를 향한 구원 계획이 완벽하다는 뜻이다. 그럼에도 불구하고 의문은 남는다. 하나님의 구원 계획이 완벽하다면 이스라엘의 실패는 어떻게 설명해야 할까?

이스라엘에는 양자 됨과 영광과 언약들과 율법이 있었다. 이스라엘은 "하나님께서 이 모든 것을 우리에게 주셨다. 우리가 하나님의 백성이라는 증거 아니겠느냐?"라고 하겠지만 그게 아니다. 그 모든 것이 그리스도를 설명하기 위한 것이었다. "하나님께서 언제 이스라엘을 구원의 반열로 초대하신 적이 있느냐? 하나님은 이스라엘을 통하여 구원을 시작하신 것이 아니라 구원의 필요성을 제시하신 것이다."라는 뜻이다.

그리고 본문에서 확실한 답이 나온다. 이스라엘에게서 난 것이 다 이스라엘이 아니다. 외형상의 이스라엘 안에 진정한 이스라엘이 따로 있다.

구약성경을 읽을 때마다 이스라엘은 왜 이렇게 말귀를 못 알아듣는지 의문스럽다. 그들은 애굽에서 나오자마자 하나님께 불평했다. 하나님의 은혜가 모자랐기 때문이 아니다. 그들 대부분이 하나님의 백성이 아니었기 때문이다.

이런 내용을 이스라엘에게서 난 그들이 다 이스라엘이 아니라고 말한다. 이스라엘의 실패는 그들 대다수가 하나님의 백성이 아니었기 때문이다. 그럼에도 불구하고 하나님께서 계속 간섭하신 것은 그 안에 택한 백성이 있었기 때문이다.

"아브라함의 씨가 다 그의 자녀가 아니다. 이삭으로부터 난 자라야 한다. 육신의 자녀가 하나님의 자녀가 아니라 약속의 자녀라야 한다."라는 말씀은 오해의 우려가 있다. 새 신자가 아니면 아브라함, 이삭, 야곱으로 이어지는 계보를 다 안다. 아브라함한테 이스마엘이 있었다는 사실도 알고 야곱에게 쌍둥이 형 에서가 있었다는 사실도 안다. 그러니 "당연하다! 아브라함의 후손이기만 하면 되는 것이 아니다. 이스마엘의 후손이 아니라 이삭의 후손이라야 한다. 이삭의 후손 중에서도 야곱의 후손이라야 한다."라는 생각을 할 수 있다.

하지만 본문은 혈통이 아닌 약속을 말하고 있다. 아브라함의 후손 중에서도 이삭의 후손이라야 하는 이유가 무엇 때문인가? 이스마엘은 첩의 소생인 반면 이삭은 본처 소생이기 때문인가? 그러면 야곱과 에서는 어떤가? 야곱과 에서는 쌍둥이다. 그런데도 에서의 후손으로 태어나면 안 되고 야곱의 후손으로 태어나야 한다. 혈통이 아닌 다른 요인이 있다는 뜻이다.

9절은 창세기에 있는 내용을 배경으로 한다. 아브라함이 하갈한테서 이스마엘을 얻은 다음의 일이다. 하나님께서 아브라함과 사라의 이름을 바꿔 주시면서 후사를 주시겠다는 언약을 재확인하셨다. "내가 후사를 약속하지 않았느냐? 그런데 첩을 통해서 아들을 낳았단 말이냐? 아무래도 안 되겠다. 약속은 없던 일로 하자."라고 해도 할 말이 없는 상황인데 오히려 약속을 재확인하셨다. 우리를 향한 하나님의 약속이 그만큼 견고하다.

이때 하나님은 사라를 통하여 얻게 될 아들의 이름까지 말씀하시면서 약속을 다짐하셨다. 창 17:19에는 "너는 그 이름을 이삭이라 하라 내가 그와 내 언약을 세우리니"라고 되어 있고, 창 17:21절에는 "내 언약은 내가 내년 이 시기에 사라가 네게 낳을 이삭과 세우리라"라고 되어 있다. 하나님께서 이삭을 주신 다음에 그 이삭과 세울 언약이 있다는 것이다. 물론 장차 올 그리스도를 말한다.

바울이 이 내용을 인용하면서 "약속의 말씀은 이것이라 명년 이때에 내가 이르리니 사라에게 아들이 있으리라 하심이라"라고 했다. 이삭이 약속의 자녀인 이유가 여기에 있다. 하나님께서 이삭과 하신 약속이 있기 때문이 아니다. 하나님께서 이삭의 출생을 약속하셨기 때문이다. 이삭의 존재 자체가 하나님의 약속이다.

아브라함을 믿음의 조상이라고 한다. 인류 역사상 가장 믿음 좋은 사람이라는 뜻이 아니다. 믿음으로 구원 얻는 것이 어떤 것인지 보여주는 샘플이라는 뜻이다. 그리고 믿음으로 구원 얻는 것이 어떤 것인지 보여주는 사건이 이삭의 출생이다.

아브라함이 백 세에 아들을 얻었다는 얘기는 사람의 능력으로 불가능한 일이 일어났다는 뜻이다. 아브라함의 나이가 많기 때문에 불가능한 것이 아니다. 당시 사라는 폐경이었다. 예수님이 동정녀에게서 태어난 것만 기적이 아니다. 폐경인 사라에게서 이삭이 태어난 것도 기적이다. 그리고 성경은 믿음으로 구원 얻는 것을 설명하기 위해서 그런 기적을 예로 든다. 우리가 구원을 얻은 것은 아브라함과 사라 사이에서 이삭이 태어난 것만큼이나 엄청난 사건이다.

성경 공부를 인도하면서 은혜로 얻는 구원을 설명하면 다 의아하게 생각한다. 아무래도 불신자보다 신자가 낫지 않겠느냐는 편견 때문이다. 아무리 믿음으로 구원을 얻는다고 해도 어쨌든 신자는 예수를 믿지 않느냐는 것이다. 구원 얻을 만한 사람은 신자가 되고 구원 얻지 못할 만한 사람은 불신자가 되는 것 아니냐는 생각을 은연중에 하는 모양이다.

만일 하나님께서 아브라함의 수두룩한 아들 가운데 이삭을 택했으면 그런 생각이 옳을 수 있다. 그런데 그게 아니다. 하나님이 아브라함에게 하신 약속을 이루기 위해서 이삭을 출생시키셨다.

> 찬송하리로다 하나님 곧 우리 주 예수 그리스도의 아버지께서 그리스도 안에서 하늘에 속한 모든 신령한 복을 우리에게 주시되 곧 창세전에 그리스도 안에서 우리를 택하사 우리로 사랑 안에서 그 앞에 거룩하고 흠이 없게 하시려고(엡 1:3-4)

하나님이 우리를 선택하신 것은 창세전이다. 우리가 존재하기도 전에 우리를 선택하셨다. 우리는 일단 태어난 다음에 자라는 과정에서 하나님의 백성으로 선택되어 다듬어지는 사람들이 아니다. 애초부터 하나님께서 하나님의 백성 삼기로 작정하셔서 태어난 사람들이다. 우리가 바로 약속의 자녀들이다.

커피를 아주 까다롭게 마시는 사람이 있다. 맛이 없는 커피는 절대 마시지 않는다. 커피를 두 잔 이상 마시면 잠이 오지 않기 때문이다. 하루에 한 잔밖에 마시지 못하는 커피를 맛없는 것으로 마실 수는 없다는 것이 그의 말이었다. 기호품으로 마시는 커피가 그렇다면 한 번밖에 없는 인생은 어떻겠는가? 우리는 어쩌다 이 세상에 태어난 사람들이 아니다. 하나님께서 직접 계획을 세우셔서 빚은 하나님의 피조물이다. 마땅히 그에 어울리는 고급한 인생을 살아야 한다.

9:10-13〉 그뿐 아니라 또한 리브가가 우리 조상 이삭 한 사람으로 말미암아

임신하였는데 …(중략)… 이르시되 큰 자가 어린 자를 섬기리라 하셨나니 기록된 바 내가 야곱은 사랑하고 에서는 미워하였다 하심과 같으니라

바울이 이스라엘의 구원을 설명한다. 결론이 "이스라엘에게서 난 그들이 다 이스라엘이 아니다"였다. 아브라함을 선조로 해서 태어나기만 하면 아브라함의 자손으로 인정되는 것이 아니다. 아브라함의 자손 중에서도 이삭의 자손이라야 한다. 이스마엘은 약속의 자녀가 아니다. 그런데 이 얘기로는 설명이 미흡할 수 있다. 이삭과 이스마엘은 적자와 서자라는 차이가 있기 때문이다. 하나님의 약속이 이스마엘이 아닌 이삭에게 있었다고 하면 "이삭이 적자니까 당연하다"라는 생각을 할 수 있다. 그러면 하나님의 약속은 혈통이 기준이 된다. 그래서 혈통이 아니라는 사실을 설명하기 위해서 야곱과 에서를 예로 든다.

이삭과 이스마엘은 적자와 서자라는 구별이 있었지만 야곱과 에서는 그렇지 않다. 둘은 쌍둥이다. 그런데 하나님의 선택이 야곱에게 있었다. 에서의 자손은 아브라함의 자손으로 인정받지 못한다. 야곱의 자손이라야 한다. 왜 그런가 하면 아무 이유가 없다. 하나님께서 그렇게 정하셨기 때문이다. 리브가가 임신해서 야곱과 에서가 아직 태어나기도 전에 하나님께서 큰 자가 어린 자를 섬길 것이라고 말씀하셨다.

로마서에서 말하는 내용은 우리에게 허락된 구원이 얼마나 완벽한가 하는 것이다. 하나님께서 하시는 일이기 때문이다. 우리가 얻은 구원에 하나님이 99.999%를 감당하고 우리는 0.001%만 감당하면 된다고 해도 우리는 그 0.001%를 감당할 능력이 없다. 그래서 하나님이 홀로 이루셨다. 이런 사실을 놓고 구원은 행위로 말미암지 않고 하나님의 택하심으로 말미암는다고 한다. 우리의 책임에 대한 얘기가 아니다. 우리를 구원하신 분의 권위와 능력에 대한 얘기다.

사람은 본성상 죄인이다. 논리가 죄에 오염되어 있다. 하나님의 은혜를 설명 들으면서도 인간의 책임에 대한 의문을 갖는다. "하나님이 우리를 구원하셨다. 우리에게는 아무런 조건도 묻지 않으시고 우리를 선택하셨다."라는 말을 들으면 당연히 하나님의 은혜에 대한 감사가 나와야 한다. 그런데 "그러면 구원 얻지 못한 사람은 하나님이 선택하지 않은 때문이니까 그들을 지옥에 보내는 것은 잘못된 것 아니냐?"라는 생각을 한다.

그런 의문을 표하기에 앞서 문맥을 살펴야 한다. 본문은 구원에 대한 하나님의 주도권을 설명하는 중이다. 구원 얻지 못한 자의 책임을 다루는 내용이 아니다. 영어의 중요성을 말하면 "영어 공부 열심히 해야지"라고 마음먹으면 된다. "수학은 중요하지 않단 말입니까?" 하고 따질 이유가 없다. 수학이 얼마나 중요한지는 수학 시간에 따로 얘기가 있을 것이다.

여호와께서 이르시되 내가 너희를 사랑하였노라 하나 너희는 이르기를 주께서 어떻게 우리를 사랑하셨나이까 하는도다 나 여호와가 말하노라 에서는 야곱의 형이 아니냐 그러나 내가 야곱을 사랑하였고 에서는 미워하였으며 그의 산들을 황폐하게 하였고 그의 산업을 광야의 이리들에게 넘겼느니라(말 1:2-3)

두 친구가 중국집에 갔다. 한 친구가 짜장면을 시키자 다른 친구가 묻는다.

"너, 짜장면 좋아해?"

"응"

"그럼 짬뽕은?"

"짬뽕도 좋아해."

"그런데 왜 짜장면 시켜?"

"짬뽕보다는 짜장면이 더 좋아."

이런 얘기가 우리에게는 아무렇지도 않다. 하지만 히브리 사람들은 이런 경우에 "나는 짜장면을 좋아하고 짬뽕을 싫어한다"라고 한다. 하나님이 야곱은 사랑하고 에서는 미워했다는 것이 그런 맥락이다.

상당히 무서운 말일 수 있다. 우리 중에 하나님을 미워하는 사람은 없다. 전부 다 하나님을 사랑한다. 하지만 세상을 사는 것이 워낙 바쁘다 보니 가끔 한 번씩 하나님을 뒷전으로 밀어둘 때가 있는 것뿐이다. 성경은 그런 경우에 "네가 어찌하여 하나님을 미워하느냐?"라고 한다.

하나님이 야곱은 사랑하고 에서는 미워해서 에서의 산들을 황무하게 하고 에서의 산업을 광야의 이리들에게 넘겼다. 하나님이 에서가 하는 일을 일부러 저주했다는 말이 아니다. 불신자들이 세상에서 쌓은 것은 그렇게 될 수밖에 없다. 세상에는 영원한 것이 없기 때문이다. 에서는 자기 능력대로 세상을 살다가 그렇게 끝난 사람이다. 그런 그의 삶을 하나님의 미움을 받은 것으로 표현할 수밖에 없을 만큼 야곱을 특별히 사랑하셨다. 그렇다고 해서 야곱의 인생이 탄탄대로였다는 뜻이 아니다. 오히려 에서보다 더 고달팠다. 하나님이 의도하시는 모습으로 만들어져야 했기 때문이다.

우리는 에서가 아니다. 그런데 이상한 사실이 있다. 분명히 하나님은 우리를 야곱으로 불렀는데 우리 인생이 별로 고달프지 않다. 야곱은 하나님의 사람으로 다듬어지기 위해서 고달픈 인생을 살았는데 우리는 다듬어지지 않고 있다는 뜻이다.

개척 초기의 일이다. 주일예배를 마치고 식탁에 모여 앉았는데 한 교인이 말했다. "세상 사는 것만 힘든 줄 알았는데 예수 믿는 건 더 힘드네." 그 말에 모두 웃었던 기억이 있는데 사실 웃고 넘어갈 말이 아니다. 신앙을 통해서 얻는 것이 귀한 것이라면 예수를 믿는 것은 당연히 힘들어야 한다. 우리의 문제는 예수 믿는 것이 힘들기 때문이 아니라 힘들어야 하는데 힘들지 않기 때문이다.

돈을 벌기 위해서는 당연히 수고해야 하는 줄 안다. 원하는 대학에 진학하려면 고생해야 한다는 사실을 다 인정한다. 뱃살을 빼는 것이 힘들다는 사실도 다 안다. 그런데 왜 신앙생활은 부담 없이 하려고 할까?

이 세상에서는 에서로 살고 죽은 다음에 야곱이 되는 법은 없다. 우리는 이 세상에서나 다음 세상에서나 항상 야곱이어야 한다. 하나님이 우리를 야곱으로 부르셨다. 우리가 어느 만큼 하나님의 사람으로 다듬어지고 있는지 늘 확인해야 한다.

9:14-18〉 그런즉 우리가 무슨 말을 하리요 하나님께 불의가 있느냐 그럴 수 없느니라 모세에게 이르시되 …(중략)… 그런즉 하나님께서 하고자 하시는

자를 긍휼히 여기시고 하고자 하시는 자를 완악하게 하시느니라

하나님께는 불의가 없는 것이 당연하다. 그런데도 굳이 이런 말을 하는 이유는 하나님께 불의가 있는 것으로 오해할 만한 내용이 나왔기 때문이다.

하나님이 야곱과 에서가 태어나기도 전에 야곱은 사랑하고 에서는 미워하셨다. 야곱은 하나님의 선택을 받았고 에서는 하나님의 선택을 받지 못했다. 어떤 사람이 하나님의 백성이 되느냐 하면, 하나님이 미리 정하신 사람이 된다.

이런 말을 들으면 "그런 법이 어디 있느냐? 하나님이 불공평하신 것 아니냐?"라고 반발할 수 있다. 구원이 하나님으로 말미암는다면 우리가 할 수 있는 일은 아무것도 없다. 그런 구원을 누구에게는 주고 누구에게는 주지 않는단 말인가? 결국 하나님이 택하지 않은 사람은 멸망에 처해지게 되는데 그런 불공평한 처사가 어디 있는가? 그래서 "그런즉 우리가 무슨 말을 하리요 하나님께 불의가 있느냐 그럴 수 없느니라"라는 말이 나왔다. 첨언하면, 이런 의문이 들지 않으면 잘못된 복음 설명이다. 복음에 대한 설명을 들으면 이런 의문이 생기는 것이 정상이다.

이런 의문이 생기지 않으려면 어떻게 하면 될까? "하나님이 우리를 구원하시려고 예수님을 십자가에 못 박아 죽게 하셨다. 이 사실을 믿는 사람은 구원 얻고 믿지 않는 사람은 멸망한다."라고 하면 된다. 그러면 아무런 의문도 생기지 않는다. 하지만 구원은 그런 것이 아니다. 만일 우리가 얻은 구원이 쉽게 납득할 수 있는 것이라면 그때의 구원은 그다지 가치 있는 것이 아닐 것이다. 무엇보다 로마서가 이렇게 길고 복잡할 이유가 없다.

〈그리스신화〉에는 상당히 많은 신들이 나온다. 그 많은 신들 중에 행적에 의문을 품을 만한 신은 전무하다. 왜 그렇게 하는지 다 이해가 된다. 생각하는 것이 우리와 같은 수준이기 때문이다.

어른과 아이의 생각이 똑같을 수는 없다. 어른에게는 아이가 이해하지 못하는 면이 있게 마련이다. 자식이 부모를 이해하지 못하고 유치원에 다니는 조카가 대학생 삼촌을 이해하지 못한다. 마찬가지다. 만일 신이 있다면 그 신의 생각은 사람의 생각과 달라야 한다. 그런데 〈그리스신화〉에 나오는 신들은 사람이 생각하는 범주를 넘지 못한다. 그들에게 있는 신적 요소라는 것은 고작해야 능력이 뛰어나고 죽지 않는다는 점뿐이다. 생각의 차원은 사람과 동일하다. 사람이 만든 신이기 때문이다.

하나님은 그런 신이 아니다. 하나님이 하시는 일을 우리가 다 납득할 수 있다면 하나님이 아닐 것이다. 하나님이 하시는 일은 우리가 이해할 수 없는 것이 정상이다.

하나님이 야곱은 사랑하고 에서는 미워했다. 이 사실을 놓고 "하나님이 불공평한 것 아니냐?"라고 한다. 이때의 불공평은 우리 생각을 기준으로 하는 얘기다. 그러면 어떤 것이 공평한 것일까? 둘 다 똑같이 사랑하는 것이 공평한 것이 아니다. 둘 다 미워하는 것이 공평한 것이다.

인간이 죄인이 된 것은 아담이 범죄했기 때문이다. 만일 아내가 남편 말을 무시하고 옆집 남자 말을 들으면 그다음에 어떻게 될까? 아담, 하와가 그렇게 했다. 대체 무슨 정신으로 하나님 말씀을 무시하고 뱀의 말을 듣는

단 말인가? 뱀이 아무리 먹으라고 해도 "아니다. 하나님이 먹으면 죽는다고 했다."라고 해야 하는데 그들은 반대로 했다. "하나님은 먹지 말라고 했지만 뱀이 괜찮다고 하는 걸 보니 괜찮은 모양이다."라고 했다. 스스로 뱀과 같은 편이기를 원했다. 그런데 하나님이 그들 중의 일부를 구원하셨다. 그랬더니 자기가 멸망받아 마땅한 처지에서 구원 얻은 줄 모르고 오히려 불평하는 것이 말이 될까?

야곱과 에서의 불공평을 말하는 것이 그런 격이다. 인간의 논리로는 하나님이 불공평한 분인 것이 맞다. 누구는 구원하고 누구는 구원하지 않을 것이 아니라 아무도 구원하지 않는 것이 옳다. 하나님의 불공평은 상식 수준에 미치지 못하는 불공평이 아니라 상식 수준을 넘어서 긍휼과 자비를 베푸는 불공평이다.

15절 말씀이 나온 배경을 생각하면 더욱 그렇다. 하나님이 긍휼히 여길 자를 긍휼히 여기고 불쌍히 여길 자를 불쌍히 여긴다고 했는데 얼핏 당연한 내용 같다. 우리도 불쌍히 여길 만한 사람은 불쌍히 여기고 도와줄 만한 사람은 도와준다. 하지만 15절은 그런 평이한 내용이 아니다.

> 여호와께서 이르시되 내가 내 모든 선한 것을 네 앞으로 지나가게 하고 여호와의 이름을 네 앞에 선포하리라 나는 은혜 베풀 자에게 은혜를 베풀고 긍휼히 여길 자에게 긍휼을 베푸느니라(출 33:19)

모세가 십계명을 받으러 간 사이에 이스라엘이 금송아지 우상을 섬겼다.

그 일로 하나님이 진노하셨고, 모세가 대신 간구했다. 출 33:19는 그런 상황에서 나온 말씀이다. 하나님이 은혜 베풀 자에게 은혜를 베풀고 긍휼히 여길 자에게 긍휼을 베푸신다고 했는데 은혜를 받을 만한 자가 어디 있고 긍휼을 입을 만한 자가 어디 있단 말인가? 죄다 멸망받아 마땅할 뿐이다.

우리가 그런 상황에서 구원을 얻었다. 사람들이 본래 의와 불의의 중간 상태에 있었는데 하나님이 그중에 어떤 사람은 끌어당겨서 구원하시고 어떤 사람은 밀어뜨려서 멸망에 처하게 하신 것이 아니다. 하나님이 우리가 생각하는 상식의 차원에서 공평하신 분이면 모두 멸망해야 한다. 상식을 기준으로 은혜를 받을 만한 사람이나 긍휼을 입을 만한 사람이 아무도 없다. 만일 하나님이 불공평하신 분이면 그때의 불공평은 불평의 이유가 아니라 감사의 이유라야 한다.

형이 대학생 때의 일이다. 당시만 해도 장발이 단속 대상이었다. 형도 장발이었는데 한번은 단속에 걸렸다. 단속된 대학생들 틈에 섞여서 머리가 깎이기를 기다리는데 한 전투경찰이 살짝 불렀다. 형한테 대학 선배라고 자신을 밝히면서 뒤로 나가라고 했다. 그때 형이 어떻게 했을까? 그다음 말은 듣지 못했지만 보나마나 뻔하다. 고맙다는 인사를 하고는 뒤도 안 돌아보고 도망쳤을 것이다. "왜 저 사람들은 안 보내주고 나만 보내줍니까? 이건 불공평한 처사 아닙니까?"라고 따졌을 리가 없다.

그러면 18절 말미에 있는 "하고자 하는 자를 완악하게 하신다"는 말은 무슨 영문일까? 특히 본문은 바로를 예로 들고 있다.

그러나 여호와께서 바로의 마음을 완악하게 하셨으므로 이스라엘 자손을 보내지 아니하였더라(출 10:20)

여호와께서 바로의 마음을 완악하게 하셨으므로 그들 보내기를 기뻐하지 아니하고(출 10:27)

모세와 아론이 이 모든 기적을 바로 앞에서 행하였으나 여호와께서 바로의 마음을 완악하게 하셨으므로 그가 이스라엘 자손을 그 나라에서 보내지 아니하였더라(출 11:10)

이스라엘의 출애굽 직전, 하나님이 애굽에 재앙을 내리셨다. 그런데 바로가 거듭된 재앙에 시달리면서도 이스라엘을 내보내지 않았다. 성경은 그 내용을 "하나님이 바로를 완악하게 해서 그렇다"라고 한다. 바로가 이스라엘을 보낼 수도 있고 보내지 않을 수도 있었는데, 하나님이 바로의 마음에 작용해서 보내지 않게 하신 다음에 그것을 트집 잡아서 바로를 벌하셨다는 뜻일 수는 없다. 바로에게 있는 악한 생각을 허용하셨다는 뜻이다. 바로는 자기 욕심대로 행했는데 하나님이 그것을 통하여 하나님의 뜻을 이루셨다. 그 내용을 "하나님은 하고자 하는 자를 완악하게 하신다"라고 말한다.

우리가 꾸준히 악을 행할 마음을 먹으면 하나님은 얼마든지 그것을 행하게 놓아두신다. 우리가 의도적으로 행하는 악을 막아야 하는 책임이 하나님께 있는 것이 아니다. 요셉의 형들이 요셉을 종으로 팔았다. 그런데 하나님이 그들의 악행을 통하여 선한 결과를 만드셨다. 그렇다고 해서 요셉의 형들이 하나님께 따질 수는 없다. "왜 진작 말씀을 하지 않으셨습니까? 하나님이 저희를 만류하지 않는 바람에 저희가 얼마나 난처했는지 아십니까?"라고 하는 것은 말이 안 된다.

하나님이 가만히 있는 사람에게 악을 행하도록 종용하지는 않는다. 다만 악한 사람의 악행을 통하여 하나님의 뜻을 이루신다. "하나님이 하고자 하시는 자를 완악하게 하신다"라는 얘기는 하나님이 경우에 따라서는 죄나 악의 원인으로 개입할 수도 있다는 뜻이 아니다. 악한 자의 악행까지 선용하셔서 하나님이 의도하시는 결과를 만드신다는 뜻이다.

하나님은 긍휼히 여길 자를 긍휼히 여기고 불쌍히 여길 자를 불쌍히 여기신다. 긍휼을 입을 만한 사람이 아무도 없고 불쌍히 여김을 받을 만한 사람이 아무도 없는 중에도 그렇게 하신다. 하나님은 멸망받아 마땅한 사람에게도 긍휼을 나타내신다. 또 하고자 하시는 자를 완악하게 하신다. 악한 자가 아무리 악을 행해도 이루어지는 것은 하나님의 뜻이다. 우리가 믿는 하나님이 그런 분이다. 그리고 우리는 그런 하나님께 오히려 불평하는 사람들이다.

하나님은 우리가 의, 불의를 말할 수 있는 분이 아니다. 어떤 것이 의이고 어떤 것이 불의인지 정하시는 분이다. 우리 생각에 의로운 것이 의로운 것이 아니라 하나님이 의롭다고 해야 의로운 것이다. 우리 생각에 불의한 것이 불의한 것이 아니라 하나님이 불의하다고 하는 것이 불의한 것이다. 우리가 믿는 하나님이 이 세상의 기준이다. 명심해야 한다. 하나님은 언제나 옳은 일을 하시는 분이 아니라 하나님이 하시는 일이 언제나 옳은 일이다.

9:19-21〉 혹 네가 내게 말하기를 그러면 하나님이 어찌하여 허물하시느냐 누가 그 뜻을 대적하느냐 하리니 …(중략)… 토기장이가 진흙 한 덩이로 하나는 귀히 쓸 그릇을, 하나는 천히 쓸 그릇을 만들 권한이 없느냐

구원은 하나님께 속한 영역이다. 하나님이 선택한 사람은 구원을 얻고 하나님이 선택하지 않은 사람은 구원을 얻지 못한다. "그런 법이 어디 있느냐? 그건 불공평한 처사 아니냐?"라는 생각을 할 만하다. 그에 대한 대답이 "하나님은 긍휼히 여길 자를 긍휼히 여기고 불쌍히 여길 자를 불쌍히 여긴다"였다.

이런 설명을 들었다고 해서 명쾌하게 의문이 풀리지는 않는다. "혹 네가 내게 말하기를 그러면 하나님이 어찌하여 허물하시느냐 누가 그 뜻을 대적하느냐 하리니"라는 말이 그래서 나왔다. "무슨 소리냐? 구원이 하나님의 선택에 달린 문제면 구원 얻지 못한 것은 하나님 책임 아니냐?"라는 질문을 할 수 있다는 뜻이다.

그런데 이어지는 내용이 "이 사람아 네가 누구이기에 감히 하나님께 반문하느냐"이다. "아직도 설명이 부족하냐? 그러면 이렇게 생각해봐라." 하고, 다른 예를 드는 것이 아니라 "네가 뭔데 감히 하나님이 하시는 일에 토를 다느냐?"라고 한다. 자세하게 설명을 해서 납득시키려고 하지 않고 하나님의 권위를 내세워서 말문을 막아버린다.

불신자가 옆에 있으면 "역시 기독교는 엉터리다. 설명하다 막히니까 맹신을 강요한다."라고 하겠지만 그런 얘기가 아니다. 하나님이 하시는 일에 대한 체계적인 이해보다 더 중요한 것이 하나님의 권위를 인정하는 것이다. 권위는 논리에 선행한다. 권위에 승복하지 않는 사람은 논리에도 승복하지 않는다.

소비자는 무조건 옳다는 말이 있다. 소비자를 존중하기 위한 말이 아니다. 그렇게 해야 영업 이익이 극대화되기 때문이다. 그 사실을 귀감으로 삼아야 한다. 하나님이 하시는 일은 무조건 옳다. 하나님의 권위를 위해서 그렇게 인정해드리는 것이 아니다. 그 사실을 제대로 알고 있어야 우리한테 유익이다.

하나님은 태초에 천지를 창조하시고 지금까지 운행하시는 분이다. 우리가 궁금하게 여겨보지도 않은 일, 상상조차 하지 못하는 일들을 하나님이 다 하셨다. 하물며 우리 인생에 우리가 이해하지 못하는 일이 있다고 해도 이상할 게 없다. 지금은 모르지만 언젠가 알게 될 것이다.

욥이 하루아침에 열 명의 자식과 전 재산을 잃고 온몸에 종기가 생기는 재앙을 만난다. "하나님, 대체 왜 이러십니까? 면담 좀 하십시다. 제가 왜 이런 고난을 겪어야 합니까?"라는 것이 욥의 심정이었다.

욥기는 42장까지 있다. 욥이 재앙을 당하는 내용은 1장에 나온다. 욥의 친구들이 찾아오는 얘기가 2장에 나오고 3장부터 욥의 푸념이 시작된다. 자기에게는 아무 잘못이 없는데 왜 이런 고난을 겪어야 하느냐는 것이다. 그런데 하나님은 계속 침묵하시다가 38장에 가서야 말씀하신다. 그렇다고 해서 욥의 질문에 답하신 것도 아니다. 오히려 질문을 하셨다. 38-41장이 전부 하나님이 욥에게 질문하는 내용이다. 크게 두 가지다. "네가 이것을 아느냐?"라는 질문과 "네가 이걸 할 수 있느냐?"라는 질문이다. 욥의 무지와 무능을 지적하신 것이다.

욥기의 결론이 42장 5-6절이다.

> 내가 주께 대하여 귀로 듣기만 하였사오나 이제는 눈으로 주를 뵈옵나이다 그러므로 내가 스스로 거두어들이고 티끌과 재 가운데에서 회개하나이다(욥 42:5-6)

욥기는 "우스 땅에 욥이라 불리는 사람이 있었는데 그 사람은 온전하고 정직하여 하나님을 경외하며 악에서 떠난 자더라"라는 말로 시작한다. 욥의 아들들이 생일이면 잔치를 벌였는데 잔치가 끝난 다음에 욥이 아들의 명수대로 번제를 드렸다. 행여 아들들이 자기도 모르는 사이에 범죄하지나 않았을까 싶었기 때문이다. 이처럼 욥은 무의식중에라도 죄를 지은 것이 있지나 않을까 하고 늘 조심하는 사람이었다. 이런 욥에게 무슨 문제가 있을까? 하지만 그것은 우리가 생각하는 욥이다. 하나님 앞에서의 욥은 티끌과 재 가운데 앉아 회개해야 하는 죄인이었다.

기도할 때 우리 스스로를 낮고 천한 죄인이라고 한다. 하지만 사람은 낮고 천하지 않다. 사람은 모든 피조물 가운데 으뜸이다. 천사들조차 사람보다 못하다. 하지만 하나님 앞에서는 그렇지 않다. 하나님 앞에서는 언제나 낮고 천한 죄인일 수밖에 없다. 하나님을 높이는 것으로는 하나님을 설명할 수 없으니 우리를 낮추는 것이다.

충북 보은에 있는 정이품송은 천연기념물 103호로 지정되어 있다. 세조가 지나가자, 처져 있던 가지를 들어 올렸다고 한다. 세조가 가상히 여겨서 나무에 정이품 벼슬을 내렸다.

혹시 고양이를 위하여 제사를 지낸다는 말을 들어보았는가? 실제로 고양이에게 제사를 지내기 위하여 논과 밭 500마지기를 월정사에 바친 사람이 있다. 세조가 그 주인공이다. 세조가 법당에 들어가려는데 갑자기 고양이가 옷자락을 물고 늘어졌다. 세조가 문득 불길한 느낌이 들어서 군사들에게 법당을 수색하게 했다. 아니나 다를까 자객이 숨어 있었다. 고양이가 세조의 목숨을 구한 것이다. 그래서 세조가 강릉에서 가장 기름진 땅 500마지기를 그 고양이를 제사 지내는 조건으로 절에 헌납했다. 지금도 월정사 상원암에 가면 그 땅이 있다고 한다.

정말로 아래로 처져 있던 소나무 가지가 세조의 행차에 지장 없도록 저절로 올라가고, 고양이가 세조의 위험을 알고는 옷자락을 물어 당겼을까? 아마 백성들을 계도하기 위해서 지어낸 말일 것이다. 세조는 조카를 몰아내고 왕이 된 사람이다. 백성들이 지지할 리가 없다. 그래서 교육이 필요했다. "봐라, 한낱 미물조차 군왕을 섬길 줄 안다. 하물며 사람이겠느냐? 왕을 잘 섬기면 나무도 대접받고 고양이도 대접받는다."라는 뜻이다. 없는 권위를 만들려니 엉뚱한 소나무를 가상한 소나무로 둔갑시켜서 벼슬을 내리는 해프닝을 연출하고, 고양이에게 제사를 지낸다고 땅을 하사하는 촌극을 벌인 것이다.

하나님은 어떤가? 혹시 하나님이 이 세상의 주인이 아니라면 없는 권위를 만들어야 한다. 하나님이 하시는 일마다 명분을 만들어서 우리를 납득시켜야 한다. 우리로 하여금 하나님을 섬기게 하려면 먼저 그만한 조건을 제시해야 한다. 그러면 "하나님, 먼저 복 좀 줘보세요. 그럼 하나님을 섬겨드릴게요."라고 할 수도 있다. 하지만 하나님이 정말로 이 세상의 주인이라면 얘기가 달라진다.

우리는 하나님과 타협해서 복을 얻어내야 하는 사람들이 아니다. 하나님의 권위에 순종하는 것이 가장 큰 복인 사람들이다. 우리에게 가장 시급한 문제는 하나님의 권위를 인정해서 그 뜻에 순종하는 일이다.

9:22-24〉 **만일 하나님이 그의 진노를 보이시고 그의 능력을 알게 하고자 하사 멸하기로 준비된 진노의 그릇을 오래 참으심으로 관용하시고 …(중략)… 이 그릇은 우리니 곧 유대인 중에서뿐 아니라 이방인 중에서도 부르신 자니라**

"구원은 하나님의 은혜로 말미암는다. 어떤 사람이 구원 얻느냐 하면, 하나님이 택한 사람이 구원 얻는다." 이런 말을 들으면 불합리하다는 생각을 할 수 있다. 그러면 선택받지 못한 사람은 어떻게 되는 것인가?

19절에서 "혹 네가 내게 말하기를 그러면 하나님이 어찌하여 허물하시느냐 누가 그 뜻을 대적하느냐"라고 한 것이 그런 얘기다. "하나님이 선택하지 않은 사람은 구원 얻지 못한다. 그런데도 하나님이 심판하는 것은 말이 안 되는 것 아니냐?"라는 의문에 대해서 "이 사람아 네가 누구이기에 감히 하나님께 반문하느냐 토기장이가 진흙 한 덩이로 하나는 귀히 쓸 그릇을 하나는 천히 쓸 그릇을 만들 권한이 없느냐(20-21절)"라고 했다. 하나님이 이 세상 주인이니 하나님 마음대로라는 것이다.

아이가 용돈을 달라고 하면 엄마는 한참 잔소리를 늘어놓은 다음에 용돈을 준다. 아이는 용돈을 받아 가면서도 별로 기분이 안 좋다. 하지만 엄마 입장에서는 별수 없다. 아이는 용돈에 관심이 있지만 엄마는 아이에게 관심이 있기 때문이다. 용돈이 문제가 아니라 아이 교육이 문제다.

본문도 그런 격이다. 앞에서 "네가 무슨 자격으로 감히 하나님 하시는 일에 의문을 표하느냐? 하나님이 이 세상 주인인 것을 모른단 말이냐?"라고 했으면 더 이상 설명이 필요 없는 것 아닐까? 그런데 설명을 한다. 그러면 20-21절은 왜 있을까? "하나님께 반문하지 마라. 하나님이 이 세상 주인이다."라고 해놓고 설명은 설명대로 한다.

신앙은 논리보다 권위에 기인한다. 우리에게는 하나님이 하시는 일에 대한 체계적인 이해보다 하나님을 경외하는 마음이 더 중요하다. 하나님이 얼마나 크고 높으신 분인지 먼저 알아야 하고, 하나님이 하시는 일에 대한 이해는 그다음이다.

토기장이가 진흙으로 어떤 그릇을 만드는지를 놓고 왈가왈부하는 것은 말이 안 된다. 하나님도 그렇다. 하나님은 심판받아 마땅한 사람에게 내릴 심판을 잠시 유보할 수 있다. 언제 심판하는지는 하나님 주권에 속한 문제다. 또 어떤 사람을 통해서는 하나님의 영광을 드러낼 수도 있다. 하나님의 영광을 위하여 택한 사람들이 신자인데 유대인 중에서뿐 아니라 이방인 중에서도 하나님이 부르셨다.

어떤 사과나무 가지가 있다. 그 가지는 농부가 하는 일이 도무지 마음에 들지 않았다. 자기가 만발하게 꽃을 피우면 농부가 일부를 솎아버린다. 꽃한 송이를 솎아버리면 열매 하나가 줄어드는데 왜 그렇게 하는 것일까? 어떤 날은 전정가위라는 흉기로 자기를 학대하기도 한다. 그 정도가 아니다. 사과 열매는 자기가 맺는데 자기에게는 밥을 안 주고 뿌리에게만 주는 것은 무슨 경우일까?

우리가 하나님께 갖는 불만이 이렇다. 요컨대 우리는 하나님이 하시는 일에 관심이 없다. 왜 하나님이 자기 뜻대로 움직이지 않는지가 불만이다.

예전에 어떤 청년이 애초에 하나님이 우리를 항상 순종하도록 만들었으면 되는 것 아니냐고 했다. 내가 답했다. "이다음에 기회 되면 로봇하고 연애해 볼래?" 어리둥절한 표정을 짓는 그 청년한테 계속 말했다. "로봇하고 연애하면 얼마나 좋아? 모든 기념일마다 다 챙겨줄 테고, 다른 여자에게 한눈파는 일 절대 없을 테고, 프로그래밍만 제대로 해놓으면 무엇이든지 원하는 대로 다 되잖아?"

연애를 하면 속 썩는 일이 종종 생긴다. 하지만 로봇하고 연애하면 속을 썩고 싶어도 속 썩을 일이 없을 것이다. 왜 짧은 치마 입은 여자가 지나가면 곁눈질을 하는지 따질 필요도 없고, 약속 시간 겨우 1시간 늦은 것 가지고 왜 그렇게 소심하게 구는지 티격태격할 필요도 없다. 무엇이든지 자기가 원하는 대로 다 할 수 있다.

하지만 로봇하고 연애하고 싶어 할 사람은 없다. 하나님 역시 그렇다. 하나님이 우리 마음을 통제하시는 것은 의미가 없다. 우리의 전 인격이 하나님 쪽으로 반응해야 한다.

그런데 사람은 그렇게 단순한 존재가 아니다. 설교 말씀에 한 번 은혜 받아서 180도로 바뀌거나 성경 구절에 밑줄 한 번 긋는 것으로 철이 들지 않는다. 한 영혼이 하나님께 돌아오려면 긴가민가한 상태가 몇 차례나 반복되어야 하는지 모른다. 하나님이 기꺼이 그것을 감수하신다.

하나님은 거룩하신 분이다. 죄가 전혀 없는 분이고 차마 죄를 용납하실 수 없는 분이다. 그런 하나님이 죄를 심판하지 않고 기다리는 것 자체가 하나님께는 참기 힘든 고통이다.

유난히 깔끔 떠는 아가씨가 있다고 하자. 방에 머리카락 하나만 떨어져 있어도 소스라치게 놀란다. 그런 아가씨를 지네가 기어 다니고 바퀴벌레가 우글거리는 창고에서 지내게 하면 며칠이나 견딜까? 죄를 심판하지 않고 용납하시는 것이 하나님께 그런 고통이다. 그런 고통을 참으면서 한 사람이라도 더 돌아오기를 기다리신다. 그런데 사람들은 오히려 "누구는 구원하고 누구는 구원 안 하는 겁니까?" 하고 따진다는 것이다.

입장을 바꿔서 생각해 보자. 만일 우리가 하나님이면 성경에 기록된 내용이 지금보다 훨씬 단순했을 것이다.

창세기 1장> 하나님이 천지를 창조하셨다.

창세기 2장> 하나님이 인간을 창조하셨다.

창세기 3장> 인간이 죄를 범했다.

창세기 4장> 하나님이 인간을 심판하시고 새로운 인류를 창조하셨다.

창세기 5장> 새로 창조된 인류가 죄를 범했다.

창세기 6장> 하나님이 인간을 심판하시고 새로운 인류를 창조하셨다.

창세기 7장> 새로 창조된 인류가 죄를 범했다.

창세기 8장> 하나님이 인간을 심판하시고 새로운 인류를 창조하셨다.

우리가 하나님이었으면 성경이 이런 식으로 기록되었을 것이다. 창세기, 출애굽기, 레위기, 민수기, 신명기… 하는 식으로 여러 권 있을 필요가 없다. 창세기 한 권이면 충분하다. 그나마 그 한 권도 영원히 완성되지 않을 것이다. 아브라함이 나올 이유도 없고, 이삭을 모리아산에서 제물로 바칠 이유도 없고, 야곱이 벧엘에서 하나님을 만날 이유도 없고, 요셉이 감옥에 들어갈 이유도 없다. 궁극적으로 예수님이 십자가를 지셔야 할 이유도 없다. 그리고 인간은 아무도 구원 얻지 못할 것이다.

하나님은 그렇게 하지 않으셨다. 아담, 하와가 범죄 했을 때 그들을 멸하고 새로운 인류를 만들지 않고 4,000년 이상의 구약 역사를 마련하셨다. 이스라엘이 죄를 범하면 그때마다 징계하실지언정 저주하지는 않으셨다. 모압을 통하여 징계해도 말을 듣지 않으면 미디안으로 징계하고, 미디안으로 징계해도 말을 듣지 않으면 블레셋으로 징계하고, 블레셋으로 징계해도 말을 듣지 않으면 아람으로 징계하고, 아람으로 징계해도 말을 듣지 않으면 앗수르로 징계했는데 그래도 말을 듣지 않아서 결국 나라가 망하고 말았다.

그러면 그들을 심판하기 위해서 메시야를 보내도 할 말이 없다. 그런데 구원하기 위해서 메시야를 보냈다.

비단 이스라엘에 대한 얘기가 아니다. 우리 한 사람, 한 사람의 인생이 그렇다. 하나님의 관심은 우리에게 하나님을 알게 하는 것이다. 우리의 전 인생에 걸쳐서 그 작업을 하신다. 그런데 우리는 "하나님이 누구인가?", "하나님이 나에게 무엇을 원하시는가?"에 별로 관심이 없다. "하나님을 믿는 것이 나에게 무슨 유익인가?", "내가 원하는 것을 하나님이 언제 들어주시는가?"에 관심이 있다. 자기가 하나님 뜻대로 살 궁리는 하지 않고 하나님이 자기 입맛에 맞기를 기대한다.

프로 기사들은 대국이 끝나면 그 판을 복기한다. 바둑 한 판을 두려면 보통 400여 수를 두게 된다. 그런데도 복기가 가능한 이유는 의미 없는 수를 두지 않기 때문이다. 쓸데없는 수를 둔다면 이미 프로 기사가 아니다. 그러니 그 의미를 찾아가면 복기가 되는 것이다.

각자의 인생을 돌아보자. 혹은 30년, 혹은 40년, 혹은 50년, 지금까지 살아온 기간 중에 얼마나 복기가 가능한가? 하나님 앞에 의미 있게 보낸 날이 얼마나 되는가? 혹시 하나님 앞에 내세울 만한 것이 기억나지 않는다면 무의미하게 산 것이다. 앞으로 남은 인생이라도 복기가 가능한 인생, 의미 있는 인생을 살아야 한다. 하나님 뜻대로 사는 인생이 가장 의미 있는 인생이다.

9:25-27〉 호세아의 글에도 이르기를 내가 내 백성 아닌 자를 내 백성이라, 사랑하지 아니한 자를 사랑한 자라 부르리라 너희는 내 백성이 아니라 한 그곳에서 그들이 살아 계신 하나님의 아들이라 일컬음을 받으리라 함과 같

으니라

구약시대에는 구원이 이스라엘에 국한되었다가 신약시대에 와서 모든 민족에게 개방된 것으로 아는 사람이 있는데 그렇지 않다. 성경은 처음부터 이방인을 염두에 두고 있다. 하나님이 아브라함을 부를 때 "땅의 모든 족속이 너로 말미암아 복을 얻을 것이니라"라고 하셨다. 아브라함으로 말미암아 복을 얻을 사람이 아브라함의 후손이 아니라 땅의 모든 족속이다.

이스라엘은 당연히 하나님의 백성이고 이방인도 거기에 포함된다는 뜻이 아니다. 구원은 혈통이 기준이 아니라는 뜻이다. 그러면 이스라엘이 하나님의 백성이라고 주장할 근거도 없는 셈이다.

일찍이 하나님이 호세아 선지자를 통하여 "내가 내 백성 아닌 자를 내 백성이라 사랑하지 아니한 자를 사랑한 자라 부르리라"라고 말씀하신 바 있다. 이 내용을 이해하려면 먼저 호세아 선지자를 알아야 한다.

호 1:2에 "여호와께서 호세아에게 이르시되 너는 가서 음란한 여자를 맞이하여 음란한 자식들을 낳으라 이 나라가 여호와를 떠나 크게 음란함이니라"라고 되어 있다. 그 말씀에 따라 호세아가 고멜을 아내로 맞는다. 고멜이 임신하여 아들을 낳았다. 이름을 로암미(내 백성이 아니라)라고 지었다. 음란한 여인이 아들을 낳았으니 어디에 가서 누구 씨를 잉태하고 왔는지 모른다. 그런데 나중에 이름을 암미(내 백성이라)로 바꿔준다. 호세아의 아들이 아니지만 아들로 인정한 것이다.

하나님이 이스라엘의 회복을 약속하신 것인가 싶기도 하다. 하나님의 성품에도 부합하고 역사적으로도 타당한 것처럼 보인다. 그런데 호세아는 북 왕국에서 활동한 선지자다.

남 왕국 유다는 주전 586년에 바벨론에게 망했다. 백성들은 전부 바벨론으로 끌려갔다. 그렇다고 해서 그것으로 나라가 없어진 것이 아니다. 나중에 바벨론 포로에서 돌아온다. 하지만 북 왕국 이스라엘은 그렇지 않다. 북 왕국 이스라엘은 주전 722년에 앗수르에게 망해서 나라가 없어져버렸다.

만일 호세아가 남 왕국 유다에서 활동한 선지자라면 본문에서 인용한 내용이 "우리는 범죄했다. 하나님이 우리를 벌할 것이다. 하지만 아주 멸망시키지는 않는다. 결국 회복시키실 것이다."라는 뜻일 수 있다. 남 왕국 유다가 그렇게 되었다. 그런데 호세아는 북 왕국 이스라엘에서 활동했다. 북 왕국 이스라엘은 나라가 회복되지 못했다. 그러면 호세아가 자식 이름을 로암미에서 암미로 바꾼 것은 하나님이 범죄한 이스라엘을 회복하신다는 뜻이 아니다. 범죄한 인류를 다시 받아주신다는 뜻이다.

"뭐 그리 복잡하냐? 북 왕국, 남 왕국을 모르는 사람은 어떻게 하라는 소리냐?"라고 하면 안 된다. 성경은 모르는 것이 정상이 아니라 아는 것이 정상이다. 무엇보다 바울이 그런 시각에서 본문을 인용하고 있다. 바울이 호세아 선지자를 인용하는 이유가 "이 그릇은 우리니 곧 유대인 중에서뿐 아니라 이방인 중에서도 부르신 자니라"를 설명하기 위해서다. 하나님은 유대인 중에서만 하나님의 백성을 부르지 않았다. 이방인 중에서도 불렀다. 하나님의 부르심에는 혈통이 문제가 되지 않는다. 그 사실이 구약성경에 예언되어 있다. 호세아 선지자를 통하여 기록한 내용이 바로 그렇다. 이스라엘의 회복이 문제가 아니라 인류의 회복이 문제다.

그러면 26절에서 "너희는 내 백성이 아니라 한 그곳"이 어디일까? 이 내용을 이해하려면 구약에 나오는 내용을 알아야 한다. 하나님이 애굽의 노예로 있던 이스라엘을 가나안으로 인도했다. 성경에 보면 이스라엘이 하나님 말씀에 순종하면 어떤 복을 받고 불순종하면 어떤 벌을 받는다는 말이 자주 나온다. 이스라엘이 하나님 말씀을 거역하면 흉년이 들고, 그래도 정신을 안 차리면 이방 민족의 압제에 시달리고, 그래도 정신을 안 차리면 자식의 고기를 먹는 지경에 이른다고 했다.

부모가 자식을 잡아먹는다는 것이 말이 될까? 그런데 그보다 더 무서운 벌이 있다. 가나안 땅에 살지 못하게 되는 벌이다. 부모가 자식을 잡아먹는 일을 겪는 것보다 그것을 더 무서운 벌로 쳤다.

가나안은 약속의 땅이다. 그런 곳에 살지 못하게 된다는 얘기는 하나님으로부터 "너희는 더 이상 내 백성이 아니다"라는 선언을 듣는 격이다. 북 왕국 이스라엘이 망하여 포로로 끌려간 것에는 그런 메시지가 담겨 있다. "너희는 내 백성이 아니라 한 그곳"이 바로 그런 내용이다. 하나님이 주신 기업에서 살다가 자기들의 죗값으로 그 모든 것을 박탈당한 형편을 말한다. 그런 처지에서 다시 하나님의 자녀 된 지위를 회복시켜 주겠다고 하셨다.

북 왕국 이스라엘은 일정 기간 후에 다시 나라를 회복한 것이 아니라 아예 사라지고 말았다. 그러면 이 얘기는 북 왕국 이스라엘의 회복에 대한 내용일 수 없다. 죄를 범한 인류, 에덴동산에서 쫓겨난 아담의 후손을 염두에 둔 내용이다. 자기들의 죗값으로 남은 것이 형벌과 저주밖에 없었는데 하나님이 긍휼과 은혜로 다시 불러주신 것이 구원이다.

바울이 이런 내용으로 "이스라엘이 누구냐? 하나님의 은혜를 입은 자들이 이스라엘이다. 혈통이 기준이 아니라 은혜가 기준이다."라는 사실을 말한다. 결국 "하나님이 시작하신 구원은 실패하지 않는 법인데 이스라엘의 실패는 어떻게 된 영문이냐?"라는 질문은 질문 자체에 문제가 있다. 이스라엘이 실패한 것처럼 보이는 것은 국가 단위의 이스라엘이 실패했기 때문인데 하나님은 국가 단위로 하나님의 백성을 부르신 적이 없다.

9:27-29〉 또 이사야가 이스라엘에 관하여 외치되 이스라엘 자손들의 수가 비록 바다의 모래 같을지라도 남은 자만 구원을 받으리니 …(중략)… 우리가 소돔과 같이 되고 고모라와 같았으리로다 함과 같으니라

하나님이 이스라엘을 국가 단위로 부르신 적이 없다는 사실은 이사야의 예언에 더욱 자명하게 나타난다.

> 이스라엘이여 네 백성이 바다의 모래 같을지라도 남은 자만 돌아오리니 넘치는 공의로 파멸이 작정되었음이라 이미 작정된 파멸을 주 만군의 여호와께서 온 세계 중에 끝까지 행하시리라(사 10:22-23)

예언을 하는 이사야도 무척 놀랐던 모양이다. 27절에서 "또 이사야가 이스라엘에 관하여 외치되"라고 했다. 이사야서에는 그런 언급이 없지만 바울이 성령의 감동으로 그 구절을 인용하면서 "이 예언을 하는 이사야도 놀랐다"라고 한다. 이사야가 예언했다고 해서 자기 생각을 말하는 것이 아니다. 하나님께 받은 말씀을 전하는 것이다. 그런데 자기가 말하는 내용이 자기한테도 충격이었다.

이스라엘 사람들에게는 선민의식이 있었다. 이사야 역시 이스라엘 사람이다. 자기들은 특별한 존재인 줄 알았는데 하나님의 말씀을 전하다 보니 그게 아닌 것이다. 이스라엘 대부분을 위해서 예비된 것이 구원이 아니라 심판이었다.

이어지는 29절에 "또한 이사야가 미리 말한 바 만일 만군의 주께서 우리에게 씨를 남겨두지 아니하셨더라면 우리가 소돔과 같이 되고 고모라와 같았으리로다 함과 같으니라"라고 되어 있다. 이스라엘이라고 해서 소돔, 고모라와 다르지 않다. 하나님이 그들을 조금 남겨두셨을 뿐이다. 이스라엘이 생각하는 이스라엘과 하나님이 생각하는 이스라엘이 전혀 딴판이다.

이스라엘이 생각하는 이스라엘은 하나님의 선민이다. 하나님이 자기들을 하나님의 백성으로 삼으셨다. 자기들은 이방 족속과 다른 존재다. 하나님이 생각하는 이스라엘은 어떤가? 그들이라고 해서 이방 족속과 다른 점이 없다. 그들 역시 소돔이나 고모라와 마찬가지로 죄와 더불어 살아가는 족속일 뿐이다. 하나님의 넘치는 공의 앞에 마땅히 파멸되어야 한다.

이스라엘의 문제는 예수를 영접하지 않은 것이었다. 자기들한테 구원이 필요하다는 생각을 하지 않았다. 자기들에게 필요한 것은 하나님의 백성으로 대접받는 일이다. 그들은 지금도 메시야를 기다린다. 메시야만 오면 자기들이 대접받는 세상이 시작되는 줄 안다. 예수님이 메시야라는 사실을 인정하지 않는다.

그런 생각을 하는 근거가 무엇일까? 자기들이 아브라함의 후손이기 때문이다. 할례를 받았고 율법이 있기 때문이다. 자기들도 예수를 영접해야 하는 줄은 모르고 하나님이 자기들을 챙겨줘야 한다는 생각만 한다.

우리에게 그대로 적용된다. 사람들은 신앙생활이 자기한테 필요한 줄 모른다. 자기에게 있는 한두 가지 종교 행위로 자기는 충분한 줄 안다. 예수를 구주로 고백했으니 더욱 신자다워져야 한다는 생각은 하지 않고 하나님이 자기에게 좋은 일이 있게 해줄 것을 기대한다.

친구가 목회하는 교회의 권사 아들이 입원을 했다. 전에는 교회에 다녔는데 언제부터인지 통 볼 수 없는 아들이었다. 친구가 심방을 가서 "하나님, 이 기회에 다시 예수를 만나게 해주옵소서. 병이 낫는 것이 문제가 아닙니다. 기필코 영적으로 거듭나는 체험을 하게 하옵소서."라고 기도했다가 상당한 곤욕을 치렀다.

그때 들은 말에 "목사가 왜 그렇게 은혜가 없고 율법적이냐?"라는 말도 있었다고 한다. 대체 무엇이 율법이고 무엇이 은혜일까? 정신 차리고 예수 믿자는 얘기는 율법이고 예수 안 믿어도 복 받는 것이 은혜일까? 잘잘못을 따지지 않고 대충 넘어가는 것이 은혜인 줄 아는 사람이 있는데 천만의 말씀이다. 은혜는 죄를 덮어주는 넓은 천막 같은 것이 아니다. 말씀대로 살게 해주는 능력이다. 우리가 하나님의 은혜를 힘입으면 만사가 우리 뜻대로 풀리는 것이 아니라 우리가 하나님 뜻대로 살게 된다.

20세기 기독교 최고 지성으로 꼽히는 C. S. 루이스에 의하면 이 세상에는 두 종류의 사람이 있다고 한다. 자기 입으로 "하나님의 뜻이 이루어지기를 바랍니다"라고 말하는 사람과 하나님으로부터 "그래, 네 뜻대로 되게 해주마."라는 말을 듣고야 마는 사람이다. 우리가 어떤 사람인지 하늘이 알고 땅이 알고 우리 이웃이 안다. 어쩌면 우리만 모를 수 있다. 우리에게 가장 시급한 일은 예수 믿은 덕을 보는 일이 아니라 신자의 면모를 갖추는 일이다. 뜻이 하늘에서 이루어진 것처럼 땅에서도 이루어지는 것이 우리의 유일한 소망이다.

9:30-33〉 그런즉 우리가 무슨 말을 하리요 의를 따르지 아니한 이방인들이 의를 얻었으니 곧 믿음에서 난 의요 …(중략)… 내가 걸림돌과 거치는 바위를 시온에 두노니 그를 믿는 자는 부끄러움을 당하지 아니하리라 함과 같으니라

이스라엘의 실패는 성경에 예언된 내용이다. 하나님은 국가나 민족 단위의 이스라엘을 부르신 적이 없다. 오히려 이방인을 부르신다.

이방인을 부르신다는 말은 이스라엘이 아닌 다른 나라 사람을 하나님의 백성으로 부르신다는 뜻이 아니다. 하나님의 백성을 부르는데 국적을 따진다는 발상 자체가 말이 안 된다. 이스라엘은 하나님을 아는 민족이다. 여기에 반해 이방인은 하나님을 모른다. 약속에 대해서, 율법에 대해서, 하나님의 나라에 대해서 들은 바가 없다. 그런데도 부르셨다. 그런 내용을 본문은

"의를 따르지 아니한 이방인들이 의를 얻었으니 곧 믿음에서 난 의다"라고 말한다.

이스라엘은 그렇지 않다. 하나님께 받은 약속도 있고, 율법도 있고, 하나님의 나라에 대해서 들은풍월도 있었다. 그런데 구원 얻는데 실패했다. 그런 내용을 "의의 법을 따라간 이스라엘은 율법에 이르지 못하였다. 그들이 믿음을 의지하지 않고 행위를 의지했기 때문이다."라고 한다.

내가 학생 때만 해도 "구약시대에는 율법을 다 지켜야 했기 때문에 구원 얻는 것이 힘들었다. 그런데 지금은 예수를 믿기만 하면 누구든지 구원 얻는다."라는 말을 하곤 했다. 본문을 그런 식으로 생각하면 간단하다. "이방인은 구원 얻었다. 어떻게 얻었느냐? 그들은 믿음이 있었다. 이스라엘은 구원을 얻지 못했다. 왜 못 얻었느냐? 율법을 지켜서 구원을 얻으려 했기 때문이다."라고 하면 맞는 말 같다.

그런데 여기에서 말하는 이방인은 "어느 나라 사람이냐?"에 대한 얘기가 아니라 하나님에 대해서 아는 것이 없다는 뜻이다. 하나님을 모르면 구원이 무엇인지 모른다. 만일 구원이 믿어서 얻는 것이라면 일단 구원이 무엇인지 알아야 한다. 구원이 무엇인지도 모르면서 구원을 얻는 것은 말이 안 된다.

믿음으로 구원 얻는다고 할 때의 믿음은 구원을 얻기 위한 조건이 아니다. "믿음으로 구원 얻는다"의 동의어가 "은혜로 구원 얻는다"이다. 이방인들이 그런 구원을 얻었다. 구원을 얻기 위해서 한 일이 아무것도 없는 정도가 아니라 구원이 무엇인지도 몰랐다.

어떤 학생이 시험을 보지도 않았는데 합격했다. 그러면 시험을 봐서 낙제 점수가 나온 학생은 합격일까, 불합격일까? 시험을 보지도 않았는데 합격했으면 시험 점수로 합격, 불합격을 가리지 않았다는 뜻이다. 낙제 점수라고 해서 불합격일 이유가 없다.

이방인과 유대인이 그런 격이다. 율법이 무엇인지도 모르는 이방인이 구원 얻었다면 이스라엘이 율법을 지키는데 실패했다고 해서 결격사유가 될 수 없다. 그런데 성경은 "의의 법을 따라간 이스라엘은 율법에 이르지 못하였다. 믿음을 의지하지 않고 행위를 의지했기 때문이다."라고 한다. 이스라엘은 의의 법을 따라갔다. 이방인들은 의에 대하여 아무런 개념이 없었지만 이스라엘은 달랐다. 하지만 율법에 이르지는 못했다. 믿음을 의지하지 않고 행위를 의지했기 때문이다. 그러면 믿음을 의지하는 것은 어떤 것이고 행위를 의지하는 것은 어떤 것일까?

30절에서 의를 따르지 않은 이방인들이 의를 얻었다고 했다. 믿음에서 난 의다. 믿음은 마음의 상태가 아니라고 했다. 자기가 원인을 제공하지도 않았는데 결과가 자기에게 이루어진 것을 믿음이라고 한다. 반면 행위는 자기가 원인을 제공해서 그 결과가 자기에게 이루어진 것을 말한다. 이렇게 따지면 얘기가 이상하게 된다. 이방인들은 아무 생각 없이 가만히 있었더니 구원이 주어졌는데 이스라엘은 나름대로 구원을 얻으려고 애쓰는 바람에 구원을 얻지 못했다는 뜻 같기 때문이다.

그런 말이 아니다. 의를 따르지 않은 이방인들이 의를 얻었다는 얘기는 구원이 은혜로 주어진다는 사실을 말하는 것이다. 마찬가지로 의의 법을 따라간 이스라엘이 율법에 이르지 못했다는 얘기는 구원은 행위로 얻는 것이 아니라는 사실을 말하는 것이다.

여호와의 말씀이니라 보라 날이 이르리니 내가 이스라엘 집과 유다 집에 새 언약을 맺으리라 이 언약은 내가 그들의 조상들의 손을 잡고 애굽 땅에서 인도하여 내던 날에 맺은 것과 같지 아니할 것은 내가 그들의 남편이 되었어도 그들이 내 언약을 깨뜨렸음이라 여호와의 말씀이니라 그러나 그 날 후에 내가 이스라엘 집과 맺을 언약은 이러하니 곧 내가 나의 법을 그들의 속에 두며 그들의 마음에 기록하여 나는 그들의 하나님이 되고 그들은 내 백성이 될 것이라 여호와의 말씀이니라(렘 31:31-33)

구약, 신약이 본문에서 유래했다. 하나님이 이스라엘 집과 유다 집에 새 언약을 맺으신다고 했는데 새 언약이 곧 신약이다. 새 언약이 있으면 옛 언약(구약)도 있을 것이다. 새 언약은 하나님이 이스라엘을 애굽에서 인도하던 날에 맺은 것과 다른 것이다. 하나님이 이스라엘을 애굽에서 인도하던 날에 맺은 언약이 옛 언약이다. 옛 언약 때는 하나님이 이스라엘의 남편이 되어서 이스라엘을 인도했다. 부부는 세상에서 가장 가까운 사이를 말한다. 자기 자신은 아니지만 남도 아니다.

하나님이 그런 존재였다. 그때 하나님은 이스라엘의 손목을 붙잡고 하나에서 열까지 일일이 챙겼다. 간섭할 수 있는 모든 외부 환경을 다 동원했다. 그런데도 이스라엘이 거부했다. 그래서 새 언약을 말씀하신다. 새 언약은 이스라엘의 외부 환경에 영향을 미치는 방법이 아니다. 남편이 아내를 이끄는 것처럼 손목을 붙잡고 이끄는 것이 아니라 이스라엘의 속에서 직접 작용하는 것이다. 하나님의 법을 이스라엘의 속에 두며 그들의 마음에 기록하겠다고 했다.

이것이 이스라엘의 실패에 대한 설명이다. 사람은 속이 바뀌지 않으면 아무것도 바뀌지 않는다. 환경을 바꿔서 사람을 변화시키는 방법은 없다. 31절에서 이스라엘이 믿음을 의지하지 않고 행위를 의지했다는 얘기가 그렇다.

그러면 부딪힐 돌에 부딪혔다는 것은 무슨 뜻일까? 33절은 이사야서에서 인용한 말씀이다.

> 그러므로 주 여호와께서 이같이 이르시되 보라 내가 한 돌을 시온에 두어 기초를 삼았노니 곧 시험한 돌이요 귀하고 견고한 기촛돌이라 그것을 믿는 이는 다급하게 되지 아니하리로다(사 28:16)

하나님이 시온에 한 돌을 두어서 기초를 삼았다. 그 돌이 때로는 시험한 돌이 되고 때로는 견고한 기촛돌이 된다. 이스라엘이 바로 그 돌에 부딪혔다. 그 돌은 물론 예수님이다.

이스라엘에서는 한쪽 모퉁이에 돌을 놓고 그 돌을 기준으로 가로세로로 돌을 쌓아서 집을 지었다. 하나님이 한 돌을 시온에 두어 기초를 삼았다는 얘기는 예수님을 우리의 기준으로 주셨다는 뜻이다.

이렇게 따지면 행위에 의지한 사람이 어떤 사람인지 답이 나온다. 하나님이 주신 기초석을 거부한 사람이다. 예수를 믿는 사람에게는 예수가 기초석이다. 하지만 예수를 믿지 않는 사람에게는 예수가 걸림돌이요, 거치는 바위가 될 수밖에 없다.

고등학교 동창 모임에 갔을 때의 일이다. 한 친구가 말했다. "자기 인생이야 자기가 책임지면 되지, 예수는 왜 믿는 거냐?" 이것이 신자와 불신자의 차이다. 신자는 아무리 신앙 수준이 낮아도 그런 말을 하지 않는다. 그런데 불신자들은 자기가 자기 인생을 책임질 수 있다고 생각한다. 자기가 자기 인생의 기초가 되는 것이 얼마나 허망한 일인지 모르면 별수 없다.

우리는 예수님으로 말미암지 않고는 하나님께 나아갈 수 없다는 사실을 안다. 이스라엘이 구원을 얻지 못한 이유가 여기에 있다. 그들은 스스로 하나님께 나아갈 수 있다고 생각했다. 그들에게는 예수님이 걸림돌이요 거치는 바위일 수밖에 없다. 자기들은 이미 하나님의 백성인데 왜 회개하라고 하는가? 메시야면 메시야답게 얼른 로마를 몰아내고 자기들을 잘 먹고 잘 살게 해줘야 할 것 아닌가? 자기들이 기대하는 일은 안 하고 엉뚱한 말만 하니 그런 메시야는 인정할 수 없다. 당연히 십자가에 못 박아 죽여야 한다.

중·고등부를 지도하던 시절, 피자나 짜장면을 사주는 것은 좋아하면서 자기들의 의사 결정에 간섭하는 것은 싫어하는 학생들이 있었다. 애들이야 당연히 그렇지 않으냐고 할 수 있지만 한번 따져 보자. 목사에게 피자나 짜장면을 얻어먹는 것이 신앙일까, 목사 얘기에 순종하는 것이 신앙일까?

실제로 성경에 그런 내용이 나온다. 어떤 집에 두 아들이 있었다. 작은아들이 말한다. "아버지, 제 몫의 유산을 미리 주십시오. 제가 아버지에게 원하는 것은 재산이지, 간섭이 아닙니다. 제 인생은 제가 알아서 살겠습니다. 제 몫의 유산을 주는 것이 아버지가 제게 할 일입니다."

우리는 그 사람을 탕자라고 부른다. 그러면서 같은 생각을 한다. 하나님이 자기에게 잘해줬으면 좋겠고 세상에서 예수 믿은 덕을 봤으면 좋겠다는 생각은 하면서, 성경 말씀이 어떻고 신자 된 도리가 어떻고 하는 얘기는 부담스럽게 여긴다.

옛날 이스라엘은 예수님이 기초석이 아니라 오히려 걸림돌이었다. 예수님이 계신 것이 그들에게 방해가 되었다. 거창하게 예수님으로 얘기할 것까지 없다. 여러분에게는 목사가 기초석인가, 걸림돌인가? 여러분은 목사가 하는 말에 따를 준비가 되어 있는가, 아니면 목사가 여러분을 이해해줬으면 좋겠는가? 진지하게 고민해보자. 성령님께서 우리 모두에게 깨우침을 주시기를 소망한다.

10장 주의 이름을 부르는 사람들

10:1-3〉 형제들아 내 마음에 원하는 바와 하나님께 구하는 바는 이스라엘을 위함이니 곧 그들로 구원을 받게 함이라 …(중략)… 하나님의 의를 모르고 자기 의를 세우려고 힘써 하나님의 의에 복종하지 아니하였느니라

9장에서 이스라엘의 실패를 말했다. 본문에서 이유를 설명한다. 열심은 있었는데 지식을 따른 열심이 아니었다. 하나님이 계시지 않으면 관계없다. 하지만 하나님이 계시면 하나님이 옳고 그른 것의 기준이다. 이스라엘은 자기 생각에 옳은 일을 하느라고 하나님이 어떤 것을 옳다고 하시는지에 무지했다.

복음서에 나오는 유대인들은 사사건건 예수님과 충돌한다. 유대교에서는 지금도 예수님을 메시야로 인정하지 않는다. 예수님을 메시야로 인정하지 않으니 신약성경도 인정하지 않는다. 그들은 구약성경만 인정한다. 그렇다고 해서 유대교를 정통적인 구약 신앙의 맥을 잇는 종교로 볼 수도 없다.

본래 구약 신앙은 제사가 핵심이었다. 그런데 이스라엘이 멸망하면서 성전이 무너졌고 백성들은 포로로 끌려갔다. 제사를 지낼 수 없게 된 것이다. 그때부터 신앙 중심이 회당에서 율법을 연구하는 것으로 바뀌었다. 율법 조항을 일상생활에 적용하는 것이 신앙 근간이 되었다. "안식일에 걸을 수 있는 거리가 어느 만큼인가?", "안식일에 할 수 있는 일은 어떤 일이고, 할 수 없는 일은 어떤 일인가?", "안식일에 목발을 짚고 다니는 것은 일인가, 아닌가?" 등을 연구한 것이다.

안식일에는 5리까지 걸을 수 있다. 바느질은 두 땀까지 할 수 있다. 목발의 경우 다리를 다친 사람은 짚고 다닐 수 있지만 다리가 성한 사람이 들고 다니는 것은 안 된다. 이렇게 해서 태어난 것이 유대교인데 이들의 구약 해석은 정통적인 구약 신앙의 틀에서 벗어나게 된다. 유대교는 구약 신앙을 계승한 것이라기보다 구약 신앙이 이교화한 것이다.

맥도날드는 세계적인 기업이다. 예루살렘에도 점포가 있다. 그런데 치즈버거는 팔지 않는다. 성경에 염소 새끼를 그 어미의 젖으로 삶지 말라는 말씀이 있기 때문이다. 유대인들은 육류와 유제품을 함께 먹지 않는다. 하지만 따로 먹는 것은 무방하다. 고기를 먹고 2시간이 경과하면 우유를 마실 수 있다. 그 정도 간격이면 서로 섞이는 일이 없다는 것이다.

어쩌면 우리가 가장 주의해야 할 모습일 수 있다. 신앙생활을 어떻게 할 것인지 자기가 정하는 경우가 왕왕 있기 때문이다. 자기가 하는 일이 정말로 신앙적으로 가치 있는 일인지 따지지 않는다.

> 선지자들은 거짓을 예언하며 제사장들은 자기 권력으로 다스리며 내 백성은 그것을 좋게 여기니 마지막에는 너희가 어찌하려느냐(렘 5:31)

수요가 있어야 공급이 있는 법이다. 하나님의 말씀을 적당히 전달하는 선지자가 있는 이유는 백성들이 그것을 좋아하기 때문이다. "하나님이 이렇게 말씀하셨습니다"라고 하면 고지식한 선지자, 세상 물정 모르는 선지자로 취급하고 "하나님이 다 이해하십니다. 그만하면 충분합니다."라고 말해주는 선지자를 좋아하면 그런 선지자가 나올 수밖에 없다. 제사장도 마찬가지다. 백성이 엉터리이면 선지자나 제사장도 엉터리라야 대접받는다. 정당한 선지자와 제사장은 발붙일 곳이 없어진다.

차제에 당부를 드린다. 목회자한테 이해해달라는 말은 하지 말기 바란다. 그 얘기가 목회자의 이해심에 해당된다면 관계없지만 자신의 불신앙이 걸린 문제라면 곤란하다. 목회자는 불신앙을 이해해주는 사람이 아니다. 목회자에게 이해해달라고 하지 말고 이해를 구하고 싶은 부분을 고쳐야 한다.

요컨대 우리는 어떤 것이 신앙이고 어떤 것이 신앙이 아닌지 분별할 수 있어야 한다. 어떤 것이 자기 의를 세우는 것이고 어떤 것이 하나님의 의를 세우는 것인지 분별해서 하나님이 옳다고 하시는 일을 해야 한다.

10:4〉 그리스도는 모든 믿는 자에게 의를 이루기 위하여 율법의 마침이 되시니라

9장 말미에 이스라엘이 의의 법을 따라갔지만 율법에 이르지 못했다는 내용이 있었다. 그 내용과 연결하면 예수님이 율법을 이루신 분이니까 예수님을 의지하면 되는데 자기들 힘으로 율법을 이루려고 했다가 실패했다는 뜻이 된다. "열심은 있으나 지식이 없었다", "자기 의를 세우려고 하나님의 의에 복종하지 않았다"가 그런 내용이다.

그리스도는 모든 믿는 자에게 의를 이루기 위하여 율법의 마침이 되신다고 했다. 예수님이 왜 율법의 마침이 되셨느냐 하면, 모든 믿는 자들로 하여금 의를 이룰 수 있도록 하기 위해서다. 율법이 지향하는 가치와 예수를 믿는 사람들이 이루어야 하는 가치가 같다. 바로 '의'다. 의를 '디카이오시네'라고 하는데 "모든 면에서 하나님이 받으실 만한 상태"를 뜻한다.

모름지기 예수를 믿는다면 모든 면에서 하나님이 받으실 만한 사람이 되어야 한다. 구약시대로 얘기해도 마찬가지다. 그들이 율법을 지켜야 했던 이유가 무엇인가? 그래야 하나님의 백성 된 지위를 누릴 수 있기 때문이다. 그렇지 않으면 가나안 땅에서 쫓겨난다. 하나님의 백성 된 지위를 누린다는 말이나 하나님이 받으실 만한 사람이 된다는 말이나 같은 뜻이다.

우리는 예수님이 이루신 율법의 토대 위에 있는 사람들이다. 율법과 무관한 사람들이 아니다. 그 옛날 율법을 주신 하나님이 우리에게 복음을 주셨다. 율법을 주신 하나님과 복음을 주신 하나님이 같은 분이다.

교육전도사 시절의 일이다. 성경을 평일에 3장, 주일에 5장씩 읽으면 1년에 1독 할 수 있다는 말을 한 적이 있다. 교사로 봉사하는 청년이 물었다.

"그런 식으로 하는 것은 율법적인 것 아닙니까?"

"그러면 복음적으로 하는 것은 어떤 것입니까?"

"그냥 자유롭게 하는 거죠."

"자유롭게 하는 것입니까, 자유롭게 안 하는 것입니까?"

성경을 1년에 1독 하지 못하면 책망받을까 싶어서 억지로 읽는 것은 율법적인 것이 맞다. 그러면 복음적으로 하려면 어떻게 하면 될까? 성경 읽는 것이 좋아서 스스로 읽는 것이 복음적이다. 성경을 안 읽어도 가책받지 않는 것이 복음적이 아니다.

율법과 복음에 그런 오해가 있다. 율법은 하기 싫어도 억지로 하는 것인 반면 복음은 하기 싫으면 안 해도 된다는 것이다. 전에는 억지로 하던 것을 지금은 스스로 한다는 생각을 하지 못한다. 하기 싫은 것은 안 해도 되는 것이 복음이 아니라 전에는 하기 싫었는데 지금은 하고 싶게 되는 것이 복음이다.

어떤 사람이 율법적인 기도를 한다고 하자. 하루에 1시간을 목표로 세워서 힘들어도 참고 기도한다. 그리고 다른 사람은 스스로 기도한다. 율법적으로 기도하는 사람이나 스스로 기도하는 사람이나 그 기도를 통하여 이르고자 하는 곳은 동일하다. 율법이 지향하는 곳과 예수를 믿어서 이르는 곳이 같다는 말이 이런 뜻이다. 율법이 요구하는 것도 하나님 앞에 의로워야 한다는 것이고 예수를 믿는 것 또한 그렇다. 하나님이 우리에게 '디카이오시네'를 요구하신다.

그런데 율법은 하기 싫어도 억지로 해야 하는 것인 반면 복음은 하기 싫으면 안 해도 되는 것으로 여기면 불성실을 합리화하게 된다. 무엇보다 의의 개념이 없어진다. 예수님은 우리가 의를 이루도록 하기 위하여 율법의 마침이 되셨는데 도무지 의를 이룰 여지가 없게 된다.

"예수 천당 불신 지옥"이라고 한다. 예수를 믿는지 여부에서 천당과 지옥이 갈린다. 신자와 불신자가 그만큼 다르다. 그런데 '의'라는 측면에서 보면 안 그렇다. 불신자에게 '디카이오시네'가 없는 것은 당연하다. 그런데 신자 역시 모든 면에서 하나님이 받으실 만한 상태가 아닌 것이 무슨 영문일까? 신자냐, 불신자냐 하는 사실이 단지 종교 행위를 하느냐, 마느냐 하는 차이밖에 없다.

예전에는 미팅이 대학생들의 전유물이었다. 고등학교를 졸업했다고 해서 전부 대학생이 되는 것이 아니다. 대학 입시에 실패해서 재수생이 되는 경우도 있다. 대학생은 미팅을 하지만 재수생은 미팅을 하지 않는다. 그렇다고 해서 대학생과 재수생의 차이가 미팅을 하느냐, 못 하느냐에 있을까?

사람들은 구원을 지옥에 안 가고 천당에 가는 것으로 생각한다. 마치 대학생은 미팅을 할 수 있지만 재수생은 미팅을 하지 못한다고 하는 것과 같은 격이다. 하지만 구원은 의의 개념으로 따져야 한다. 자기가 어느 만큼 하나님께서 받으실 만한 상태가 되고 있는지가 구원의 요체다. 그 모델이 예수님이다. 예수님은 우리가 죽어야 할 죽음을 죽기만 하신 것이 아니라 우리가 살아야 할 삶을 사시기도 하셨다.

예수님이 니고데모한테 사람이 거듭나지 않으면 하나님 나라를 볼 수 없다고 했다. 거듭나는 것은 말 그대로 두 번 태어나는 것이다. 부족한 부분을 보충하거나 틀린 것을 바로 잡는 정도가 아니라 다시 만들어지는 것이다.

닭한테 생일이 있다면 달걀로 태어난 날이 생일일까, 병아리로 부화한 날이 생일일까? 닭은 두 번 태어나는 셈이다. 달걀로 한 번 태어나고 달걀에서 병아리로 거듭 태어난다. 병아리에게는 달걀의 흔적을 도무지 찾아볼 수 없다. 이런 것이 거듭나는 것이다. 우리는 옛 모습 그대로인 채 예수님의 이름을 추가로 소유하게 된 사람들이 아니다. 우리의 모든 것이 없어지고 예수님의 이름으로 새롭게 빚어진 사람들이다.

우리가 기도할 때 예수님의 이름으로 기도한다. 이 세상에서 하나님이 받으실 만한 이름은 예수님의 이름뿐이다. 우리 이름으로는 도저히 하나님 앞에 나아갈 수 없다. 그런데 우리는 자꾸만 예수님의 이름을 통과하지 않은 기도를 한다. 예수님의 이름과 관계없는 곳에 마음이 있기 때문이다.

예전에 어떤 권사한테 기도 부탁을 받은 적이 있다. 주차장을 개조해서 세를 줬는데 구청에서 원상 복구하라고 한다면서 기도해 달라는 것이었다. 보증금 받은 게 여태 남아 있을 리도 없는데 이제 와서 그러면 어떻게 하느냐는 말도 보탰다.

그런 경우에는 뭐라고 기도해야 할까? "하나님, 권사님이 욕심에 눈이 멀어서 주택을 불법으로 개조했습니다. 그런데 공무원이 정상적으로 근무하는 바람에 문제가 생겼습니다. 그 공무원의 눈을 가려서 권사님의 불법 행위를 보호하여 주옵소서."라고 기도해야 할까? 그런 문제는 기도해서 검열 나오지 않게 하는 것이 신앙이 아니라 원상 복구하는 것이 신앙이다. 그런데 그런 일이 왜 있느냐 하면, 주님의 이름으로 기도하는 것이 무슨 뜻인지 몰라서 그렇다. 더 확대하면 구원이 무슨 뜻인지 모르는 탓이다.

"목회는 아무나 할 수 있다"가 맞는 말일까, 틀린 말일까? 목회자라면 누구나 목회는 하나님의 은혜로 하는 것이라고 고백한다. 하나님의 은혜 없이 자기 혼자 목회를 할 수 있을 만큼 능력 있는 사람도 없고, 하나님이 은혜를 주셨음에도 목회를 못할 만큼 하나님의 은혜가 무력하지도 않다. 목회는 아무나 할 수 있는 것이 맞다. 하지만 목회자로 부름받은 사람이 아무나 목회를 하는 것처럼 목회를 하는 것은 곤란하다. 목회자로 부름을 받았으면 자기가 하는 일을 세상에서 가장 귀한 일로 여겨야 한다.

예수를 믿는 것도 마찬가지다. 예수는 아무나 믿을 수 있다. 예수를 믿는데 자격이나 조건이 있는 것은 아니다. 하지만 예수를 믿는 사람은 아무나 믿는 것처럼 믿으면 안 된다.

우리는 아무 조건 없이 구원 얻었다. 예수님은 말 그대로 아무나 구원하시는 분이다. 만일 예수님이 사람을 가리셨으면 우리 역시 구원 얻지 못했을 것이다. 예수님이 아무에게나 은혜를 베푸시는 것이 우리로서는 참으로 감사한 일이다. 하지만 그렇게 해서 인도된 자리가 하나님의 존전임을 알아야 한다. 우리는 하나님 앞에 있는 사람들이다. 구원을 이야기할 때 '의'를 같이 말해야 하는 이유가 여기에 있다. 자기가 구원 얻은 것만 알고 구원 얻어서 하나님 앞에 이르게 되었다는 사실을 간과하면 신앙을 이유로 방자하게 된다.

6:1에서 "그런즉 우리가 무슨 말을 하리요 은혜를 더하게 하려고 죄에 거하겠느냐"라고 한 이유가 무엇이었나? 구원이 은혜로 주어진 것만 알고 왜 주어졌는지 몰라서 그랬다. 흙이 조금 묻은 옷도 공짜로 세탁해주고 많이 묻은 옷도 공짜로 세탁해주면 흙을 많이 묻혀서 세탁해야 하지 않겠느냐는 것이다. 이왕 공짜로 세탁하는 것이니 세탁한 옷을 입자마자 또 흙구덩이에 들어갈 수도 있다. 하지만 깨끗하게 세탁된 옷을 입고 가야 할 곳이 있다면 이야기가 다르다.

우리가 얻은 구원을 가장 잘 보여주는 사건이 이스라엘의 출애굽이다. 그때 이스라엘이 율법을 지켜서 홍해를 건넌 것이 아니었다. 율법을 받지도 않은 상태에서 애굽을 나왔다. 그리고 시내산에 가서 계명을 받았다. 율법을 지켜야 홍해를 건널 수 있는 것은 아니지만 가나안에 들어가 살려면 율법을 지켜야 하기 때문이다.

그런데 가나안 땅에 들어간 이스라엘이 율법을 지키는 일에 실패했다. 거듭된 경고에도 끝끝내 불순종하더니 나라가 망하고 말았다. 백성은 죄다 포로가 되어 바벨론으로 끌려갔다. 하나님이 "너희는 내가 주는 땅에서 살 자격이 없다"라고 선언하신 셈이다.

그것으로 끝나지 않았다. 이스라엘이 바벨론 포로에서 돌아오게 된다. 가나안 땅에서 살 자격을 새롭게 부여받은 것이다. "비록 지난번에는 율법을 지키지 못해서 가나안에서 쫓겨났지만 이제는 율법을 지킬 실력을 충분히 연마했다"라는 뜻이 아니다. 율법을 지켜서 가나안에서 살게 된 것이 아니라 하나님의 은혜로 살게 되었다.

우리가 그런 사람들이다. 우리 실력으로는 의를 이루지 못한다. 그래서 그리스도께서 우리를 위하여 의를 이루셨다. "그리스도는 모든 믿는 자에게 의를 이루기 위하여 율법의 마침이 되시니라"라는 말씀 그대로다.

> 그러므로 율법의 행위로 그의 앞에 의롭다 하심을 얻을 육체가 없나니 율법으로는 죄를 깨달음이니라 이제는 율법 외에 하나님의 한 의가 나타났으니 율법과 선지자들에게 증거를 받은 것이라 곧 예수 그리스도를 믿음으로 말미암아 모든 믿는 자에게 미치는 하나님의 의니 차별이 없느니라(롬 3:20-22)

이제는 율법 외에 하나님의 한 의가 나타났다. 율법도 하나님의 의인데 율법이 아닌 다른 하나님의 의가 나타났다는 뜻이다. 예수를 믿음으로 말미암아 모든 믿는 자에게 미치는 의다.

율법을 지켜서 하나님 앞에 합격 판정을 받을 수 있는 사람은 없다. 율법으로는 죄를 깨달을 뿐이다. 율법이 주어지면 율법을 지킬 수 없는 우리의 본성이 확인된다.

하나님이 아담에게 선악과를 먹지 말라고 하셨다. 성경에 나오는 첫 번째 계명이다. 그다음에 어떻게 되었나? "아담이 하나님 말씀에 순종하여 선악과를 먹지 않았다"라고 했으면 얼마나 좋았을까? 그런데 아담은 뱀의 얘기에 더 귀를 기울였다. 아담에게 하나님 말씀을 들을 마음이 없다는 사실만 확인되었다.

"구약시대에는 율법을 다 지켜야 구원을 얻을 수 있었지만 지금은 예수만 믿으면 누구나 구원 얻는다"는 틀린 말이다. 하나님은 율법을 구원의 방도로 주신 적이 없다. 하지만 율법을 제대로 지키면 구원 얻을 수 있는 것은 맞다. 이스라엘이 율법을 지켰으면 바벨론 포로로 끌려가는 일 없이 계속 가나안 땅에서 살았을 것처럼 율법을 완벽하게 지키는 사람은 하나님 앞에 의로운 사람이다. 문제는 그런 사람이 없다는 사실이다. 그래서 하나님이 율법이 아닌 다른 통로를 마련하셨다. 예수를 믿는 믿음으로 말미암는 통로다.

우리와 다른 종교의 본질적인 차이는 구원의 유무에 있다. 그리고 여기에서 파생되는 수두룩한 차이가 있는데 그중의 하나가 죄에 대한 개념이다.

> 이 아이여 네가 지극히 높으신 이의 선지자라 일컬음을 받고 주 앞에 앞서 가서 그 길을 준비하여 주의 백성에게 그 죄 사함으로 말미암는 구원을 알게 하리니 (눅 1:76-77)

세례 요한의 아버지 사가랴가 세례 요한에 대해서 예언을 한다. 세례 요한이 이스라엘 백성에게 죄 사함으로 말미암는 구원을 알게 한다는 것이다. 구원은 당연히 죄 사함으로 말미암아야 한다. 죄가 있는 채 구원을 받는 것은 말이 되지 않는다. 다른 종교에는 구원이 없고 우리에게만 구원이 있는 이유가 여기에 있다.

의는 모든 면에서 하나님이 받으실 만한 상태라고 했다. 그러면 하나님이 어떤 사람을 받으실까? 남보다 능력이 뛰어난 사람을 받으실까, 죄를 해결한 사람을 받으실까? 이 세상에는 남보다 많이 배운 사람, 남보다 많이 가진 사람, 남보다 착한 사람이 얼마든지 있다. 하지만 하나님을 흡족하게 해드릴 만큼 잘난 사람은 없다. 하나님을 흡족하게 해드리려면 죄가 해결되어야 한다. 하나님이 예수님을 보내신 이유가 여기에 있다.

우리는 교회에 모여 예배를 드리지만 구약시대에는 제사를 지냈다. 제사를 지내려면 제물이 있어야 한다. 어떤 사람이 양을 제물로 삼아 제사를 드린다고 하자. 이때의 양은 아무런 흠이 없어야 했다. 사실은 사람이 죽어야 하는데 흠 없는 양이 대신 죽는 것이다.

우리가 예수를 믿는다는 얘기와 같다. 사람은 죄가 있지만 제물로 드려지는 양에는 흠이 없었던 것처럼 우리는 율법을 이루지 못하지만 예수님은 율법을 이루셨다. 예수님은 모든 면에서 하나님이 받으실 만한 분이다. 그 예수님이 우리 대신 죽으셨다. 만일 율법을 다 지키는 사람이 있다면 하나님이 의롭다고 인정하실 것이다. 마찬가지로 예수를 믿는 사람도 의롭다고 인정하신다. 율법을 이룰 수 있는 분은 예수님뿐인데 그 예수님이 우리를 위하여 죽으셨다. 이 사실을 믿는 사람은 하나님께서 받으실 만한 사람이다.

10:5-8〉 모세가 기록하되 율법으로 말미암는 의를 행하는 사람은 그 의로 살리라 하였거니와 …(중략)… 말씀이 네게 가까워 네 입에 있으며 네 마음에 있다 하였으니 곧 우리가 전파하는 믿음의 말씀이라

이스라엘은 하나님의 의를 모르고 자기 의를 세우려고 했다. 본문은 자기

의를 세우려고 한 이스라엘의 실패에 대한 설명이다. 이스라엘의 실패는 요컨대 율법으로 귀결된다. 그들은 율법이 있다는 이유로 자기들이 의로운 줄 알았다.

율법은 자기가 원인을 제공하고 그 결과를 자기가 책임지는 것을 말한다. 5절에서 "율법으로 말미암는 의를 행하는 사람은 그 의로 살리라"라고 한 얘기가 그렇다. 자기가 의를 행한 사람은 자기가 행한 의의 결과를 자기가 누린다.

본문은 믿음으로 말미암는 의를 부정적인 방법으로 설명한다. "믿음으로 말미암는 의는 이런 것이다"라고 하지 않고 "믿음으로 말미암는 의는 이런 것이 아니다"라고 한다. 이때의 '이런 것'은 당연히 '율법으로 말미암는 의'이다. 6-7절이 그 내용인데 신명기에서 인용했다.

> 내가 오늘 네게 명령한 이 명령은 네게 어려운 것도 아니요 먼 것도 아니라 하늘에 있는 것이 아니니 네가 이르기를 누가 우리를 위하여 하늘에 올라가 그의 명령을 우리에게로 가지고 와서 우리에게 들려 행하게 하랴 할 것이 아니요 이것이 바다 밖에 있는 것이 아니니 네가 이르기를 누가 우리를 위하여 바다를 건너가서 그의 명령을 우리에게로 가지고 와서 우리에게 들려 행하게 하랴 할 것도 아니라(신 30:11-13)

본문에서 "하늘에 올라간다", "무저갱에 내려간다"라고 한 것을 신명기에서는 "하늘에 올라간다", "바다를 건너간다"라고 했는데 뜻은 같다. 전부 구원을 얻기 위한 노력을 빗댄 것이다. 다른 종교에서 말하는 구원이 그런 식이다. 구원에 이르기 위해서는 남다른 노력이 필요하다. 구원은 특출한 사람만 얻을 수 있다. 불가에서 말하는 해탈성불이 대표적이다.

우리는 다르다. 우리는 도를 깨우쳐서 구원을 얻었다고 하지 않고 하나님이 예수님을 보내서 우리를 구원했다고 한다. 즉 6-7절은 율법으로 말미암는 의를 자기가 예수를 모셔오는 것으로 묘사했다. "곰곰 생각해보니 구원을 얻기 위해서는 예수님이 있어야 하겠더라. 그래서 하늘에 가서 예수님을 모셔왔다.", "곰곰 생각해보니 구원을 얻기 위해서는 예수님이 부활을 하셔야 하겠더라. 그래서 무저갱에 내려가서 예수님을 모셔왔다."라는 얘기는 도무지 말이 되지 않는다.

우리는 하나님이 예수님을 보내실 만한 어떤 일도 한 적이 없다. 예수님을 보내달라고 청원한 적도 없고 구원 문제로 고민한 적도 없다. 우리의 구원은 철저하게 하나님이 하셨다. 구원의 핵심은 "내가 예수를 믿었다"가 아니다. "하나님이 예수를 보내셨다"이다. 이 사실을 놓치면 겉으로는 믿음을 얘기하면서도 실상은 율법이 된다.

율법에 따르면 자기에게 필요한 것을 자기가 준비해야 한다. 구원의 도가 하늘에 있으면 하늘에 갔다 와야 하고 구원의 도가 땅속에 있으면 땅속에 다녀와야 한다. 그렇게 하려면 남다른 능력이 있어야 한다. 이스라엘이 그런 생각을 했다. 자기들이 잘난 줄 알았다. 하지만 하나님이 요구하시는 의는 그런 것이 아니다. 하나님은 한 번도 "너희는 남보다 잘난 사람이 되어라"라는 요구를 하신 적이 없다. 하나님의 요구는 언제나 "너희는 내 앞에서 거룩하여라"이다.

> 오직 그 말씀이 네게 매우 가까워서 네 입에 있으며 네 마음에 있은즉 네가 이를 행할 수 있느니라 보라 내가 오늘 생명과 복과 사망과 화를 네 앞에 두었나니 곧 내가 오늘 네게 명령하여 네 하나님 여호와를 사랑하고 그 모든 길로 행하며 그의 명령과 규례와 법도를 지키라 하는 것이라 그리하면 네가 생존하며 번성할 것이요 또 네 하나님 여호와께서 네가 가서 차지할 땅에서 네게 복을 주실 것임이니라(신 30:14-16)

생명과 복을 얻기 위하여 해야 할 일은 멀리 있는 일이 아니다. 하늘에 올라갔다 와야 하는 일도 아니고 무저갱에 다녀와야 하는 일도 아니다. 이스라엘이 홍해를 건넌 다음부터 늘 하신 말씀이다. 전부 다 이스라엘과 심히 가까운 말씀이고 이스라엘이 자기들 입으로 직접 말했던 내용이다.

이스라엘은 자기들이 어떻게 만나를 먹었고 물을 마셨으며, 어떻게 하면 불 뱀에게 물리고 지진이 났는지 체험했다. 하나님이 이스라엘로 하여금 그 모든 일을 겪게 하신 다음에 "너희 앞에 생명과 복과 사망과 화가 있으니 생명과 복을 위하여 내 말을 들어라"라고 하셨다. 결국 "예수를 믿으라"라는 말에는 하나님이 어떤 분인지에 대한 자각이 전제되어 있다. 밑도 끝도 없이 일단 믿어보라는 소리가 아니다. 요컨대 어떤 사람이 예수를 믿는다는 얘기는 선택을 잘했다는 뜻이 아니라 하나님이 말귀를 알아듣도록 인도하셨다는 뜻이다.

그러면 이스라엘은 어떻게 된 영문일까? 그들은 하나님께 순종하면 어떻게 되고 불순종하면 어떻게 되는지 체험했다. 그런데 가나안에 들어가서 우상을 섬겼다. 신명기에 가득한 내용이 우상 숭배에 대한 경고인데도 그랬다. 하나님의 뜻을 모르는 것도 아니고 하나님의 말씀을 듣는 것이 어려운 것도 아니다. 하나님의 요구가 성가셨다. 힘써 자기 의를 세우느라고 하나님의 의에 복종하지 않았다.

어떤 남자가 같이 근무하는 여자를 마음에 두고 있다. 그 여자가 넥타이는 빨간색이 어울릴 것 같다느니, 담배는 몸에 해롭다느니, 식사를 너무 빨리 한다느니 등의 얘기를 한다. 그러면 자기에게 관심이 있는 줄 알고 은근히 좋아할 것이다.

그런데 다른 여직원도 같은 말을 한다. 가뜩이나 바쁜 사람을 불러 세워서는 넥타이 색깔을 바꿔보라는 말도 하고, 담배를 피우면 폐암에 걸릴 확률이 6배로 높아진다고도 했다. 한번은 구내식당에서 옆자리에 앉았는데 식사를 급하게 한다면서 천천히 먹으라는 말도 했다. 그러면 짜증이 날 것이다. 자기가 뭔데 남의 사생활에 간섭이란 말인가?

우리한테 하나님을 사랑하는 마음이 있으면 하나님의 모든 요구가 기쁨으로 다가온다. 하지만 하나님을 사랑하는 마음이 없으면 죄다 부담이다.

혹시 연애하는 것을 어려워하는 사람이 있을까? 애인과 야외에 나가서 먹을 도시락을 준비하는 일이나 애인을 집까지 배웅하는 일, 휴일을 같이 보낼 스케줄을 구상하는 일을 어려워하는 사람은 없다. "오직 그 말씀이 네게 매우 가까워서 네 입에 있으며 네 마음에 있은즉 네가 이를 행할 수 있느니라"라는 말씀 그대로다. 마음에 있는 것을 표현하면 그것으로 충분하다.

우리가 신앙생활을 제대로 하지 못하는 이유를 여기에서 찾을 수 있다. 요컨대 마음이 없기 때문이다. 공부하기 싫어하는 학생은 공부하라는 말만 들어도 짜증을 낸다. 머리 싸매고 익혀야 할 내용이 어려워서가 아니다. 공부하는 것 자체가 싫은 탓이다. 공부를 하지 않으면 시험 망치는 것을 알면서도 그렇다. 공부하는 것보다 공부하지 않는 것이 좋은 걸 어떻게 할까?

예수를 믿는 것이 어려운 이유는 옛날 이스라엘이 무엇이 옳고 무엇이 그른지 알면서도 우상을 섬겼던 것처럼 우리 역시 다 알면서도 사망과 화를 택하려는 경향이 있기 때문이다. 간혹 "내가 이러다 벌 받지"라며 탄식을 하는 사람을 볼 수 있다. 벌 받는 것을 알면 고쳐야 하는데 탄식만 하고 고치지는 않는다. 그러다가 정작 일이 벌어지면 "거봐, 언젠가 이럴 줄 알았어."라고 한다.

하나님이 그런 우리를 이 자리까지 인도하셨다. 예수를 주라 고백하게 하셨고 하나님이 이 세상 주인임을 인정하게 하셨다. 우리가 노력해서 깨달은 것이 아니다. 하나님이 알게 하셨다. 그런 하나님의 은혜가 앞으로도 우리를 인도하실 것이다. 우리 인생이 우리에게 달려 있지 않다는 사실이야말로 우리의 가장 큰 복이다.

10:9〉 네가 만일 네 입으로 예수를 주로 시인하며 또 하나님께서 그를 죽은 자 가운데서 살리신 것을 네 마음에 믿으면 구원을 받으리라

우리는 흔히 예수를 믿으면 구원 얻는다고 한다. 그런데 본문에서는 “네가 만일 네 입으로 예수를 주로 시인하며 또 하나님께서 그를 죽은 자 가운데서 살리신 것을 네 마음에 믿으면 구원을 얻는다”라고 한다. “예수를 믿는다”와 “예수를 주로 시인하고 또 하나님께서 예수를 죽은 자 가운데서 살리신 것을 믿는다”가 같은 뜻인 셈이다.

우리 중에 예수를 믿지 않는 사람은 없다. 우리는 전부 예수를 주로 시인한다. 또 하나님께서 예수를 죽은 자 가운데서 살리셨다는 사실도 믿는다. 그러면 따져보자. 예수를 주로 시인한다는 말이 무슨 뜻일까? 또 하나님께서 예수를 죽은 자 가운데서 살리신 것을 믿는다는 말은 무슨 뜻일까?

예수를 주로 시인한다고 할 때의 ‘주’는 구약의 하나님을 번역한 말이다. 하나님이 인간의 몸을 입고 이 땅에 오셨다. 그 분이 예수님이다. 예수를 주로 시인한다는 얘기는 예수님이 하나님임을 시인한다는 뜻이다. 우리가 예수님을 모셔온 것이 아니다. 하나님이 직접 오셨다. 우리는 아무런 공로가 없고 모두 하나님이 하신 일이다. 우리가 이 사실을 인정한다.

우리가 얻은 구원은 예수님으로 말미암는다. 우리가 한 일은 아무것도 없다. 이런 사실을 놓고 “예수를 믿으면 구원 얻는다”라고 한다. 그런데 9절처럼 “네가 만일 네 입으로 예수를 주로 시인하며 또 하나님께서 그를 죽은 자 가운데서 살리신 것을 네 마음에 믿으면 구원을 얻는다”라고 길게 말하는 것은 이스라엘을 염두에 둬서 그렇다.

이스라엘은 하나님의 의를 부인하고 자기 의를 세우려고 했다. 자기들에게 구원 얻을 자격이 있다는 것이다. 그런데 성경은 그렇지 않다는 사실을 반복적으로 설명한다. 구원은 전적으로 하나님이 하시는 일이다. 우리가 감당한 역할은 아무것도 없다. 이것을 '믿음으로 말미암는 의'라고 한다.

딸이 초등학교 2학년 때의 일이다. 전철역에서 신학을 하기 전에 다니던 동네 교회의 장로님을 만났다. 장로님이 딸을 보시더니 "와, 수연이 많이 컸구나!" 하시면서 만 원을 주셨다. 장로님이 가신 다음에 딸이 의기양양하게 말했다. "아빠! 난 천재인 모양이야. 잠깐 사이에 만 원 벌었어."

딸이 만 원을 번 것은 맞다. 그러면 만 원을 벌기 위해서 뭘 했을까? "안녕하세요?"라고 인사는 했지만 그것이 만 원을 받을 수 있는 자격일 수는 없다.

우리가 그렇다. 우리에게는 하나님께 내세울 의가 없다. 있다면 단 하나, 믿음으로 말미암은 의가 있을 뿐이다.

10:10〉 사람이 마음으로 믿어 의에 이르고 입으로 시인하여 구원에 이르느니라

히브리 사람들은 같은 내용을 다른 표현으로 반복하기를 즐긴다. 마음으로 믿는 사람은 의에 이르고, 입으로 시인하는 사람은 구원에 이른다는 식으로 두 가지 내용을 말하는 것이 아니다. 그러면 마음으로 믿는 것이 어떤 것일까?

부교역자 시절, 남편이 믿지 않는 가정에 심방을 간 적이 있다. 예배를 마치고 다과를 나누는 중에 남편 얘기가 나왔다. 그분이 대뜸 말했다. "교회에 출석만 안 하지, 마음으로는 믿어요. 제가 주일 아침에 조금만 꾸물대면 왜 빨리 교회 안 가느냐고 하거든요. 그게 다 마음으로 믿는다는 증거잖아요." 남편이 예수 믿는 사람으로 인정받기를 바라는 심정이야 이해하지만 과연 그럴까?

예전에 청소년들을 대상으로 가장 받고 싶은 선물과 가장 받기 싫은 선물을 조사한 것을 본 적이 있다. 받고 싶은 선물로는 핸드폰, 디지털카메라, PMP, 닌텐도, MP3, 노트북 등의 답이 있었다. 그리고 가장 받기 싫은 선물은 단연 '마음의 선물'이었다. 마음을 선물한다고 할 바에는 차라리 아무 말도 안 하고 가만히 있는 것이 더 좋겠다고 했다. 우리가 그런 것을 하나님께 드리는 격이다.

"마음으로 믿어 의에 이른다"를 다른 말로 하면 "입으로 시인하여 구원에 이른다"가 된다. 의에 이른다는 얘기와 구원에 이른다는 얘기가 같은 뜻이다. 그러면 마음으로 믿는 것과 입으로 시인하는 것도 같은 뜻이다. 입으로 시인한다는 얘기는 속으로 생각만 할 것이 아니라 소리 내어 말을 하라는 뜻이다. 즉 자기에게 있는 신앙을 공개해야 한다.

예수는 마음으로 믿는 것이 아니라 몸으로 믿는 것이다. 마음으로 믿는 신앙은 무효다. 몸으로 믿는 것이 진짜다. 마찬가지다. 공개되지 않은 신앙은 무효다. 모름지기 신앙이 신앙일 수 있으려면 공개되어야 한다. 자기에게 신앙이 있는 것을 다른 사람이 알아야 한다. 적어도 예수를 믿는 사람이라면 자기 신앙을 주변에 공개할 책임이 있다. 혹시 우리가 신앙을 부끄러워하면 이다음에 하나님이 우리를 부끄러워하실 것이다.

입으로 시인한다는 말에 한마디를 보태면 뜻이 분명해진다. '어떤 경우에라도'이다. 어떤 경우에라도 입으로 시인해야 한다. 극단적인 예를 들면 가이사 앞에서도 시인할 수 있어야 한다. 그런 사람이 구원에 이른다.

예수님이 "사람이 마음으로 믿어 의에 이르고 입으로 시인하여 구원에 이르는 법인데 너는 나에게 보여줄 것이 무엇이냐?"라고 하면 뭐라고 답하겠는가? "예, 제가 몸은 안 따랐지만 마음으로는 믿었고요, 예수를 믿는다는 말도 한 적 있습니다."라고 할 것인가?

신앙은 최소한의 성의 표시로 때울 수 있는 것이 아니다. 그릇에 물이 가득하면 움직일 때마다 넘치는 것처럼 우리가 움직일 때마다 신앙이 밖으로 흘러넘쳐야 한다. 우리는 예수를 믿는 사람들이다.

10:11-12〉 **성경에 이르되 누구든지 그를 믿는 자는 부끄러움을 당하지 아니하리라 하니 유대인이나 헬라인이나 차별이 없음이라 한 분이신 주께서 모든 사람의 주가 되사 그를 부르는 모든 사람에게 부요하시도다**

우리가 말하는 구원이 불가에서는 성불이다. 그렇다고 해서 불교에 입문한 사람마다 성불하는 것은 아니다. 심지어 불교 신자라고 하면서 성불에 엄두를 못 내는 사람도 많다. 그런데 우리는 안 그렇다. 성경은 누구든지 예수를 믿으면 구원을 얻는다고 한다. 이런 차이가 왜 있을까?

불교에서 말하는 성불에 이르기 위해서는 그 조건을 자기가 충족해야 한다. 하지만 구원에는 우리가 충족해야 할 조건이 없다. 예수를 믿으면 구원 얻는다는 얘기는 "구원을 얻으려면 믿음을 조건으로 제시해야 한다"라는 뜻이 아니다. "우리는 아무것도 한 것이 없는데 구원이 우리에게 이루어졌다"라는 뜻이다.

왜 하필 믿음이라는 단어를 써서 오해의 소지가 있게 했느냐 하면 행위가 아니라는 사실을 강조하기 위해서 그렇다. "구원을 얻기 위해서 우리가 제시해야 할 조건은 아무것도 없다. 구원은 우리가 제공하는 행위의 결과로 얻는 것이 아니다."라는 뜻에서 '믿음'이라고 하는 것이다.

어떤 사람이 장사를 하기 위해서 가게를 알아본다. 그런데 소개받는 곳마다 마음에 들지 않았다. 어떤 곳은 위치가 안 좋고, 위치가 좋으면 임차료가 비쌌고, 위치도 좋고 임차료도 무난한 곳은 권리금을 많이 요구했다. 장사는 이 세상에 속한 문제다. 가게 위치나 임차료, 권리금도 이 세상에 속한 것이다. 이 세상에 속한 문제를 이 세상에 속한 조건으로 가늠하는 것은 당연하다.

구원은 이 세상에 속한 영역이 아니다. 이 세상에 속한 조건을 동원해서 이 세상에 속하지 않은 것을 얻을 수는 없다. 구원이 이 세상에 속하지 않은 영역이라면 그것을 얻기 위한 조건 역시 이 세상에 속하지 않은 것이어야 한다. 그것이 믿음이다. 다른 말로 은혜라고도 한다.

교회에서는 늘 예수를 믿으면 구원 얻는다고 한다. 예수를 믿기만 하고 구원을 얻지 못하는 수도 없고 예수를 믿지 않고 구원을 얻는 수도 없다. 마찬가지다. 구원은 은혜로 얻는다. 하나님의 은혜가 임했는데 구원에 이르지 못하는 사람도 없고 하나님의 은혜 없이 구원에 이르는 사람도 없다.

10장 시작하면서 이스라엘의 실패를 얘기했다. "누구든지 예수를 믿으면 구원 얻는다"라는 말씀도 일차적으로 이스라엘을 겨냥한 것이다. "유대인만 구원 얻는 것이 아니다. 누구든지 예수를 믿으면 구원 얻는다. 너희가 이방인보다 잘났다고 착각하는데 절대 그렇지 않다. 하나님 앞에서는 유대인이나 헬라인이나 아무 차이가 없다."라는 뜻이다. 유대인이라고 해서 헬라인보다 나은 것이 없다. 하나님 앞에서는 다 똑같다.

요즘 상황으로 바꿔볼까? 우리라고 해서 불신자보다 낫지 않다. 우리한테 불신자보다 나은 점이 있다면 우리가 얻은 구원에 대해서 할 말이 있을 수 있다. 하지만 나은 점이 없다. 나은 점도 없는데 구원 얻었으니 그저 감사할 뿐이다. "불신자들은 교회 안 다니는데 나는 다니지 않습니까?"라고 할지 모르지만 그렇지 않다. 대체 누가 교회로 불러주셨나? 우리에게 예수를 믿을 마음을 주신 분은 누구인가?

10:13-15〉 **누구든지 주의 이름을 부르는 자는 구원을 받으리라 그런즉 그들이 믿지 아니하는 이를 어찌 부르리요 …(중략)… 기록된 바 아름답도다 좋은 소식을 전하는 자들의 발이여 함과 같으니라**

누구든지 주의 이름을 부르는 자는 구원을 받는다. 주의 이름을 부르기만 하고 구원을 받지 못하는 법은 없다. 그런데 주의 이름을 부르려면 먼저 주를 믿어야 한다. 주를 믿는 것은 그냥 되는 일이 아니다. 누군가로부터 들은 것이 있어야 한다. 믿음이 우리 내부에서 만들어지는 것이 아니라는 뜻이다. 또 예수에 대한 얘기를 들으려면 전해주는 사람이 있어야 한다. 전해주는 사람은 자기 혼자 알아서 전하는 것이 아니다. 누군가 보냈기 때문에 전하는 것이다. 결국 "누구든지 주의 이름을 부르는 자는 구원을 받으리라"가 "아름답도다 좋은 소식을 전하는 자들의 발이여"로 연결된다.

왜 하필 발이 아름답다고 했을까? "아름답도다 좋은 소식을 전하는 사람이여"라고 해야 하는 것 아닐까? 지난 2002년 한일월드컵에서 우리나라가 4강에 올랐다. 스페인과의 승부차기에서 승리를 결정지은 홍명보 선수의 슛을 기억하지 못하는 사람은 없을 것이다. 그런데 신문에 홍명보 선수의 얼굴 대신 발이 나온 격이다. 복음을 전하는 주도권이 사람에게 있지 않고 하나님께 있기 때문이다. 그 사람이 간 것이 아니라 하나님이 그 사람을 보내셨다. 스스로 깨달아서 복음을 전하는 것이 아니라 복음을 전하기 위한 하나님의 도구로 쓰임받는 것이다. 그래서 "아름답도다 좋은 소식을 전하는 자들의 발이여"다.

로마서의 주제가 이신칭의다. 계속 "구원은 은혜로 얻는 것이다. 구원은 전적으로 하나님께 속한 영역이다"를 반복한다. 이 내용이 우리 신앙의 기초이기 때문이다. "내가 예수를 믿기로 결정했더니 하나님이 구원을 주셨다"라고 생각한다고 해서 구원이 취소되는 법은 없다. 그런데 그 구원을 토대로 신앙을 제대로 쌓지 못하게 된다. 구원을 얻었다는 사실에는 변함이 없지만 그 구원을 누리는 수준에 문제가 생긴다. "하나님이 나를 구원하셨다"라고 생각하는 것과 "내가 구원 얻었다"라고 생각하는 것은 전혀 다르다.

예전에 폐암을 앓는 분을 위해서 기도한 적이 있다. 허리가 아파서 병원에 갔는데 폐암이라는 결과가 나왔다고 했다. 그만큼 병세가 심각했다. 암세포가 온몸에 퍼졌고 골반이 1/3이나 녹아 없어진 상태였다. 병원에서도 수술할 여지가 없다고 해서 손을 놓았다.

몇 달 후, 임종 소식을 듣고 문상 갔다가 놀라운 말을 들었다. 중간에 암이 다 나았었다는 것이다. 그런데 그 분은 완치 판정을 받고 퇴원하자마자 경마장에 갔다. 아내가 나무랐다. "당신, 그러면 안 된다. 하나님이 고쳐주셨으면 감사한 줄 알아야지. 퇴원하자마자 경마장이 웬 말이냐?"라고 했더니, 그 분 답이 가관이었다. "하나님은 무슨 하나님이야? 내가 약을 잘 먹었지!" 그렇게 말한 바로 그날 밤에 온몸에 열이 펄펄 끓어 응급실에 실려 갔더니 암세포가 다시 퍼져 있었다. 이번에는 소생하지 못하고 결국 숨을 거두었다.

물론 우리 중에 그런 망발을 할 사람은 없다. 하지만 "내가 기도했다", "내가 봉사했다"라는 실수를 할 사람도 없을까? "하나님이 은혜를 주셨다"라고 생각하는 것과 "내가 열심히 했다"라고 생각하는 것은 천지차이다.

이런 점에서 순종과 감사가 가장 중요한 신앙 덕목이다. 순종이 중요한 이유는 하나님은 하늘에 계시고 우리는 땅에 있기 때문이다. 하늘이 땅보다 높은 것처럼 하나님은 우리보다 높으신 분이다. 하나님이 하시는 일을 우리가 다 알 수는 없다. 만일 하나님이 하시는 일을 우리가 다 알 수 있다면 순종보다 이해력이 더 중요할 텐데 그게 아니다. 하나님을 다 이해할 수 없는 우리가 하나님의 일에 동참할 수 있는 방법이 순종이다. 우리에게 하나님에 대한 믿음이 있다면 그 믿음은 순종으로 나타나야 한다. 또 감사는 은혜를 은혜로 아는 사람들에게서 나오는 합당한 반응이다. 받은 은혜에 감사할 줄 안다는 얘기는 그만큼 철이 들었다는 뜻이다. 어떤 사람이 부모의 은혜를 깨닫게 되었다는 것이 무슨 뜻일까? 전에는 부모가 그 사람을 사랑하지 않았는데 이제는 사랑한다는 뜻이 아니다. 이제 비로소 철이 들었다는 뜻이다.

시험을 보면 성적이 나온다. 그 성적이 객관적으로 평가된 실력이다. 경우에 따라서 공부한 것만큼 성적이 안 나올 수 있다. 아는 문제를 틀릴 수도 있고 답을 한 칸씩 밀려서 쓸 수도 있다. 하지만 신앙에서는 그런 일이 일어나지 않는다. 우리는 우리의 신앙을 순종과 감사라는 측면에서 점검할 수 있어야 한다. 우리는 하나님의 은혜로 사는 사람들이다. 이 사실을 알면 아는 만큼 순종과 감사가 나올 것이다. 어느 만큼 말씀에 순종하고 있고, 어느 만큼 하나님께 감사하고 있는지가 곧 그 사람의 신앙 실력이다.

10:16-18〉 그러나 그들이 다 복음을 순종하지 아니하였도다 이사야가 이르되 주여 우리가 전한 것을 누가 믿었나이까 하였으니 …(중략)… 그 소리가 온 땅에 퍼졌고 그 말씀이 땅끝까지 이르렀도다 하였느니라

늘 성경 낭송 테이프를 듣는 분이 있었다. 집안일을 할 때는 물론이고 낮잠을 잘 때도 테이프를 틀어 놓고 잔다. 하루는 이런 말을 했다. "믿음은 들음에서 난다고 하잖아요. 이렇게 열심히 말씀을 들으면 믿음이 자라겠죠."

성경 낭송 테이프를 열심히 들을 정도로 말씀에 관심을 갖는 것은 바람직한 일이다. 꾸준히 그렇게 하면 믿음이 자랄 것이다. 하지만 17절은 성경 말씀을 열심히 들으면 믿음이 좋아진다는 사실을 말하는 내용이 아니다.

어떤 사람이 "제가 아직 믿음이 없어서 그렇습니다"라고 했다고 하자. 예수를 믿지 않는다는 얘기가 아니다. 믿는 상태가 시원치 않다는 뜻이다. 칭의가 아니라 성화에 해당하는 얘기다.

믿음은 들음에서 난다고 할 때의 믿음이 어떤 믿음일까? 바울이 이스라엘이 왜 거룩하게 살지 않는지를 말하는 중이 아니다. 이스라엘이 왜 예수를 믿지 않는지를 설명하는 중이다. "믿음은 들음에서 난다"라고 할 때의 믿음은 칭의에 해당하는 믿음이다. 결국 "믿음은 들음에서 난다"라고 한 것은 "믿음이 좋아지고 싶으면 말씀을 많이 들어라"라는 뜻이 아니라 "믿음은 우리 내부에서 만들어지는 것이 아니다. 외부에서 와야 한다."라는 뜻이다.

구원은 행위가 아닌 믿음으로 얻는다. 그런데 그 믿음이 외부에서 주어져야 한다. 그러면 이스라엘은 어떻게 된 영문일까? 아직 구원이 오지 않은 것일까? 그렇지는 않다. 이스라엘은 하나님의 간섭을 홀로 받은 족속이다.

16절에서 "그러나 그들이 다 복음을 순종하지 아니하였도다"라고 했다. "아무리 복음을 증거하면 뭘 하느냐? 그들이 복음을 거부하는데 어떻게 하란 말이냐?"라는 뜻 같다. 17-18절을 보면 더욱 그렇다. "믿음은 들음에서 나는 법이다. 그런데 이스라엘은 구제불능이다. 그들은 듣지 않은 것이 아니다. 하나님의 말씀은 이미 온 땅에 퍼졌고 땅끝까지 이르렀다. 하나님의 말씀을 들었으면서도 막무가내인 것을 어떻게 하느냐?"라고 생각할 수 있다.

하지만 하나님이 부르시는 힘보다 이스라엘이 거부하는 힘이 더 셀 수는 없다. 그렇다고 해서 하나님이 복음을 거부하는 사람도 구원하신다는 뜻이 아니다. 하나님은 우리를 그냥 구원하시지 않고 우리의 동의를 이끌어내신

다음에 구원하신다. 아무리 복음을 거부하는 사람이라도 끝까지 심판을 유보하시면서 결국 복음 앞에 무릎 꿇게 만드신다. 이스라엘 역시 마찬가지다. 지금은 복음을 거부하고 있지만 이런 상태가 마냥 지속되지는 않을 것이다. 하나님이 하시는 일에 실패가 있을 수 없기 때문이다.

하여간 하나님의 간섭을 직접 체험한 이스라엘이 복음을 거역한 것은 분명하다. 이스라엘이 그런 완악함에 빠진 이유가 무엇일까? 앞에서는 이스라엘이 자기 의를 세우려고 하나님의 의에 복종하지 않았다고 했다. 자기들 생각을 고집하기 위해서 하나님의 뜻에 귀를 닫은 것이 불순종의 원인이다.

복음서에 나오는 유대인들은 "너희에게는 구원이 필요하다"라는 메시지에 "아닙니다. 빨리 로마를 몰아내고 우리를 잘 먹고 잘살게 해주는 것이 필요합니다."라고 반응했다. 별수 없다. 신자의 삶을 모르니 불신자의 삶을 고집할 수밖에 없다.

우리는 어떤가? 우리는 불신자의 삶과 신자의 삶을 다 알고 있다. 빛이 무엇이고 어두움이 무엇인지, 의가 무엇이고 불의가 무엇인지, 거룩이 무엇이고 죄가 무엇인지, 생명이 무엇이고 사망이 무엇인지 안다. 그런데도 한사코 예전 버릇을 버리지 못하는 이유가 무엇일까? 신자처럼 사는 불신자는 없는데 불신자처럼 사는 신자는 한둘이 아니다. 자기 의를 세우려고 힘써 하나님의 의에 복종하지 않는 것에는 유대인들과 별 차이가 없다.

우리가 진정 알아야 할 것이 무엇일까? 인생을 살아가는 방법은 굉장히 다양하다. 어떻게 살아갈지에 따라 어떤 것을 배워야 하는지도 달라진다. 우리는 쓸모없는 것을 너무 많이 배운다. 궁극적인 가치가 없는 일에 너무 바쁘다. 이 세상에서 가장 귀중한 것은 힘써 하나님의 의를 이루는 것이다. 자기 욕심과 성경의 요구가 충돌할 때 기꺼이 자기 욕심을 포기하고 성경의 요구를 이루는 것이다. 다른 것은 다 놓쳐도 그것만은 놓치지 말아야 한다.

10:19-21〉 그러나 내가 말하노니 이스라엘이 알지 못하였느냐 먼저 모세가 이르되 내가 백성 아닌 자로써 너희를 시기하게 하며 …(중략)… 거슬러 말하는 백성에게 내가 종일 내 손을 벌렸노라 하였느니라

10장이 왜 이런 내용으로 끝나야 할까? 이스라엘은 성경의 배경이 되는 나라다. 그런데도 복음을 거부한 이유가 무엇일까? 혹시 하나님이 은혜를 덜 주셨을까?

어떤 사람이 58평 아파트를 분양 받았다. 집들이를 한다면서 구역 식구들을 초대했다. 안방과 거실, 주방 등을 보여주면서 연신 하나님의 은혜라고 한다. 그러면 축하 인사를 건네는 사람 중에 "하나님이 왜 나에게는 이런 은혜를 안 주실까?"라는 생각을 하는 사람이 있을 것이다. 사람들의 하나님에 대한 인식은 다분히 편협하다. 하나님을 객관적으로 생각할 줄 모른다. 하나님이 자기에게 무엇을 해주셨는지가 중요할 뿐이다.

예전에 사촌형 집에 갔다가 재미있는 말을 들었다. 사촌형수가 조카에게 "엄마가 너를 무척 사랑하는 것, 알지?"라고 했더니, 조카가 "그러면 용돈을 잘 줘야지. 말로만 사랑하는 것은 소용없잖아."라고 했다는 것이다. 우리에게 같은 푸념이 있을 수 있다. 성경에는 하나님이 우리를 사랑한다는 얘기가 가득한데 도무지 실감할 수가 없다.

어떤 고 3 학생이 진로를 놓고 기도했다. 그런데 하나님이 통 말씀이 없으셨다. 고민 끝에 자기 생각대로 원서를 냈는데 낙방했다. 친구는 재수할 각오로 원서를 냈더니 합격했다면서 하나님의 은혜라고 하는데 자기한테는 왜 그런 은혜가 없을까? 별수 없이 1년 재수했고 다행히 합격했다. 대학 입학이 결정되자, 군대 문제가 걸렸다. 1학년을 마친 다음에 입대하기로 마음먹었는데 난데없이 디스크를 앓게 되었다. 혹시 하나님이 이렇게 군 문제를 해결해주시나 하는 기대를 안고 진단서를 제출했는데 현역 판정이 나왔다. 아무 이상 없어 보이는 다른 친구는 공익이라며 좋아하는데 은근히 공익을 기대한 자기는 현역이다. 군 복무를 마치고 복학했다. 졸업할 때가 다가오자 취업 문제를 놓고 기도했다. 하나님은 여전히 아무런 응답이 없었다. 자기보다 토익성적도 안 좋고 학점도 안 좋은 친구도 취직했는데 자기만 취직이 안 되었다. 심지어 내내 놀기만 한 친구도 '낙하산'으로 취직했다는데 자기에게는 그런 연줄도 없다.

이런 경우에 하나님이 계시기는 한 것일까? 물론 하나님이 계시지 않은 것은 아니다. 하지만 하나님이 자기와 무슨 상관이 있을까? 혹시 다른 사람에게만 관심 있고 자기에게는 관심 없는 것이 아닐까?

다시 이스라엘로 돌아가 보자. 하나님이 왜 이방만 구원하고 이스라엘은 구원을 안 하셨을까? 이런 의문이 들지 않게 하려면 하나님이 이스라엘의 마음을 돌이키게 하면 된다. "빛이 있으라!" 하시자 빛이 있었던 것처럼 "이스라엘은 복음을 받아들일지어다!"라고 하면 간단하다. 그런데 그렇게 하지 않으시고 구약성경을 말씀하신다. 19절은 신 32:21 말씀이고, 20절은 사 65:1, 21절은 사 65:2 말씀이다. 이스라엘의 구원 문제를 구약을 통해서 설명한다는 것은 "지금까지 있었던 일들을 생각해봐라. 내가 너희 열조에게 어떻게 개입했는지 생각해보면 되지 않느냐?"라는 뜻이다.

아이가 엄마에게 "사랑한다면 용돈을 줘야지, 말로만 사랑한다고 하면 무슨 소용 있느냐?"라고 투정부릴 때 "알았어. 줄게, 얼마 필요해?"라고 할 수 있다. 그러면 "와! 엄마가 정말로 나를 사랑하네."라고 할 것이다. 하지만 꼭 그렇게 해야 하는 것은 아니다. "생각해봐라. 내가 너를 열 달 동안 배 속에 넣고 길렀다. 너를 가졌을 때 늘 좋은 생각만 하고 늘 좋은 말만 하려고 애썼다. 지금까지 너에게 인스턴트 음식 한 번도 안 먹이고 키웠다. 그런데 왜 사랑하지 않는다는 말이냐?"라고 할 수도 있다. 물론 그렇게 말하면 납득하는 것이 아니라 오히려 잔소리로 알아들을 수 있다. 하지만 그 아이 빼놓고 다른 사람은 다 안다.

로마서는 10장으로 끝나지 않는다. 만일 10장으로 끝나면 "이스라엘에 대하여 이르되 순종하지 아니하고 거슬러 말하는 백성에게 내가 종일 내 손을 벌렸노라" 다음에 "그렇게 기회를 줬는데도 말귀를 못 알아들으니 더 이상 상관하지 않겠다."라는 말이 생략되었을 수 있다. 그런데 11장이 "그러므로 내가 말하노니 하나님이 자기 백성을 버리셨느냐 그럴 수 없느니라"로 시작한다. 하나님은 잠시도 이스라엘을 외면한 적이 없다. 지금도 이스라엘을 향한 구원 계획을 이루시는 중이다.

미국의 1차 대각성운동을 이끈 조나단 에드워즈가 살던 동네에 맥스 주크라는 친구가 있었다. 어린 시절을 함께 보냈지만 그 이상의 공통분모는 없었다. 전과자인데다 행실도 불량했다.

한 사회학자가 두 사람의 가계도를 조사했다. 맥스 주크의 후손이 1,292명이었다. 그중에는 만 4세 전에 죽은 사람이 309명이나 되었다. 걸인으로 지낸 사람이 310명, 사고를 당하여 불구자가 된 사람이 440명, 매춘부가 50명, 절도 전과자가 60명, 살인범이 70명, 실업자가 50명이었다. 반면 조나단 에드워즈의 후손은 873명이었다. 그중 대학총장이 12명, 대학 교수가 65명, 의사가 60명, 목사가 100명 배출되었다. 군 장교가 75명, 베스트셀러 작가가 80명, 변호사가 100명, 판사가 30명, 고위직 공무원이 80명, 하원의원이 3명, 상원의원이 1명, 그리고 부통령이 1명 배출되었다. 지금도 조나단 에드워즈가(家)는 명문가로 꼽힌다.

이런 말을 들으면 누구나 "역시 예수를 믿는 것이 복되구나" 하고 고개를 끄덕일 것이다. 그러면 이 가계도의 대상이 된 사람들도 그런 생각을 하며 살았을까? 물론 자기가 주님 은혜의 한복판에 있다는 사실을 느끼며 살아간 사람도 없지 않았을 것이다. 하지만 그렇지 않은 사람도 얼마든지 있을 수 있다. 변심한 애인의 마음을 돌려달라고 간절히 기도했는데도 응답을 받지 못해서 20대를 슬픔 속에 보내다가 나중에 대학총장이 된 사람도 있을 수 있고, 사업을 위해서 불철주야 애썼는데도 사기를 당하는 바람에 파산해서 시름 속에 지냈던 베스트셀러 작가도 있을 수 있고, 어린 자식을 먼저 떠나보내고는 "하나님이 어디 있느냐? 하나님이 있으면 이런 일이 왜 있어야 하느냐?" 하고 절규한 경험이 있는 목사도 있을 수 있다.

우리는 하나님을 모른다. 은혜의 한복판에 있으면서도 은혜를 모르고 하나님의 도우심 속에 있으면서도 하나님의 도우심을 모른다. 성경에는 둔감하고 자기 환경에만 민감하기 때문이다. "성경에 무엇이라고 되어 있느냐?"가 문제가 아니다. "나에게 무슨 일이 있느냐?"가 훨씬 중요하다. 하나님이 어떤 분인지는 생각하지 않고 자기 욕구만 생각한다. 어쩌면 우리는 천지를 창조하시고 우주만물을 다스리시는 하나님보다 우리 뜻을 이뤄주는 하나님이 더 중요한지 모른다. 하지만 하나님은 우리의 만족을 위해서 존재하는 분이 아니다. 오히려 우리가 하나님의 만족을 위해서 존재한다. 우리가 하나님의 주인이 아니라 하나님이 우리 주인이다.

고스톱을 치면서 손에 광 석 장을 들었는데 광으로 3점을 내는 것은 고사하고 오히려 피박을 써보신 분이 있을 것이다. 광 석 장 들고 시작할 때는 신났겠지만 자기 손에 있는 것이라고 해서 전부 자기 것이 아니라는 사실은 고스톱을 치면서도 배울 수 있는 평범한 진리다. 우리 인생이 우리 손에 달려 있지 않고 하나님께 달려 있다.

로마서 9-11장은 전부 이스라엘에 대한 이야기인데 결론이 11:33-36이다.

깊도다 하나님의 지혜와 지식의 풍성함이여 그의 판단은 헤아리지 못할 것이며 그의 길은 찾지 못할 것이로다 누가 주의 마음을 알았느냐 누가 그의 모사가 되었느냐 누가 주께 먼저 드려서 갚으심을 받겠느냐 이는 만물이 주에게서 나오고 주로 말미암고 주에게로 돌아감이라 그에게 영광이 세세에 있을지어다 아멘(롬

11:33-36)

“하나님의 구원은 완벽한 구원인데 이스라엘은 어떻게 된 영문이냐?”에 답을 하던 바울이 하나님을 찬양하는 것으로 단락을 맺는다. 마치 신세 한탄을 늘어놓다가 자기감정에 겨워서 눈물을 터뜨리는 경우와 같다. 하나님이 하신 일을 얘기하다 보니 자기도 모르게 찬양이 터져 나온 것이다.

우리에게 왜 찬양이 없느냐 하면 하나님을 모르기 때문이다. 하나님이 어떤 분인지에 관심을 갖지 않고 자기 문제에만 관심을 갖기 때문이다. 하나님의 은혜가 왜 필요할까? 하나님의 뜻을 위해서일까, 우리의 뜻을 위해서일까? 우리의 뜻을 위해서 하나님의 은혜를 구한다면 우리는 어쩌다 한 번씩 하나님을 찬양하는 것에 그칠 것이다. 하지만 하나님의 뜻을 위해서 하나님의 은혜를 구한다면 우리 입술에서는 하나님을 향한 찬양이 그치지 않을 것이다.

11장 접붙인 돌감람나무

11:1-6〉 그러므로 내가 말하노니 하나님이 자기 백성을 버리셨느냐 그럴 수 없느니라 …(중략)… 만일 은혜로 된 것이면 행위로 말미암지 않음이니 그렇지 않으면 은혜가 은혜 되지 못하느니라

하나님이 이스라엘을 버리지 않았다고 단언할 수 있는 근거가 무엇일까? 바울을 보면 알 수 있다. 바울이 이스라엘 사람이기 때문이다. 하나님이 이스라엘을 버리셨으면 바울도 버림받아야 한다. 바울이 쓰임받는 것을 보면 하나님이 이스라엘을 버리지 않은 것이 분명하다. 하나님은 거슬러 말하는 백성에게도 종일 손을 벌리는 분이다.

이어서 성경은 엘리야를 말한다. "엘리야가 '이스라엘이 하나님의 선지자들을 다 죽이고 나 혼자 남았는데 내 목숨까지 찾고 있습니다'라고 이스라엘을 고발했을 때 하나님이 뭐라고 하셨느냐? '내가 나를 위하여 바알에게 무릎을 꿇지 않은 사람 칠천 명을 남겨 두었다'라고 하시지 않았느냐? 그랬던 것처럼 지금도 은혜로 택하심을 따라 남은 자들이 있다."라는 것이다.

엘리야는 아합왕 때 활동했다. 아합은 북 왕국 이스라엘에서 가장 악한 왕으로 꼽힌다. 시돈 왕 엣바알의 딸 이세벨과 결혼했는데 엣바알은 "바알이 그와 함께 있다"라는 뜻이다. 그런 아버지를 둔 이세벨이 아합에게 시집오면서 바알 선지자, 아세라 선지자를 데리고 왔다. 대대적으로 바알 종교를 퍼뜨리는 한편 하나님의 선지자들을 철저하게 탄압했다.

엘리야가 공개적으로 바알 선지자 450명, 아세라 선지자 400명에게 도전장을 내민다. 각각 자기가 쌓은 제단에 송아지를 제물로 올려놓고 어느 신이 응답하는지 보자고 한 것이다. 그 유명한 갈멜산 전투다.

바알 선지자들이 먼저 나섰다. 하지만 아무리 부르짖어도 응답이 없었다. 엘리야가 나섰다. 그러자 하늘에서 불이 내려서 제물을 태웠다. 하나님이 진짜 신이라는 사실이 공개적으로 선포되었다.

그런데 그것으로 끝나지 않았다. 그 소식을 들은 이세벨이 엘리야를 죽이려고 했다. 엘리야는 황급하게 달아나야 했다.

그때 엘리야의 심정은 충분히 짐작할 수 있다. 자기가 옳고 이세벨이 틀렸는데 왜 자기가 쫓겨야 한단 말인가? 하늘에서 불을 내려 응답했으면 이세벨을 축출하는 일도 해주시면 얼마나 좋은가? 이제 바야흐로 하나님의 나라가 선포되는 순간인데 갑자기 손을 놓아버리면 자기는 어떻게 하란 말인가?

하나님이 그런 엘리야를 호렙산으로 인도하신다.

> 엘리야가 그곳 굴에 들어가 거기서 머물더니 여호와의 말씀이 그에게 임하여 이르시되 엘리야야 네가 어찌하여 여기 있느냐 그가 대답하되 내가 만군의 하나님 여호와께 열심이 유별하오니 이는 이스라엘 자손이 주의 언약을 버리고 주의 제단을 헐며 칼로 주의 선지자들을 죽였음이오며 오직 나만 남았거늘 그들이 내 생명을 찾아 빼앗으려 하나이다(왕상 19:9-10)

하나님이 어찌하여 여기 있느냐고 물었다. 엘리야는 그곳에 있으면 안 되는 사람이라는 의미가 깔린 질문이다. 그런 하나님의 마음을 아는지 모르는지 엘리야가 답한다. 이스라엘이 모두 하나님을 배반해서 자기만 남았는데 자기마저 생명이 위태롭다는 것이다.

하나님이 바람과 지진과 불을 차례로 보여주신다. 크고 강한 바람이 산을 가르고 바위를 부쉈다. 그런데 하나님은 바람과 함께 계시지 않았다. 그다음에 지진과 불을 보여주셨는데 그때도 마찬가지였다. 하나님은 지진 가운데에도 계시지 않았고 불 가운데에도 계시지 않았다. 이어서 세미한 소리가 있었다.

> 엘리야가 듣고 겉옷으로 얼굴을 가리고 나가 굴 어귀에 서매 소리가 그에게 임하여 이르시되 엘리야야 네가 어찌하여 여기 있느냐 그가 대답하되 내가 만군의 하나님 여호와께 열심이 유별하오니 이는 이스라엘 자손이 주의 언약을 버리고

주의 제단을 헐며 칼로 주의 선지자들을 죽였음이오며 오직 나만 남았거늘 그들이 내 생명을 찾아 빼앗으려 하나이다(왕상 19:13-14)

엘리야에게 다시 물었다. "엘리야야, 네가 어찌하여 여기 있느냐?" 그리고 엘리야는 앞에서 했던 대답을 반복했다. 하나님이 9절에서 네가 왜 여기 있느냐고 물으셨다. 그리고 바람, 지진, 불을 보여주신 다음에 13절에서 또 물으셨는데 엘리야는 토씨 하나 바꾸지 않고 그대로 답했다. 바람, 지진, 불을 보기 전이나 본 다음이나 변한 것이 없었다. 하나님은 바람과 지진, 불을 통하여 말씀하셨지만 엘리야는 전혀 말귀를 알아듣지 못했다.

하나님은 "너는 내가 모든 것을 부수는 바람이었으면 좋겠느냐? 모든 것을 삼키는 지진이나 모든 것을 태우는 불이었으면 좋겠느냐? 잘못된 것은 무엇이든지 심판했으면 좋겠느냐? 하지만 나는 세미한 소리로 존재한다. 나는 그들을 심판하기보다 그들을 알아듣게 하는 것에 더 관심이 있다."라고 말씀하셨다. 하지만 엘리야는 하나님 말씀을 들을 마음이 없었다. 왜 자기가 이런 대접을 받아야 하는지 억울할 뿐이었다.

여호와께서 그에게 이르시되 너는 네 길을 돌이켜 광야를 통하여 다메섹에 가서 이르거든 하사엘에게 기름을 부어 아람의 왕이 되게 하고 너는 또 님시의 아들 예후에게 기름을 부어 이스라엘의 왕이 되게 하고 또 아벨므홀라 사밧의 아들 엘리사에게 기름을 부어 너를 대신하여 선지자가 되게 하라 하사엘의 칼을 피하는 자를 예후가 죽일 것이요 예후의 칼을 피하는 자를 엘리사가 죽이리라 그러나 내가 이스라엘 가운데에 칠천 명을 남기리니 다 바알에게 무릎을 꿇지 아니하고 다 바알에게 입 맞추지 아니한 자니라(왕상 19:15-18)

하나님은 이 세상 역사를 주관하시는 분이다. 누가 엘리야의 후계자가 되느냐 하는 문제는 물론이고 북 왕국 이스라엘의 왕을 누가 하느냐, 이민족의 나라인 아람의 왕을 누가 하느냐 하는 문제가 전부 하나님 손에 달려 있다. 하나님을 떠난 백성이라고 해서 하나님 없이 마음대로 살 수 있는 것이 아니고 이방이라고 해서 하나님과 관계없는 나라가 아니다.

특히 하나님은 이 세상이 아무리 악으로 가득해도 이스라엘 가운데 칠천 명을 남기시는 분이다. 성경에서 말하는 7은 완전수이고 1,000은 많다는 뜻이다. 즉 하나님의 백성을 헤아려보니 칠천 명이더라는 뜻이 아니라 충분히 많은 숫자를 남길 것이라는 뜻이다.

그러면 엘리야는 무엇을 해야 할까? 하나님이 "네가 어찌하여 여기 있느냐?"라고 반복해서 물으셨다는 사실에서 짐작할 수 있다. 엘리야는 거기 있으면 안 된다. 당연히 이스라엘 백성들과 함께 있어야 했다. 바알에게 무릎 꿇지 않을 사람을 찾아야 했다. 이스라엘 백성들과 함께 있으면서 거슬러 말하는 백성에게 종일 벌린 손으로 존재해야 했다.

"네가 어찌하여 여기 있느냐?"라는 질문에 엘리야는 "나는 저들과 다르기 때문에 여기 있습니다"라고 답했다. 그런데 하나님은 "네가 저들과 다르기 때문에 저들과 함께 있어야 한다. 저들도 너처럼 만들어야 하지 않겠느냐?"라고 말씀하신 것이다.

다시 갈멜산으로 돌아가 보자. 엘리야의 제단에 하나님이 불로 응답하셨다. 원래 그때의 불은 이스라엘 백성에게 내려야 했다. 소돔과 고모라에 유황불을 내렸던 것처럼 범죄한 이스라엘을 태워 없애야 했다. 그런데 제물을 태우셨다. 제물을 열납하신다는 얘기는 죄를 사하신다는 뜻이다. 하나님이 이스라엘의 죄를 묻지 않으시는데 엘리야가 왜 나서는 것인가? 엘리야 생각에는 이스라엘이 문제였지만 하나님 생각에는 이스라엘이 문제라고하는 엘리야가 문제였다.

본문은 하나님과 엘리야의 대화를 인용하면서 "너희가 성경이 엘리야를 가리켜 말한 것을 알지 못하느냐"라고 묻는다. 엘리야가 이스라엘을 가리켜 말한 것이라고 하지 않았다. 성경이 엘리야를 가리켜 말한 것이라고 했다.

엘리야의 존재 이유가 무엇인가? 그가 얼마나 남다른 사람인지가 문제가 아니다. 아무도 하나님을 찾지 않는 상황에서 그들을 향한 하나님의 마음을 나타내야 했다. 즉 그들을 위해 종일 벌린 손으로 존재해야 했다.

유감스럽게도 엘리야가 그 일에 실패했다. 하지만 엘리야의 존재 이유가 "거슬러 말하는 백성에게 종일 벌린 하나님의 손"이었던 것처럼 바울도 마찬가지다. 바울 역시 "끝까지 불순종하는 이스라엘을 향한 하나님의 벌린 손"이다. 결국 바울은 "엘리야가 자신을 위하여 존재한 것이 아니듯이 나 역시 그렇다. 하나님이 나를 부르셨는데 하나님의 구원 계획이 나 한 사람에게 그칠 리는 없다. 하나님은 아직도 이스라엘을 부르고 계시다."라는 사실을 말하고 있다.

신자는 자기를 위해서 존재하지 않는다. 다른 사람에게 하나님의 손길로 존재한다. 우리가 이 세상을 향하여 종일 벌린 하나님의 손이다. 불신자를 위하여 기도하는 손이어야 하고 낙심한 자를 일으키는 손이어야 한다. 그리고 항상 주님을 가리키는 손이어야 한다. 그것이 우리의 존재 이유다. 우리의 신앙은 마땅히 주변 사람의 신앙 유익으로 귀결되어야 한다.

11:7-8〉 그런즉 어떠하냐 이스라엘이 구하는 그것을 얻지 못하고 오직 택하심을 입은 자가 얻었고 그 남은 자들은 우둔하여졌느니라 기록된 바 하나님이 오늘까지 그들에게 혼미한 심령과 보지 못할 눈과 듣지 못할 귀를 주셨다 함과 같으니라

엘리야는 이스라엘 역사상 가장 악한 왕으로 꼽히는 아합왕 때 활동한 선지자다. 아합의 아내 이세벨은 여호와의 선지자를 죽여 없애는데 혈안이었다. 그런 상황에서 엘리야마저 하나님의 마음을 헤아리지 못했다. 그럼에도 불구하고 하나님은 충분히 많은 수의 하나님의 백성을 남기신다.

뭔가 어색하다. 아합과 이세벨이 하나님을 믿는 사람을 다 잡아 죽이는 극한 상황에서도 엘리야가 자기 역할을 충실히 감당했으면 이스라엘 중에 하나님의 백성이 남아 있을 수 있다. 비록 엘리야가 맡은 사역을 제대로 감당하지 못했지만 당시 이스라엘이 워낙 따사로운 봄날 같은 상황이었기 때문에 하나님의 백성이 남아 있을 수 있었다고 해도 말이 된다. 그런데 둘 다 아니다. 시대적인 상황은 최악이었고 유일한 등불 역할을 해야 할 엘리야마저 낙제 점수였다. 그러면 하나님의 백성이 남아 있지 못해야 정상이다. 그런데 하나님은 그런 중에도 충분히 많은 수의 하나님의 백성을 남기신다. 구원은 하나님의 은혜로 말미암는다는 사실을 단적으로 보여준다.

이런 내용에 이어서 본문이 시작된다. 이스라엘은 구하는 것을 얻지 못했고 택하심을 입은 사람들이 얻었다. 그리고 나머지 사람들은 우둔하여졌다. 택하심을 입은 사람들이 구원 얻은 것은 당연히 하나님의 은혜다. 그러면 택하심을 입지 못한 사람들이 우둔하게 된 것은 누구 책임일까?

8절에서 "기록된 바 하나님이 오늘까지 그들에게 혼미한 심령과 보지 못할 눈과 듣지 못할 귀를 주셨다 함과 같으니라"라고 했으니 하나님 책임 같기도 하다. 하나님이 택함받은 사람들에게 은혜를 베푼 것처럼 그들에게도 은혜를 베풀었으면 좋았을 텐데 왜 그들의 눈과 귀를 가려서 우둔하게 했단 말인가?

구원을 설명할 때 하나님의 은혜와 인간의 책임은 늘 충돌한다. 우리가 얻은 구원이 하나님의 은혜라면 구원 얻지 못한 사람은 하나님이 은혜를 안 주신 때문이다. 우리의 사고 구조로는 그렇게 되어야 논리적이다. 그런데 성경은 그렇게 말하지 않는다.

8절은 이사야에 있는 기록을 인용한 것이다.

대저 여호와께서 깊이 잠들게 하는 영을 너희에게 부어 주사 너희의 눈을 감기셨음이니 그가 선지자들과 너희의 지도자인 선견자들을 덮으셨음이라 그러므로 모든 계시가 너희에게는 봉한 책의 말처럼 되었으니 그것을 글 아는 자에게 주며 이르기를 그대에게 청하노니 이를 읽으라 하면 그가 대답하기를 그것이 봉해졌으니 나는 못 읽겠노라 할 것이요 또 그 책을 글 모르는 자에게 주며 이르기를 그대에게 청하노니 이를 읽으라 하면 그가 대답하기를 나는 글을 모른다 할 것이니라 주께서 이르시되 이 백성이 입으로는 나를 가까이 하며 입술로는 나를 공경하나 그들의 마음은 내게서 멀리 떠났나니 그들이 나를 경외함은 사람의 계명으로 가르침을 받았을 뿐이라(사 29:10-13)

하나님이 깊이 잠들게 하는 영을 이스라엘에게 부어 주어서 그들의 눈을 감기게 했다. 그러면 계시는 남의 일이 된다. 마치 봉한 책과 같아서 글 아는 자도 그 내용을 알 수 없고 글 모르는 자도 알 수 없다. 그런데 결론이 "주께서 이르시되 이 백성이 입으로는 나를 가까이 하며 입술로는 나를 공경하나 그들의 마음은 내게서 멀리 떠났나니 그들이 나를 경외함은 사람의 계명으로 가르침을 받았을 뿐이라"이다. 하나님이 왜 이스라엘의 눈을 감기게 했느냐 하면, 그들의 마음이 하나님에게서 멀리 떠나 있었기 때문이다. 하나님의 말씀이 왜 이스라엘 백성에게 봉한 책과 같은가 하면, 그들이 외양으로만 하나님을 경외하기 때문이다. 하나님의 말씀이 아무에게나 들리지 않는 것이 아니다. 듣지 않기로 작정한 사람에게만 들리지 않는다.

어떤 집 딸이 교제하는 남자를 데리고 왔는데 도무지 마음에 들지 않았다. 최소한의 생활 능력도 없어 보였고 성품도 좋지 않아 보였다. 당연히 결혼을 반대했지만 딸이 고집을 부렸다. 출근도 안 하고 자리에 드러누워서 며칠을 보내더니 급기야 가출을 했다. 수소문 끝에 겨우 찾아서 데려왔더니 이번에는 약을 먹고 자살 소동을 벌였다. 결혼을 승낙할 수밖에 없었다. 그런데 3개월 만에 이혼해서 집에 왔다. 어머니가 나무랐다.

"진작 말을 들었어야지. 이게 무슨 꼴이냐?"

"내가 이럴 줄 알았나 뭐?"

"내가 뭐라고 했어? 이렇게 된다고 했잖아."

"그럼 그때 얘기를 하죠, 왜 이제 와서 그래요?"

"내가 얘기 안 했어? 수십 번 얘기했는데도 네가 고집을 부렸지."

"그래도 알아듣게 얘기를 했어야죠."

"그 이상 어떻게 알아듣게 말을 해?"

"그럼 억지로라도 말렸어야죠."

결혼하겠다며 가출하는 딸을 무슨 수로 말릴까? 차라리 약 먹고 죽겠다는 딸을 말릴 재간은 없다. 고집은 자기가 부렸으면서 왜 끝까지 말리지 않았느냐고 하는 것은 말이 안 된다. 어쩌면 이것이 구원에 대한 우리의 생각일 것이다. 하나님이 은혜를 더 주셨으면 되지 않느냐는 것이다.

출애굽한 이스라엘이 가데스바네아에 이르렀다. 거기서 열두 명의 정탐꾼이 가나안 땅을 정탐한다. 그런데 말이 서로 달랐다. 여호수아와 갈렙은 하나님의 약속이 있는 이상 가나안 원주민은 자기들의 밥이라고 했다. 그런데 다른 열 명은 가나안 땅의 성곽은 크고 견고하고 가나안 원주민은 전부 용사들이라고 하면서 차라리 애굽으로 돌아가자고 했다. 이 일을 놓고 "여호수아와 갈렙은 믿음이 있었고 다른 사람들은 믿음이 없었다"라고 한다. 물론 맞는 말이다. 하지만 단순하지는 않다.

같은 교회에서 신앙생활을 하는 교인들 사이에도 신앙 수준에는 차이가 있게 마련이다. 신앙생활 배경이 다르기 때문이다. 예수를 60년 믿은 사람도 있고 이제야 교회에 등록한 지 3개월인 사람도 있다. 성경에 대한 이해 정도가 다르고, 예배를 드린 횟수가 다르고, 교회에서 봉사한 시간이 다르고, 은혜를 받아서 결단한 내용이 다르다. 신앙 수준이 다를 수밖에 없다. 출애굽 당시의 이스라엘은 그렇지 않다. 그들은 똑같이 홍해를 건넜다. 어떤 사람은 마른땅을 건너고 어떤 사람은 배꼽까지 차는 물을 건넌 것이 아니다. 하늘에서 내린 만나를 먹은 것도 똑같고 반석에서 나온 물을 마신 것도 똑같다. 애굽에서부터 가데스바네아에 이르기까지 하나님의 간섭은 모두에게 똑같이 나타났다. 은혜는 균등하게 체험했는데 나타나는 반응이 다르면 그것이 누구 책임일까?

11:9-10〉 또 다윗이 이르되 그들의 밥상이 올무와 덫과 거치는 것과 보응이 되게 하시옵고 그들의 눈은 흐려 보지 못하고 그들의 등은 항상 굽게 하옵소서 하였느니라

다윗이 남을 저주하는 것이 의아할 수 있다. 다윗쯤 되는 사람이라면 자기에게 해롭게 하는 악당이라도 "하나님, 저 사람을 불쌍히 여겨주십시오."라고 해야 하는 것 아닐까? 다윗을 가장 괴롭힌 사람이라면 단연 사울이다. 하지만 다윗은 한 번도 사울을 저주한 적이 없다. 그런데 본문에서는 서슴없이 남을 저주한다.

시편에는 종종 남을 저주하는 내용이 나온다. 자기의 개인감정을 표출한 것이 아니다. 하나님이 이 세상의 심판주라는 사실을 말하는 것이다. 하나님은 의로우신 재판장이다. 이 세상의 모든 의와 불의가 하나님 앞에 다 드러날 것이다.

만약에 이 세상 죄에 대해서 하나님께 조금이라도 책임이 있다면 하나님은 심판주가 될 수 없다. 하나님이 세상을 심판하신다는 얘기는 이 세상 죄에 대해서 하나님은 책임이 없다는 뜻이다.

하나님이 택한 사람을 구원하신다. 그들이 구원 얻은 것은 전적으로 하나님 은혜다. 그리고 나머지 사람들을 심판하실 것이다. 그것은 하나님이 은혜를 주시지 않은 때문이 아니라 그들 책임이다.

C. S. 루이스가 〈천국과 지옥의 이혼〉에서 "지옥에 있는 자들은 전부 자기가 택해서 거기에 있는 것이다. 자발적인 선택이 없다면 지옥도 없을 것이다."라고 했다. 하나님이 애매한 사람을 트집 잡아서 지옥에 보낼 리는 만무하다. 지옥은 아무나 가는 곳이 아니다. 하나님이 구원의 길을 거듭거듭 말씀하셨음에도 불구하고 기를 쓰고 지옥을 고집한 사람들이 가는 곳이다.

아담, 하와가 에덴동산에서 쫓겨났다. 하나님이 쫓아내신 것이 아니다. 자기들이 선택한 것이다. 하나님이 "동산 각종 나무의 열매는 네가 임의로 먹되 선악을 알게 하는 나무의 열매는 먹지 말라 네가 먹는 날에는 반드시 죽으리라"라고 말씀하셨다. '반드시 죽는다'는 얘기가 원문에는 '죽고 또 죽으리라'라고 되어 있다. 히브리어에서 반복은 강조를 나타낸다. 어떤 경우에든지 반드시 죽는다는 뜻이다. 그런 경고를 받았으면서도 선악과를 먹은 것을 보면 스스로 죽음을 선택했다고밖에 볼 수 없다.

하나님이 이스라엘을 가나안으로 인도하시면서 가나안 원주민의 삶을 본받지 말라고 반복해서 말씀하셨다. 그런데 이스라엘은 가나안 원주민의 생활 방식을 그대로 답습했다. 하나님이 수차례 경고하셨다. "너희가 내 말을 듣지 않으면 기근이 닥칠 것이다. 그래도 내 말을 듣지 않으면 이민족의 압제에 시달리게 될 것이다. 그래도 내 말을 안 들으면 자식을 잡아먹는 지경에 이를 것이다. 그래도 내 말을 안 들으면 내가 준 땅에서 더 이상 살 수 없게 될 것이다. 전부 포로가 되어 다른 나라로 끌려갈 것이다."

이스라엘이 거듭되는 그런 경고에도 하나님을 떠나 살았다. 결국 나라가 망했다. 북 왕국은 앗수르에게 망하여 나라가 없어졌고 남 왕국은 바벨론에게 망하여 포로로 끌려갔다. 그렇게 살면 안 된다는 말을 귀에 못이 박히도록 들었으면서도 그렇게 살다가 망하기로 작정한 사람들처럼 사는 것을 무슨 수로 말릴까?

예수를 믿지 않는 사람들이 이와 같다. 하나님이 공연히 심판하시는 것이 아니다. 스스로 눈을 감고 귀를 닫았으면서 몰랐다고 하는 것이다. 하지만 우리가 관심 가져야 할 문제는 "불신자들이 예수를 영접하지 않는 것이 누구 책임인가?"가 아니다. "우리가 신앙생활에 성실하지 않은 것이 누구 책임인가?"이다.

어떤 사람이 술을 마실 수밖에 없는 이유를 열심히 강변한다. "생각해 보십시오. 제가 어떻게 술을 안 마실 수 있겠습니까? 봉급은 쥐꼬리만 한데 주인은 전세 보증금 올린다고 하죠. 애들 학원비는 아무리 쏟아부어도 성적은 오를 줄 모르죠. 회사에서는 걸핏하면 구조 조정한다고 하죠. 직장 동료들은 줄줄이 사직서 쓰죠. 마누라는 동창회만 갔다 오면 바가지 긁죠… 이런 세상에서 어떻게 맨 정신으로 견디겠습니까?" 그 사람 얘기가 다 끝나자, 마주 보던 사람이 말했다. "알았습니다. 하여간 음주 단속 중입니다. 일단 음주측정기를 불어보세요."

자기가 술을 마셔야 하는 이유를 술집 주인에게 설명하면 아주 좋아할 것이다. 같이 어울리는 친구들도 맞장구를 칠 것이다. 하지만 음주 단속을 하는 경관은 절대 동의하지 않는다.

우리가 신앙생활을 제대로 하지 않는 이유를 자기 자신은 너그럽게 이해할 수 있다. 같은 구역 식구들의 양해를 구할 수도 있을 것이다. 하지만 하나님은 수긍하지 않으신다. 본문은 "이스라엘이 구원을 거부한 것은 전적으로 이스라엘 책임이다. 하나님이 그 책임을 물으실 것이다."라는 사실만 알려주는 것이 아니다. 혹시 우리에게 불신앙이 있다면 그 또한 우리 책임이다.

일찍이 스펄전은 "하나님, 제 몸에 흐르는 피 중에서 단 한 방울이라도 주님을 위해 흘리기를 싫어하는 피가 있으면 다 출혈시켜 주시고 찢기기 싫어하는 살이 있으면 다 도려내어 주옵소서."라고 기도했다. 우리 역시 그 기도에 기꺼이 '아멘'할 수 있어야 한다. 예수를 믿는 문제는 그 어떤 사유도 핑계가 될 수 없다.

11:11-15〉 그러므로 내가 말하노니 그들이 넘어지기까지 실족하였느냐 그럴 수 없느니라 …(중략)… 그들을 버리는 것이 세상의 화목이 되거든 그 받

아들이는 것이 죽은 자 가운데서 살아나는 것이 아니면 무엇이리요

이스라엘의 실패는 전적으로 이스라엘 책임이다. 하나님이 그 책임을 물으실 것이다. 이런 내용에 이어서 본문이 시작된다. 바울이 "그러면 이스라엘은 구제불능일까? 그렇지 않다."라고 단언한다. 하나님의 은혜에 대한 확신이 있기 때문이다.

이스라엘은 제사장 나라로 부름받았다. 자기들만 구원 얻으면 되는 것이 아니라 이방을 하나님께 돌아오게 해야 했다. 그런데 자기들마저 하나님과 멀어지고 말았다. 그러면 이방은 어떻게 되어야 할까? 이방은 구원 근처에도 가지 못해야 한다. 그런데 구원 얻었다.

이런 일이 어떻게 가능할까? 그것은 모른다. 분명한 것은 하나님의 은혜가 그만큼 놀랍다는 사실이다. 이스라엘이 제 역할을 감당하지 않았는데도 하나님의 은혜가 나타났으니 제대로 감당했으면 하나님의 은혜가 얼마나 잘 나타났을까?

본래 뿌리가 튼튼해야 꽃이 피고 열매가 맺는 법이다. 그런데 뿌리가 썩었는데도 꽃이 피고 열매가 맺었다. 그러면 그 꽃과 열매로 인해서 뿌리가 되살아나는 일도 가능하지 않을까? 그렇게 해서 뿌리가 되살아나면 꽃과 열매가 더욱 탐스럽게 될 것이다. 바울이 이스라엘의 구원을 확신하는 근거가 여기에 있다.

요셉의 형들이 요셉을 미워하지 않았다고 가정해 보자. 그러면 요셉이 종으로 팔리는 일이 없었을 것이다. 보디발의 집에서 종살이를 하는 일도 없었을 것이고, 보디발의 아내 때문에 누명을 쓰는 일도 없었을 것이고, 옥에 갇히는 일도 없었을 것이다. 바로의 꿈을 해석해주는 일도 없었을 것이다. 그러면 나중에 7년 흉년이 닥쳤을 때 다른 사람들과 같이 굶어죽었을까? 그렇게 생각되지는 않는다. 요셉은 형들이 종으로 팔았기 때문에 애굽의 총리가 된 것이 아니라 형들이 종으로 팔았음에도 불구하고 애굽의 총리가 되었다.

이스라엘의 실패에도 불구하고 이방이 구원을 얻은 것이 그런 경우다. 이스라엘이 성실하면 이방이 구원을 얻고 불성실하면 구원을 못 얻는 것이 아니다. 하나님은 전능하신 분이다. 하나님이 하시는 일을 우리가 도와드리거나 방해할 수는 없다. 우리가 성실하면 하나님은 우리의 성실을 통해서 하나님의 일을 이루시고 우리가 불성실하면 우리의 불성실을 통해서 하나님의 일을 이루신다. 그러면 우리는 아무 상관없는 것 아니냐 싶을 수 있지만 그렇지 않다. 우리의 책임이 남는다.

하나님은 우리 인생 속에서 모든 것이 합력하여 선을 이루시는 분이다. 우리가 즐겨 순종하면 즐겨 순종한 대로 선을 이루실 것이고 게으르고 불순종하면 게으르고 불순종한 대로 선을 이루실 것이다. 결국 하나님께서 선을 이루도록 어떤 재료를 모아드렸는지가 우리 책임이다. 그 재료를 모으는 과정이 각자에게 주어진 신앙생활이다.

11:16-20〉 제사하는 처음 익은 곡식 가루가 거룩한즉 떡덩이도 그러하고 뿌리가 거룩한즉 가지도 그러하니라 …(중략)… 그들은 믿지 아니하므로 꺾

이고 너는 믿으므로 섰느니라 높은 마음을 품지 말고 도리어 두려워하라

이스라엘은 구원을 얻지 못했고 이방은 구원을 얻었다. 그러면 이방이 이스라엘보다 잘났다는 뜻일까? 이방은 자기들이 얻은 구원에 대해서 어떤 태도를 가져야 할까? 바울이 초실절을 예로 들어서 설명한다.

우선 거룩하다는 얘기는 하나님께 구별되었다는 뜻이다. 곡식 가루가 하나님의 것이면 그 가루로 만든 떡도 하나님의 것일 수밖에 없다. 하나님께 속한 가루로 떡을 만들었으면서 그 떡이 하나님과 관계없다고 할 수는 없다. 뿌리가 거룩한즉 가지도 그러하다는 말도 마찬가지다. 가지가 뿌리와 상관없이 존재할 수 없다. 뿌리가 하나님께 속했으면 가지도 하나님께 속하게 마련이다.

17절 이하에서 돌감람나무와 참감람나무 비유가 나오는 것을 감안하면 뿌리가 거룩한즉 가지도 그러하다는 표현은 참으로 적절하다. 처음 익은 곡식 가루가 거룩한즉 떡덩이도 그러하다는 얘기를 다른 표현으로 반복하면서 뒤에 나오는 돌감람나무, 참감람나무 비유와 자연스럽게 연결된다.

참감람나무 가지가 부러졌다. 그 자리에 돌감람나무 가지를 접붙였다. 돌감람나무 가지는 횡재한 격이다. 지금까지 돌감람나무 열매밖에 맺을 수 없었지만 앞으로 참감람나무 열매를 맺을 수 있게 되었다.

그러면 그 돌감람나무 가지가 어떤 마음을 가져야 할까? 당연히 감사하는 마음을 가져야 한다. 어쩌면 황송한 마음을 가질 수도 있다. 본문에서는 자랑하지 말라고 한다. 가지를 새로 접붙인 이유는 원래 있던 가지가 떨어져

나갔기 때문이다. 새로 접붙임을 받은 가지가 그 가지보다 잘난 가지라는 뜻이 아니다.

본래 있던 가지들이 꺾인 것이 돌감람나무 가지를 접붙이기 위해서라고 하자. 여기에서 알 수 있는 사실은 "뿌리가 거룩한즉 가지도 그러하다 했으니 이제 저 돌감람나무 가지는 뿌리에 귀속된 신분이 되었구나"라는 사실이다. 본래 있던 참감람나무 가지가 "나는 참감람나무 가지다"라고 으스대는 것이 말이 안 되는 것처럼 새로 접붙임을 받은 돌감람나무 가지가 "나는 돌감람나무 가지다"라고 으스대는 것 역시 말이 안 된다. 과연 뿌리로부터 제대로 진액을 공급받고 있는지가 중요하다. 행여 자기도 꺾일세라 정신 바짝 차려서 줄기에 붙어 있어야 한다.

본문에서는 이런 내용을 "높은 마음을 품지 말고 도리어 두려워하라"라고 한다. 접붙임을 받은 것으로 자기가 대단한 가지라도 되는 양 자랑하는 것은 말이 안 된다. 돌감람나무 가지가 참감람나무에 접붙임을 받았으면 그 다음에는 두려운 마음을 가져야 한다. 요컨대 우리는 하나님의 은혜에서 멀어지는 것을 두려워할 줄 알아야 한다. 자기가 잘난 것을 확인할 틈이 없다. 하나님의 은혜로 구원 얻었으면 그다음에는 더욱 하나님의 은혜를 사모해야 한다. 교회에 나와 앉아 있는 것으로 자기 할 일 다한 것처럼 생각하는 것은 신앙이 무엇인지 모르는 처사다.

11:21-24〉 하나님이 원 가지들도 아끼지 아니하셨은즉 너도 아끼지 아니하시리라 그러므로 하나님의 인자하심과 준엄하심을 보라 …(중략)… 원 가지

인 이 사람들이야 얼마나 더 자기 감람나무에 접붙이심을 받으랴

혼기에 찬 자매가 있었다. 주변에서 맞선 제의가 몇 번 있었는데 번번이 거절했다. 믿는 사람과 결혼하겠다는 소신이 확고했기 때문이다. 어머니가 말했다. “그만 고집 부리고 생각을 바꿔봐. 선교사 사명을 감당하면 되잖아. 일단 결혼부터 하고 믿게 하면 된다는 생각은 왜 못 해? 안 믿는 남자 만나서 전도하면 하나님이 더 기뻐하시지 않겠어?”

어떤 여자가 신앙 때문에 갖은 핍박을 받으면서 고생했는데 눈물로 기도한 끝에 시댁 식구를 다 구원했다는 얘기를 종종 들을 수 있다. 하지만 앞뒤를 잘 구별해야 한다. 처음에는 신앙이 없었는데 결혼한 다음에 신앙이 생긴 것과 애초에 신앙이 있었는데 안 믿는 남자와 결혼한 것은 엄연히 다르다.

신앙 없는 여자가 불신 가정에 시집가는 것은 전혀 이상하지 않다. 결혼 생활 중에 혼자 예수를 영접해서 신앙 때문에 핍박을 받는 경우도 비일비재하다. 그런 상황에서도 신앙을 포기하지 않더니 결국 남편을 비롯한 시댁 식구를 구원했으면 칭찬받을 만하다.

하지만 예수를 믿는다고 하면서 불신자와 결혼하는 것은 경우가 다르다. “같이 살면서 전도하면 되지 않느냐?”라고 하지만 그렇지 않다. “지금은 돈이 없지만 같이 살면서 벌면 된다”, “지금은 배운 것이 없지만 같이 살면서 학벌 쌓으면 된다”라는 말은 아무도 안 하기 때문이다. 말로는 선교사 사명을 감당한다고 하는데 그런 사명이 세속적인 조건이 좋은 상대한테만 생기는 것이 무슨 뜻일까?

물론 정말로 결혼한 다음에 믿게 하는 수가 있다. 그것은 불순종했음에도 불구하고 하나님이 은혜를 주신 것이다. 이스라엘이 불순종했는데도 이방이 구원을 얻은 것과 같다. 불순종했는데도 은혜를 주셨으니 순종했으면 얼마나 큰 은혜를 주셨을까?

본래 하나님의 계획은 이스라엘을 통해서 이방을 구원하는 것이었다. 그런데 이스라엘이 불순종했고 그럼에도 불구하고 이방이 구원 얻었다. 그러면 이스라엘의 책임은 어떻게 될까? 성경은 "그러므로 하나님의 인자하심과 준엄하심을 보라 넘어지는 자들에게는 준엄하심이 있으니 너희가 만일 하나님의 인자하심에 머물러 있으면 그 인자가 너희에게 있으리라 그렇지 않으면 너도 찍히는 바 되리라"라고 한다.

넘어지는 자들에게는 하나님의 준엄하심이 있다. 이스라엘 역사에 그대로 나타난다. 이스라엘이 불순종할 때마다 하나님이 징계하셨다. 가장 일반적인 방법이 이방의 압제에 시달리게 하는 것이었다. 급기야 북 왕국은 주전 722년에 앗수르에게 망하고 남 왕국은 주전 586년에 바벨론에게 망했다.

이방이 구원을 얻었다고 해서 그것으로 끝이 아니다. 이스라엘의 불순종에 대해서는 하나님의 준엄하심이 있었다. 이방이 이런 사실을 알면 어떤 반응을 보여야 할까? "무슨 일이 있어도 하나님의 준엄하심에 노출되는 일은 없어야 하겠구나!"라는 생각을 해야 한다. 하나님의 인자하심에 머무르는 것보다 더 중요한 다른 일이 없다.

모든 사람은 하나님 앞에서 두 가지 책임을 갖는다. 하나는 신자로 살아야 하는 책임이고 또 하나는 제사장 역할을 감당하는 책임이다.

예수전도단의 모토에 "하나님을 알자, 하나님을 알리자"가 있다. 자기가 하나님을 알아야 하고 또 자기를 통하여 하나님을 알게 해야 한다. 하나님을 알수록 신앙 좋은 사람이고, 하나님을 알릴수록 신앙 좋은 사람이다.

하나님을 안다는 것이 무슨 뜻일까? 창세기에 "아담이 하와와 동침하매 하와가 임신하여 가인을 낳았다"라는 구절이 있다. "아담이 하와와 동침했다"라는 얘기가 원문에는 "아담이 하와를 알았다"로 되어 있다. 히브리 사람들한테 지식은 정보의 문제가 아니라 체험의 문제였다. 머리로 이해해서 아는 것은 아는 것으로 치지 않았다.

세상을 살면서 생사가 걸린 문제에 직면하는 경우는 거의 없다. 간혹 죽을 뻔했다는 말을 쓰는 사람이 있는데 말로만 그렇다. 예전 같으면 아프리카 밀림을 탐험하는 사람이 나침반을 챙기느냐 마느냐 하는 문제가 생사에 직결되는 문제인데 요즘은 그런 일도 없다.

하지만 하나님과 어떤 관계를 맺느냐 하는 것은 생사에 직결되는 문제다. 우리는 하나님을 알되 더 알아야 한다. "하나님이 세상을 창조하셨다", "하나님은 전능하시다"라는 사실을 앵무새처럼 발음하는 것이 문제가 아니다. 그 하나님과 어떤 관계를 맺고 있는지 날마다 점검해야 한다.

그다음에는 하나님을 알려야 한다. 자기만 하나님을 알면 되는 것이 아니라 자기가 알고 있는 하나님을 옆 사람도 알게 해야 한다.

하나님은 세상에서 우리를 가장 사랑하시고 그다음에 공중의 새를 사랑하시고 그다음에 들에 핀 백합화를 사랑하시지 않는다. 이 세상에서 오직 우리만 사랑하신다. 공중의 새와 들의 백합화를 지으신 이유가 우리를 사랑해서다. 그러면 우리 역시 마찬가지다. 우리는 신앙이 가장 중요하고 그다음에 직장이 중요하고 그다음에 친구가 중요한 사람들이 아니다. 직장이나 친구가 전부 하나님을 통해서만 의미를 갖는다.

예수님은 뭔가 할 일이 있어서 이 땅에 오신 김에 덤으로 우리를 구원하신 것이 아니다. 애초부터 우리를 구원하러 오셨다. 그러면 우리 역시 뭔가 다른 이유로 세상을 살면서 가외 시간에 예수를 믿어서는 안 된다. 예수를 믿는 것이 우리의 전부라야 한다.

11:25〉 **형제들아 너희가 스스로 지혜 있다 하면서 이 신비를 너희가 모르기를 내가 원하지 아니하노니 이 신비는 이방인의 충만한 수가 들어오기까지 이스라엘의 더러는 우둔하게 된 것이라**

하나님이 이스라엘을 제사장 나라로 부르셨다. 그런데 이스라엘은 이방을 하나님께 인도하는 것은 고사하고 스스로 하나님 앞에 바로 서는 문제마저 실패하고 말았다. 그럼에도 불구하고 이방이 구원 얻었다. 그러면 이스라엘은 어떻게 될까?

이스라엘은 시험 봐서 낙제 점수를 받았다. 이방은 시험을 안 봤다. 그러면 누가 더 공부를 잘하는 것일까? 하나님이 시험을 안 본 이방을 합격시켰으면 이스라엘이 낙제 점수를 받았다고 해서 불합격일 수는 없다. 이방이 합격한 것은 실력을 인정받은 것이 아니라 하나님의 은혜를 입은 것이다.

그런 은혜가 이스라엘에도 미칠 것이다.

25절에 "이 신비를 너희가 모르기를 내가 원하지 아니하노니"라는 말이 나오는데 바울이 하나님의 구원 계획을 놓고 '신비'라고 표현하는 이유가 여기에 있다. 원인도 없이 결과가 이루어졌으니 신비일 수 밖에 없다.

11:26-28〉 그리하여 온 이스라엘이 구원을 받으리라 기록된 바 구원자가 시온에서 오사 야곱에게서 경건하지 않은 것을 돌이키시겠고 …(중략)… 택하심으로 하면 조상들로 말미암아 사랑을 입은 자라

26-27절은 사 59:20-21 말씀을 인용한 것이다.

여호와의 말씀이니라 구속자가 시온에 임하며 야곱의 자손 가운데에서 죄과를 떠나는 자에게 임하리라 여호와께서 이르시되 내가 그들과 세운 나의 언약이 이러하니 곧 네 위에 있는 나의 영과 네 입에 둔 나의 말이 이제부터 영원하도록 네 입에서와 네 후손의 입에서와 네 후손의 후손의 입에서 떠나지 아니하리라 하시니라 여호와의 말씀이니라(사 59:20-21)

시온은 예루살렘의 별명이지만 꼭 예루살렘으로 한정할 필요는 없다. 어쨌든 메시야가 온다. 하나님이 야곱의 자손 가운데에서 죄과를 떠나는 자들과 세운 하나님의 언약이 다음과 같다. 하나님이 이스라엘 위에 있는 하나님의 영과 이스라엘에게 두신 하나님의 말씀을 이제부터 영원토록 이스라엘과 그 후손과 그 후손의 후손에게서 떠나지 않게 하실 것이다.

이런 내용을 "여호와의 말씀이니라"를 반복하면서 강조한다. 사극에서 임금이 자신의 의지를 나타낼 때 "짐이 분명히 말하였노라"라고 할 수 있다. "여호와의 말씀이니라"가 그런 뜻이다. 문맥을 살피면 이스라엘을 향한 하나님의 구원 계획이 어떤 상태에서 이루어지는지 확연히 드러난다.

> 여호와께서 이를 살피시고 그 정의가 없는 것을 기뻐하지 아니하시고 사람이 없음을 보시며 중재자가 없음을 이상히 여기셨으므로 자기 팔로 스스로 구원을 베푸시며 자기의 공의를 스스로 의지하사 공의를 갑옷으로 삼으시며 구원을 자기의 머리에 써서 투구로 삼으시며 보복을 속옷으로 삼으시며 열심을 입어 겉옷으로 삼으시고 그들의 행위대로 갚으시되 그 원수에게 분노하시며 그 원수에게 보응하시며 섬들에게 보복하실 것이라 서쪽에서 여호와의 이름을 두려워하겠고 해 돋는 쪽에서 그의 영광을 두려워할 것은 여호와께서 그 기운에 몰려 급히 흐르는 강물 같이 오실 것임이로다(사 59:15b-19)

이스라엘이 온통 죄 중에 빠졌다. 하나님이 그런 형편을 살피셨다. 이스라엘을 구원할 중재자가 도저히 없음을 아시고는 하나님이 직접 구원을 베풀기로 하셨다. 하나님은 하나님의 일을 수행할 제삼자를 의지하지 않고 하나님의 공의를 스스로 의지하신다. 하나님은 이스라엘에게 분노하시지 않고 원수에게 분노하신다. 원수는 이스라엘로 하여금 하나님을 따르지 못하게 하는 죄를 말한다. 하나님은 죄를 멸하시고 이스라엘을 부르실 것이다.

이스라엘의 구원은 구약성경을 통하여 미리 언약된 내용이다. 이스라엘의 실패와 배도에 대한 하나님의 궁극적인 보응이 심판이 아니라 구원이다.

11:29-32〉 **하나님의 은사와 부르심에는 후회하심이 없느니라 너희가 전에는 하나님께 순종하지 아니하더니 …(중략)… 하나님이 모든 사람을 순종하지 아니하는 가운데 가두어 두심은 모든 사람에게 긍휼을 베풀려 하심이로다**

요즘 남녀 사이는 예전과 다르다. 쉽게 만나고 쉽게 헤어진다. 심지어 둘이 교제한 지 100일이 되는 날을 기념일로 챙긴다. 100일도 안 되어 결별하는 커플이 그만큼 많다는 뜻이다.

교제 중에 커플링을 할 수 있는데 커플링은 말 그대로 커플링이다. 헤어지게 되면 돌려줘야 한다. 그런 경우에 "내가 이런 사람을 왜 좋아했나?" 하고, 후회하기도 할 것이다. 하지만 하나님의 은사와 부르심에는 후회하심이 없다.

〈라이언 일병 구하기〉라는 영화가 있다. 2차 대전이 배경이다. 라이언의 세 형이 모두 전사했고 막내 라이언 일병이 속한 부대는 독일군에 의해 고립되어 있다. 밀러 대위가 이끄는 일곱 명의 병사에게 라이언 일병을 구출하라는 임무가 주어진다. 대원들은 과연 라이언 일병 한 명의 생명이 자기들 여덟 명의 생명보다 더 가치가 있는지 혼란에 빠진다. 작전 수행 중에 몇 명은 전사하기도 했다. 하지만 밀러 대위는 부하들을 설득하고 또 설득해서 마침내 라이언 일병을 찾아낸다. 밀러 대위가 라이언 일병에게 "이 모습들을 감사히 받아라"라고 말한다. "이들의 희생을 받아라. 너를 살리기 위해서 이들이 희생했다. 너는 이들의 희생에 어울리는 인생을 살아야 한다."라는 뜻이다.

숱한 동료들의 희생으로 살아났으면 당연히 그들의 희생에 부끄럽지 않게 살아야 한다. 그런데 술과 노름으로 인생을 탕진했다고 가정해 보자. 라이언 일병을 구하기 위하여 희생한 동료들이 그 사실을 안다면 무슨 생각을 하겠는가? 당연히 라이언 일병을 구한 것을 후회할 것이다. 자기들의 희생이 수포로 돌아갔다고 한탄할 것이다.

하지만 하나님께는 그런 일이 없다. 구원받은 우리가 어떤 사람이 될지 알고 계시기 때문이 아니다. 구원받은 이후의 삶 또한 하나님의 통치 영역 안에 있기 때문이다.

밀러 대위를 포함한 여덟 명의 임무는 라이언 일병을 구하는 것까지였다. 그들의 능력에 따라서 라이언 일병이 구원받을 수도 있고 구원받지 못할 수도 있다. 그리고 구원을 받는다면 그것이 그들의 능력의 전부다.

하나님은 그렇지 않다. 우리의 신분이 죄인에서 의인으로 바뀌는 문제에만 하나님의 능력이 작용하는 것이 아니다. 우리 인생의 전 여정이 하나님 손에 있다. 우리에게 허락하신 구원을 완성할 때까지 하나님은 한순간도 쉬지 않으신다. 그래서 하나님의 은사와 부르심에는 후회하심이 없다.

너희가 전에는 하나님께 순종하지 아니하더니 이스라엘이 순종하지 아니함으로 이제 긍휼을 입었는지라(롬 11:30)

이방 민족은 본래 하나님을 몰랐다. 하나님께 순종할 여지가 없었다. 이스라엘이 제사장 역할을 제대로 감당해야 하나님을 알 수 있는 처지였다. 그런데 이스라엘이 그 역할을 감당하지 못했음에도 불구하고 하나님의 긍휼로 구원을 얻었다. 이방이 구원을 얻은 것은 이스라엘의 공로가 아니라 하나님의 은혜다.

> 이와 같이 이 사람들이 순종하지 아니하니 이는 너희에게 베푸시는 긍휼로 이제 그들도 긍휼을 얻게 하려 하심이라(롬 11:31)

이방이 하나님과 관계없는 자리에 있었던 것처럼 이스라엘도 같은 신세가 되었다. 그래서 하나님은 이방에게 베푼 긍휼과 같은 긍휼을 이스라엘에게도 베푸실 것이다. 하나님을 몰랐던 이방이 구원 얻은 것처럼 하나님을 거역한 이스라엘도 구원 얻을 것이다. 시험을 안 본 이방이 하나님의 은혜로 합격 판정을 받은 것처럼 낙제 점수를 받은 이스라엘도 하나님의 은혜로 합격 판정을 받을 것이다.

여기까지는 어려운 것이 없다. 그런데 32절이 의아하다.

> 하나님이 모든 사람을 순종하지 아니하는 가운데 가두어 두심은 모든 사람에게 긍휼을 베풀려 하심이로다(롬 11:32)

설마 하나님이 사람들을 일부러 불순종의 틀 안에 가두어서 순종하지 못하게 하고는 나중에 긍휼을 베풀어서 생색낸다는 뜻일까? 그럴 수는 없다. 우리가 본래 순종할 수 있었는데 하나님이 의도적으로 우리를 순종하지 못하게 강제한다는 것은 말이 되지 않는다.

> 그러나 성경이 모든 것을 죄 아래에 가두었으니 이는 예수 그리스도를 믿음으로 말미암는 약속을 믿는 자들에게 주려 함이라(갈 3:22)

성경이 모든 것을 죄 아래 가두었다고 해서 본래 죄에 속하지 않은 것을 죄 아래 구금했다는 뜻이 아니다. 모든 것이 죄 아래 속했음을 밝히 드러냈다는 뜻이다. 하나님의 말씀이 없으면 우리가 죄인인 것을 모르게 된다. 성경이 죄를 분별하는 바람에(모든 것을 죄 아래 가두는 바람에) 우리가 어느 만큼 구제불능인 죄인인지 알게 되었다. 왜 성경이 모든 것을 죄 아래 가두었느냐 하면, 예수 그리스도를 믿음으로 말미암는 약속을 우리에게 주시려고 그렇게 했다.

우리가 죄인인 것을 모르면 하나님의 은혜가 은혜로 드러나지 않는다. 십자가가 왜 필요한지 모르게 된다. 그래서 성경은 우리가 죄인이라는 사실을 먼저 밝힌다. "하나님이 모든 사람을 순종하지 아니하는 가운데 가두어 두심은 모든 사람에게 긍휼을 베풀려 하심이로다"가 그런 뜻이다. 우리가 자발적으로 하나님께 순종해서 구원을 얻을 수 있는 것이 아니다. 우리가 이미 죄 안에 있기 때문이다. 그래서 하나님의 긍휼이 필요하다.

그런 긍휼로 구원을 얻었으면 그다음에 무엇을 해야 할까? 아담의 불순종에서 죄가 시작되었으니 당연히 순종의 자리로 돌아가야 한다. 왕조시대에 임금의 명을 어기면 반역죄로 다스릴 것이다. 우리가 범한 죄가 그렇다. 그런 죄의 사슬에서 벗어났으면 하나님의 권위를 바로 모시는 일을 해야 한다. 우리 영혼이 구원 얻었으면 그다음에 할 일은 힘을 다하여 하나님께 순종하는 일이다.

우리는 예수님을 주로 고백한다. 주(主)라는 얘기는 Savior(구세주)일 수도 있고 Lord(주인)일 수도 있다. 예수님은 죄에 빠진 우리 영혼만 구해주시는 분이 아니다. 우리의 주인이기도 하다. 그런데 신앙을 절반만 고백하는 사람이 있다. 자기를 구해주신 은혜에는 감사하다고 하면서 자기가 여전히 자기 주인 노릇을 하려고 한다. 주님 뜻보다 자기 뜻이 더 중요한 사람이 한둘이 아니다.

다시 〈라이언 일병 이야기〉로 돌아가 보자. 줄거리 전체에 흐르는 질문은 "한 사람의 생명의 가치가 얼마나 귀중한 것일까?"이다. 하지만 영화에서는 답을 주지 않는다. 오히려 성경에 답이 있다. 한 사람의 생명은 하나님의 아들이 십자가에서 목숨을 바칠 만큼 가치가 있다. 우리가 그런 은혜를 입은 사람들이다. 그 사실을 안다면 우리는 하나님 앞에서 더욱 겸손해야 한다. 최선을 다하여 하나님께 순종하는 것이 우리의 남은 일이다. 하나님을 우리 인생의 주인으로 모시는 것이 신앙의 시작이다.

11:33-36〉 깊도다 하나님의 지혜와 지식의 풍성함이여, 그의 판단은 헤아리지 못할 것이며 그의 길은 찾지 못할 것이로다 …(중략)… 만물이 주에게

서 나오고 주로 말미암고 주에게로 돌아감이라 그에게 영광이 세세에 있을 지어다 아멘

이스라엘은 제사장 역할을 감당하지 못한 정도가 아니라 자기들의 구원 문제마저 실패했다. 그럼에도 불구하고 이방이 구원 얻었다. 본래 이방이 구원 얻으려면 이스라엘이 구원을 얻는 중간 절차가 필요했다. 그런데 이스라엘을 건너뛰고 이방이 구원을 얻었다.

이방이 구원을 얻을 수 있는 근거는 아무것도 없다. 그러면 이스라엘도 이방처럼 아무 근거 없이 구원을 얻을 수 있을 것이다. 이런 내용을 차근차근 설명하던 바울이 하나님을 찬양하는 것으로 결론을 맺는다. 이스라엘의 구원에 대한 결론이 "하나님이 하시는 일은 과연 놀랍구나!"이다.

무속 신앙은 정성을 근거로 한다. 새벽마다 찬물로 목욕재계하고 정화수 떠놓고 치성을 드리는 것이 그 예다. 문제는 그런 치성을 받는 대상이 모호하다는 사실이다. 누구든지 관계없으니 자기의 정성에 감동되면 소원을 들어달라는 격이다.

우리는 그렇지 않다. 우리의 계획보다 하나님의 뜻이 먼저다. 우리 계획을 이루기 위해서 온갖 노력을 기울이기 이전에 하나님을 알기 위해서 온갖 노력을 기울여야 한다. 하나님이 어떤 분인지 알아야 하고, 어떤 것을 좋아하시고 어떤 것을 싫어하시는지 알아야 한다. 궁극적으로 그 하나님을 섬기는 것이 우리에게 복이라는 사실을 알아야 한다.

내가 이해하지 못하는 사실이 있다. 성경을 모르면서도 부끄러워하지 않는다는 사실이다. 교회에 등록한 지 3개월 된 새 신자 얘기가 아니다. 예수를 10년 믿었으면서도 아무렇지도 않게 "전 성경은 잘 몰라요"라고 한다. 자기 아들이 엉망인 성적표를 내보이면서 "내가 수학은 잘 모르잖아요"라고 하면 어떤 반응을 보일지 궁금하다. 집이 좁은 것은 창피하다고 하면서 성경을 모르는 것은 아무렇지 않은 것이 무슨 경우일까?

하나님이 이스라엘에게 무작정 "나를 섬겨라"라고 하지 않으셨다. 하나님을 섬겨야 할 이유를 먼저 납득시키셨다. 성경의 모든 관심이 하나님을 알리는 것이다. 우리의 가장 큰 과제는 하나님이 어떤 분인지 아는 것이다. 왜 하나님을 믿어야 하는지 알아야 하고, 하나님을 믿는 것이 왜 복인지, 하나님을 믿지 않는 것이 왜 화인지 알아야 한다. 하나님을 알면 알수록 하나님에 대한 찬양이 나올 것이다.

요컨대 우리 인생에서 하나님에 대한 찬양이 없는 이유는 하나님을 찬양할 일을 하지 않기 때문이다. 하나님은 우리가 형언할 수 없을 만큼 놀라운 분이다. 우리 인생은 마땅히 하나님을 향한 찬양으로 가득 차야 한다.

12장 신자 된 삶 ABC

12:1〉 그러므로 형제들아 내가 하나님의 모든 자비하심으로 너희를 권하노니 너희 몸을 하나님이 기뻐하시는 거룩한 산 제물로 드리라 이는 너희가 드릴 영적 예배니라

로마서는 두 부분으로 나눌 수 있다. 1-11장과 12-16장이다. 1-11장에서는 우리가 얻은 구원이 어떤 구원인지 설명한다. 복음이 무엇이고, 우리가 어느 만큼 죄인이고, 하나님의 의가 어떤 것이고, 하나님이 우리를 어떻게 구원하셨는지 밝힌 다음 12장부터 그런 구원을 얻었으니 앞으로 어떻게 살아야 하는지를 말한다.

결국 본문은 "하나님이 너희를 어떻게 구원했는지 아느냐? 하나님이 그만큼 자비하신 분이다. 그러니 앞으로 무엇을 해야 하느냐 하면, 너희 몸을 하나님이 기뻐하시는 거룩한 산 제물로 드려야 한다."라는 뜻이다.

하나님의 자비하심의 내용은 물론 예수님의 십자가다. 하나님이 우리에게 베푸신 자비가 예수님의 십자가에 그대로 나타난다. 남을 위하여 자기 아들을 죽이는 것이 말이 될까? 우리가 그런 사랑을 입고 있다.

어머니 얘기만 나오면 눈물을 흘리는 어떤 국회의원이 있다. 춥고 배고팠던 어린 시절, 어머니가 피를 팔아서 먹을 것을 사주셨다는 것이다. 그 사실이 세상을 살아가는데 상당한 동기 부여가 된 모양이다. 그는 일류대학에 진학했고, 사법고시를 패스하여 검사가 되었다. 나중에는 국회의원이 되었다. 그에게는 항상 "나는 인생을 헛살아서는 안 된다. 어머니가 피를 팔아서 나를 키웠다."라는 생각이 있었다. 그런 생각이 있으면 훌륭한 인생을 살게 마련이다.

우리는 어떤가? 예수님이 나를 위하여 십자가에 달렸다는 사실이 어느 만큼 동기 부여가 되는가? 혹시 아무런 동기 부여가 되지 않는다면 잘못되어도 단단히 잘못된 것이다.

교회에 다닌 햇수는 제법 되는데 신앙에 성실하지 못한 청년을 나무란 적이 있다. 얘기 중에 그 청년이 "그래도 하나님이 나를 사랑하시잖아요"라고 했다. 망치로 뒤통수를 맞은 기분이었다. 본문은 하나님의 자비하심을 근거로 신자답게 살라고 한다. 그런데 그 청년은 하나님의 자비하심을 근거로 불신앙을 합리화하려고 했다.

오래전의 일이다. 전철에서 찬송가를 틀어 놓고 구걸하는 사람이 있었다. 지갑에서 천 원짜리 한 장을 꺼내서 막 바구니에 넣으려는데 누군가 만 원짜리를 넣었다. 어떤 사람인가 싶어서 살짝 바라보았다. 다른 사람들도 그 사람을 보았다. 전철에서 구걸하는 사람에게 만 원을 주는 것이 모두의 시선을 끄는 일인 모양이다. 그러면 우리를 위하여 예수님을 보내신 하나님에 대해서는 어느 만큼 감탄해야 할까? "예수님이 우리를 위하여 대신 죽으셨다"라는 사실에 동의하는 것으로는 모자라다. "그래서 당신은 지금 무엇을 하고 있습니까?"라는 질문에 답을 할 수 있어야 한다.

예전에 친구가 시무하는 교회에 갔을 때의 일이다. 교회 이곳저곳을 둘러보았는데 교육관 벽에 성경 내용을 표현한 그림이 있었다. 아브라함이 이삭을 제물로 바치는 그림도 있었고, 요셉이 꿈을 꾸는 그림도 있었고, 예수님이 나귀를 타고 예루살렘에 입성하는 그림도 있었다.

문득 노아의 방주 그림에 시선이 멎었다. 귀엽게 생긴 할아버지가 역시 귀엽게 그려진 호랑이, 기린, 양, 코뿔소, 타조 등의 동물과 함께 배에 타고 있었다.

노아의 방주 얘기가 동화일까? 당시 방주 밖은 말 그대로 아비규환이었다. 시체가 둥둥 떠다니고, 그 시체 사이사이로 살려달라고 울부짖는 사람들이 있었을 것이다. 그런데 한강 유람선과 에버랜드의 사파리 공원을 합한 것처럼 그려 놓았다. 그 배를 타면 살지만 타지 않으면 죽는다는 긴박성이 전혀 없었다.

신앙생활은 절대 유희가 아니다. 굳이 얘기하면 백마고지 전투에서 이기느냐 지느냐 하는 문제처럼 생명과 죽음에 직접 작용한다. 우리가 이 세상 사는 동안 하나님의 자비하심을 힘입은 모습을 어떻게 나타내느냐 하는 문제는 우리의 영혼을 좌우한다. 지금 세상만이 아니라 다음 세상까지 걸린 문제다. 요컨대 신자는 이 세상에서 하나님의 자비하심을 보여줄 수 있는 유일한 사람들이다. 하나님의 자비하심이 우리의 존재 근거다.

'그러므로' 다음에 '형제들아'라고 했다. 이어지는 내용은 그리스도 예수 안에 있는 믿음의 사람들에게만 해당된다. 우리가 구원을 얻지 못했으면 관계없다. 하지만 구원을 얻었으면 우리 몸을 하나님이 기뻐하시는 거룩한 산 제물로 드려야 한다.

헬라 철학은 이원론을 기초로 한다. 인간을 영혼과 육체로 구분해서 영혼은 귀하지만 육체는 무가치한 것으로 여긴다. 그런 생각을 갖고 있으면 하나님을 섬기는 것은 마음의 문제가 된다. 그런데 바울의 주장은 그렇지 않다. 바울은 "우리는 몸으로 하나님을 예배해야 한다. 의지나 결심을 드리는 것이 예배일 수 없다. 몸을 제물로 드리기 전에는 아무것도 드린 것이 아니다."라고 한다.

신앙생활은 몸으로 하는 것이다. 예수를 마음으로만 믿으면 지금보다 훨씬 더 잘 믿을 수 있을 것이다. 예배라는 예배는 항상 개근하고, 성경도 일 년에 서너 번씩 통독할 테고, 일흔 번씩 일곱 번이라도 용서하고… 다 할 것이다. 그런데 예수는 몸으로 믿어야 한다. 그러다 보니 언제나 마음은 원인데 육신이 약하다. 그러면 마음으로 원하는 것이 그 사람 수준일까, 육신이 약해서 그렇게 못하는 것이 그 사람 수준일까?

개척 초기의 일이다. 출근길에 같은 건물에 있는 분을 만났다. 인사를 건넸더니 "목회가 없는 날도 나오나요?"라고 물었다. 예배가 없는 날을 목회가 없는 날로 잘못 말한 것이다.

그 말을 곧이곧대로 받아들여보자. 목회가 없는 날이 어떤 날일까? 예배를 인도하는 것만 목회가 아니다. 교인과 식사를 하면 그것도 목회이고 혼자 책을 읽어도 목회와 관계있는 일이다. 심지어 낮잠을 자도 목회를 위한 낮잠이어야 한다. 피곤을 달래서 맡은 일과를 원활하게 수행하기 위한 낮잠이 아니라 게을러서 자는 낮잠이라면 목회자 자격이 없다.

이 얘기를 조금 바꿔볼까? 교회는 하나님과 관계를 맺고 있는 경우에 한해서 교회다. 하나님과 관계를 맺고 있지 않다면 더 이상 교회가 아니다. 설교자 역시 그렇다. 하나님을 인식하지 않는 설교자는 설교자가 아니다. 그러면 교인은 어떨까? 교인 역시 하나님과 연결되어 있어야 한다. 하나님과 관계없는 교인은 교인이 아니다. 교회는 항상 하나님과 관계있어야 하고 목사도 항상 하나님과 관계있어야 하는데 교인은 가끔 하나님과 관계없어도 무방한 법은 없다. 목회자의 모든 것이 목회와 관계있는 것처럼 신앙인의 모든 것도 신앙과 관계있어야 한다.

우리는 전부 예수를 믿는 사람들이다. 그래서 구원을 받았다. 물론 영혼 구원이다. 그것으로 다 된 것이 아니다. 우리 삶도 구원받아야 한다. 구원받았으면 당연히 구원받은 사람으로 살아야 한다. 즉 우리 몸을 하나님이 기뻐하시는 거룩한 산 제물로 드리면서 살아야 한다. 그렇게 하는 것이 우리가 드려야 할 영적 예배다.

'영적 예배'라고 할 때의 '영적'은 헬라어 '로기코스'를 번역한 말인데, 영어로는 reasonable이다. 관주성경에 보면 '영적'에 3)이 있고 '합당한'이라고 설명되어 있다. 우리 몸을 하나님이 기뻐하시는 거룩한 산 제물로 드리는 것이 우리가 드려야 할 합당한 예배다. 예수님이 우리를 위한 제물이 되었으니 우리 역시 우리 몸을 제물로 드리는 것이 이치에 맞는다.

우리 몸을 제물로 드리려면 어떻게 해야 할까? 다른 수가 없다. 우리 삶을 드려야 한다. 하나님은 우리의 종교 의식만 받으시는 분이 아니다. 일주일 중에 주일 하루를 하나님께 드렸다고 해도 나머지 6일을 하나님께 드리지 않으면 주일에 행한 종교 의식은 절대 예배가 아니다.

어떤 아주머니가 전철을 타자마자 재빠른 동작으로 빈자리에 뛰어가 앉았다. 남보다 먼저 자리에 앉기 위해서 다른 사람을 밀치기도 했다. 보기 좋지는 않았지만 가끔 볼 수 있는 모습이기도 했다. 그런데 자리에 앉자마자 가방을 옆자리에 놓고는 큰 목소리로 일행을 불렀다. "김 권사, 이리 와. 여기 자리 있어." 같이 있던 친구가 조용한 목소리로 말했다. "이럴 때는 김 권사라고 부르지 말고 김 보살이라고 부르는 게 하나님께 영광되지 않겠어?"

김 권사님이라고 부르지 않고 김 권사라고 불렀으니 부른 사람도 권사인 모양이다. 교회에 다닌다고 해서 누구나 권사가 되는 것이 아니다. 권사가 되려면 그만큼 인정을 받아야 한다. 그런데 그런 모습이 전혀 보이지 않았다. 그때 그분은 자기 행위에 아무런 가책을 느끼지 않았을 것이다. 어쩌면 기도원에 가는 중이었을 수도 있다.

부활하신 예수님이 예루살렘 성전에 가지 않고 갈릴리에 가셨다. 예루살렘 성전은 종교 행위가 가장 극대화되는 곳이다. 예수님은 마땅히 그곳에서 예배를 받을 자격이 있으시다. 반면 갈릴리는 제자들이 예수님을 만나기 전에 살던 곳이다. 사람들이 먹고살기 위해서 바닷바람과 싸우는 삶의 현장이다. 예수님의 관심이 예루살렘에 있지 않고 갈릴리에 있었다. 진리는 하늘에 있지만 실천은 땅에 있기 때문이다.

신앙은 우리 삶의 어느 한 부분을 하나님께 떼어드리는 행위가 아니다. 우리 삶의 모든 영역을 주관하는 원리다. 하루 24시간에서 일정 시간을 할애해서 종교 행위를 극대화하는 것이 신앙생활이 아니라 신앙에 근거해서 일상을 살아내는 것이 신앙생활이다. 할례에 빗대서 얘기하면 할례받은 양피 조각을 하나님께 드리는 것이 신앙생활이 아니라 할례받은 몸으로 사는 것이 신앙생활이다. 예배만 경건하게 드리면 안 된다. 예배 시간 전에는 하나님을 예배할 사람다워야 하고 예배 시간 후에는 하나님을 예배한 사람다워야 한다.

12:2〉 너희는 이 세대를 본받지 말고 오직 마음을 새롭게 함으로 변화를 받아 하나님의 선하시고 기뻐하시고 온전하신 뜻이 무엇인지 분별하도록 하라

우리 몸은 보통 몸이 아니다. 하나님께 제물로 드려질 몸이다. 당연히 거룩하게 간수되어야 한다. 하나님께 드릴 몸을 함부로 내굴리면 안 된다. 그래서 이 세대를 본받지 말아야 한다. 세상 사람들이 어떻게 사는지 신경 쓰지 않는 것이 예수 믿는 첫걸음이다.

복권을 사면 일주일 동안 마음이 뿌듯하다면서 꼭 당첨을 기대해서가 아니라도 일주일에 만 원 정도는 투자할 만하다는 말을 들은 적이 있다. 그런 말에 무작정 고개를 끄덕이면 안 된다. 그때의 뿌듯함이 과연 추구할 가치가 있는지 따져야 한다. 추구할 가치가 있으면 더 많은 액수라도 지불할 수 있지만 추구할 가치가 없다면 그런 것에 마음 둘 이유가 없다.

TV 앞에서 시간을 보내는 것이 그렇다. 물론 재미있다. 그것이 문제다. 재미가 없으면 안 볼 텐데 인생을 유익하게 하는데 아무 도움도 안 되는 것이 쓸데없이 재미있다. 그래서 홀랑 거기에 속아서 시간을 낭비하는 줄 모른다.

세상 사람들은 자기에게 유익한지 여부를 가늠할 줄 모른다. 재미있는지 재미없는지만 따진다. 문제는 그런 얄팍한 재미를 탐하기에는 인생이 너무 짧다는 사실이다. 우리는 하나님께서 기뻐하시는 삶을 살아야 한다. 하나님이 기뻐하시지 않는 일에 마음을 쓰는 것은 시간 낭비다.

아이들이 컴퓨터 게임을 하루에 한 시간 할 때마다 국어, 영어, 수학 학업 성취도가 100점 만점 기준으로 2.38점 떨어진다고 한다. 하지만 이런 말을 듣고 "앞으로 컴퓨터 게임 하면 안 되겠구나"라고 생각하는 아이는 없다. 한사코 게임을 하려 드는 아이를 둔 부모만 속이 상한다. 그러면 TV를 보거나 웹서핑을 하면서 무의미한 시간을 보낼 때마다 우리와 하나님의 거리는 얼마나 멀어질까?

길거리에 아무렇게나 버려진 담배꽁초는 참 보기 흉하다. 가끔 새벽에는 간밤에 누군가 전봇대 밑에 쏟아놓은 토사물도 보게 된다. 불어 터진 밥알이나 토막토막 끊긴 라면 가락은 보기만 해도 인상이 찌푸려진다. 하지만 이런 문제가 우리 내부에는 더 심각하다. 영혼을 유익하게 하는데 아무 도움이 안 되는 정보들을 단지 재미있다는 이유로 탐닉하는 일은 없어야 한다. 재미있느냐 재미없느냐보다 쓸데가 있는지 없는지가 더 중요하다. 칼빈이 말한 것처럼 경건에 관계없는 모든 호기심은 해롭다.

우리 중에 사탄을 좋아하는 사람은 없다. 그러면 사탄이 좋아하는 일도 하지 말아야 한다. 사탄은 싫다고 하면서 사탄이 자기에게 하려는 일을 자진해서 하는 것은 모순이다.

사탄이 우리를 무식하게 미혹하지 않는다. "내일부터 교회 다니지 마라", "만나는 사람마다 하나님은 없다고 얘기해라", "성경은 다 거짓말이다" 등등의 말을 아무리 해봐야 그런 말에 넘어가지 않는 것을 다 안다. 그래서 아주 교묘하게 미혹한다. 대표적인 것이 "주변 사람의 평판에 신경 써라"이다. 주변 사람의 평판에 신경 쓰다 보면 하나님께 신경 쓰지 못하게 된다. 우리가 신경 써야 할 것은 "남들이 뭐라고 하나?"가 아니다. "하나님이 뭐라고 하실까?"이다.

하나님의 뜻을 분별하려는 노력을 하지 않으면 저절로 이 세대를 본받게 된다. 이 세대를 본받는다는 얘기를 시편 기자는 바람에 나는 겨와 같다고 했다. 바람에 나는 겨에게는 아무런 스트레스가 없다. 그냥 남들처럼 살면 된다. 그렇게 살면 세상 사람들로부터 인정도 받을 수 있다. 단지 하나님과 관계없을 뿐이다.

모든 부모의 소망은 자식이 잘되는 것이다. 그래서 열심히 잔소리를 한다. 하기 싫어하는 공부를 억지로 시킨다. 아이가 당장 재미있어 하는 것보다 아이 인생에 궁극적으로 유익한 것이 무엇인지 알기 때문이다.

하나님도 그렇다. 하나님의 유일한 관심은 우리의 복이다. 하나님은 우리가 세상이 주는 얄팍한 재미가 아니라 하나님이 주시는 기쁨을 누리기를 바라신다. 그래서 우리에게 당부하신다. "너희는 너희 몸을 산 제물로 드려라", "이 세대를 본받지 마라", "하나님의 뜻을 분별해라" 하나님 뜻을 준행하며 사는 인생이야말로 가장 신명나는 인생이다.

12:3-5〉 내게 주신 은혜로 말미암아 너희 각 사람에게 말하노니 마땅히 생각할 그 이상의 생각을 품지 말고 …(중략)… 이와 같이 우리 많은 사람이 그리스도 안에서 한 몸이 되어 서로 지체가 되었느니라

신자는 자기가 맡은 일에 충실하면 된다. 다른 사람이 어떻게 하는지 신경 쓸 이유가 없다. 우리 몸만 하나님께 산 제물로 드리면 되고 우리만 이 세상을 본받지 않으면 된다. 다른 사람한테 신경 쓰는 것은 시간 낭비다. 우리가 서로 지체이기 때문이다.

혹시 자기에게 허리가 있는 것을 의식하는 사람이 있을까? 허리가 자기 역할을 정상적으로 감당하면 허리에 신경 쓸 이유가 없다. 우리 몸의 모든 부분이 다 그렇다. 아침마다 입을 벌려서 치아가 제대로 있는지 확인하는 사람도 없다. 그런데 치통이 있으면 그때서야 불편을 느낀다. 이때 치아에만 불편을 느끼는 것이 아니다. 온몸이 꼼짝을 못한다.

어린 시절에 들은 얘기가 있다. 우리 몸의 각 지체 사이에서 다툼이 일어났다. 다른 지체에 비해서 자기만 너무 고생한다는 것이었다. 팔이 얘기했다. "주인이 무거운 짐은 항상 나한테 맡기는 바람에 난 잠시도 쉴 틈이 없어." 다리가 나섰다. "넌 가끔 아무것도 안 들 때도 있잖아. 난 언제나 주인의 몸을 지탱해야 하니까 내가 더 힘들지." 코도 한마디 하고, 눈도 한마디 하고, 입도 한마디 했다. 서로 불만을 얘기하다가 전부 파업을 하기로 했다. 그래서 어떻게 되었을까? 전부 다 기진맥진한 상태가 되었다. 팔은 팔대로, 다리는 다리대로 전혀 힘을 쓸 수가 없었다. 결국 자기들의 잘못을 뉘우치게 되었다.

이런 비유는 실감난다기보다 오히려 유치하기까지 하다. 그런데 이런 유치한 얘기가 성경에 그대로 있다.

몸은 한 지체뿐만 아니요 여럿이니 만일 발이 이르되 나는 손이 아니니 몸에 붙지 아니하였다 할지라도 이로써 몸에 붙지 아니한 것이 아니요 또 귀가 이르되 나는 눈이 아니니 몸에 붙지 아니하였다 할지라도 이로써 몸에 붙지 아니한 것이 아니니 만일 온 몸이 눈이면 듣는 곳은 어디며 온 몸이 듣는 곳이면 냄새 맡는 곳은 어디냐 그러나 이제 하나님이 그 원하시는 대로 지체를 각각 몸에 두셨으니 만일 다 한 지체뿐이면 몸은 어디냐 이제 지체는 많으나 몸은 하나라 눈이 손더러 내가 너를 쓸 데가 없다 하거나 또한 머리가 발더러 내가 너를 쓸 데가 없다 하지 못하리라(고전 12:14-21)

성경을 읽어도 무슨 말인지 몰라서 읽기 싫다는 사람이 있다. 그런데 본문은 그렇지 않다. 무슨 뜻인지 금방 이해가 된다. 그리고 성경은 그런 내용을 자세히 풀어서 설명한다. 우리가 제대로 지키지 않는다는 뜻이다.

교회는 그리스도를 머리로 하는 그의 몸이다. 그리고 우리는 지체의 각 부분이다. 교회 구성원끼리는 남이 아니다. 어떤 사람은 왼손이고 어떤 사람은 왼발이고 어떤 사람은 오른손이고 어떤 사람은 오른팔이다. 우리는 다른 사람과 비교할 것이 아니라 자기가 맡은 일을 충실히 해야 한다. 우리의 유일한 관심은 맡은 일을 어떻게 수행할 것인가 하는 한 가지다. 이런 내용을 "믿음의 분량대로 지혜롭게 생각하라"라고 말한다. 여호와를 경외하는 것이 지혜의 근본이다. 요컨대 우리는 하나님을 경외하는 마음으로 생각할 줄 알아야 한다.

진주대첩, 행주대첩, 한산도대첩을 임진왜란의 3대 대첩이라고 한다. 임진왜란 개전 초기에 우리나라는 일방적으로 밀렸다. 주후 1592년 4월 14일에 부산으로 침공한 왜군이 5월 2일에 한양을 점령했다. 전투를 한 것이 아니라 행군을 해도 그 정도 시간은 걸릴 것이다. 그런 와중에 우리나라가 육지에서 처음 승리를 거둔 전투가 진주대첩이다. 우리나라 군사 3,800명이 왜군 3만 명을 이겼다.

이런 승리가 우연히 주어질 수 없다. 임진왜란 발발 전에 전쟁 조짐을 느낀 조정에서 축성령을 내렸다. 이를 성실히 수행한 성이 진주성이었다. 다른 성들은 농번기를 이유로 성 보수에 게을렀는데 진주성은 내성과 외성을 쌓고 해자를 깊이 팠다. 결국 진주대첩으로 그것이 보상되었다.

요컨대 우리는 평소에 경건한 습관을 길러야 한다. 평소에 경건한 습관을 기르면 결정적인 순간에 경건이 나올 것이다. 우리가 길러야 할 경건한 습관 중의 하나가 각자에게 주어진 믿음의 분량대로 지혜롭게 생각하는 것이다. 이 세상 눈치를 볼 것이 아니라 범사에 하나님을 경외하는 것을 연습해야 한다. 세상을 경외하는 사람이나 세상 눈치를 보는 법이다.

12:6-8〉 우리에게 주신 은혜대로 받은 은사가 각각 다르니 혹 예언이면 믿음의 분수대로, 혹 섬기는 일이면 섬기는 일로 …(중략)… 다스리는 자는 부지런함으로, 긍휼을 베푸는 자는 즐거움으로 할 것이니라

교회는 그리스도를 머리로 하는 그의 몸이다. 그리고 우리는 그 몸을 이루는 지체들이다. 각 지체는 서로 맡은 일을 하면 된다. 농부는 농사를 짓고 기술자는 기계를 만지고 군인은 나라를 지키는 것과 같다.

농부는 성실해야 한다. 게으른 사람은 농사를 지을 수 없다. 기술자는 기계 작동 원리를 제대로 알아야 한다. 나처럼 정전이 되면 전화 통화가 안 되는 줄 아는 사람은 기술자가 될 수 없다. 또 군인은 용감해야 한다. 용감하지 않은 군인은 쓸모가 없다.

성령의 은사 중에 예언의 은사가 있다. 장래 일어날 일을 미리 말하는 것이 아니다. 하나님의 말씀을 전하는 것이다. 초대교회 당시에는 이런 은사가 특히 필요했다. 성경이 확정되지 않았기 때문에 하나님의 직접적인 가르침이 있어야 했다.

예언을 하는 사람은 믿음의 분수대로 해야 한다. 하나님의 말씀을 맡은 사람은 자기가 지켜야 할 범주를 지켜야 한다. 특히 목사가 주의해야 하는 사항이다. 우리가 들을 수 있는 가장 보편적인 예언이 설교이기 때문이다. 설교가 목사 개인의 얘기가 아니라 하나님의 말씀이면 목사는 말씀을 맡은 사람이다.

교회는 그 특성상 목사의 말이 가장 큰 권위를 갖는다. 하지만 목사가 하는 모든 말이 항상 하나님께 받은 말씀일 수는 없다. 야외예배를 갈 때 점심을 어떻게 준비하는 것이 좋을까? 예배당을 새로 도색한다면 페인트는 어떤 상표가 좋을까? 그런 문제까지 일일이 목사가 결정하려 든다면 예언을 맡은 사람이 믿음의 분수를 지키지 못하는 예가 된다.

섬기는 일을 맡은 사람은 섬기는 일을 해야 한다. 신학생 시절, 교학과 직원이 불친절하다는 불평이 제법 많았다. 한번은 성적표가 오지 않아서 찾아간 적이 있다. "성적표가 오지 않았는데 무슨 일인가 해서 왔습니다"라고 용무를 밝혔더니, 대뜸 "보냈는데요"라고 했다. 그런 말을 할 수 있으려면 우선 내 얼굴과 이름을 알고 있어야 한다. 또 내 성적표를 발송한 기억이 있어야 한다. 내가 누구인지도 모르면서 다짜고짜 보냈다고 하는 것은 어불성설이다. "여기서는 보냈는지 모르겠습니다만 저는 못 받았습니다. 그럼 재발행을 해주든지, 다른 방법이 있지 않겠습니까?"라고 물었더니 "그럼 저기서 찾아보세요"라고 하면서 고갯짓으로 한쪽을 가리켰다. 가리키는 곳을 보니 반송된 우편물이 수북하게 쌓여 있었다.

우편물을 하나하나 찾아보니 내 이름이 있었다. 그리고 반송 사유도 알 수 있었다. 번지수와 우편번호가 뒤바뀌어 있었다. 당시 주소가 송파구 풍납동 259-21이고 우편번호가 138-042였다. 그런데 주소가 송파구 풍납동 138-042, 우편번호가 259-21로 되어 있었다. 직원에게 그것을 보여 주었더니 또 엉뚱한 말을 했다.

"애초에 주소를 잘못 적어서 제출했겠죠. 우린 적혀진 그대로 보냈어요."

"제가 주소를 잘못 적었을 확률이 많습니까? 여기서 잘못 타이핑했을 확률이 많습니까?"

"그러니까 잘 적었어야죠."

도무지 말이 통하지 않았다. 조용히 물었다.

"혹시 제가 내는 등록금에 아가씨가 받는 월급도 포함되어 있나요?"

공무원을 가리켜서 공복이라고 한다. 그런데 관공서에 가면 공복 대신 상전이 있더라는 얘기를 들은 기억이 있다. 섬기는 일을 맡은 사람 중에 섬기는 일을 제대로 하지 못하는 사람이 있다는 단적인 예다.

가르치는 자는 가르치는 일을 해야 한다. 나는 군대에서 운전을 배웠다. 요즘은 운전면허증이 흔하지만 당시는 그렇지 않았다. 운전 조교들은 중졸이나 고퇴 학력으로 트럭 조수를 하다가 입대한 경우가 많았다. 자기는 운전을 잘할지 몰라도 운전을 가르치는 것은 서툴렀다. 제대로 설명은 하지 않고 언성부터 높이곤 했다.

남을 가르치는 사람은 이미 아는 사람이고 배우는 사람은 아직 모르는 사람이다. 아는 사람은 모르는 사람이 모르는 것을 이해하지 못한다. 부부 사이에는 운전을 가르쳐주지 못한다고 한다. 내가 아는 분 중에는 남편에게 도로 연수를 받다가 차를 몰고 인도로 올라간 분도 있다.

위로하는 일을 맡은 사람은 위로하는 일을 잘 감당해야 한다. 성경에 나오는 사람 중에 위로를 가장 못한 사람으로는 단연 욥의 친구들을 꼽을 수 있다. 그들은 욥을 위로하기 위해서 욥을 찾아왔다. 욥의 형편이 얼마나 기가 막혔는지 일주일 동안 넋이 나간 상태로 지내기도 했다. 그런데 말을 시작하자 상황이 바뀌고 말았다. 하는 말마다 욥을 괴롭히는 말이었다. 욥을 미워해서 그렇게 된 것이 아니다. 욥을 아끼는 마음이 가득했는데도 위로를 할 줄 몰라서 그렇게 되었다.

위로를 한다는 얘기는 자기가 그 사람보다 낫다는 뜻이 아니다. 자기 역시 똑같다는 뜻이다. 다른 사람을 위로하려면 그 사람의 아픔에 동참할 수 있어야 한다. 설거지하는 사람을 도와주려면 자기 손에 물을 묻혀야 하고 추위에 떠는 사람에게 외투를 벗어주면 자기가 대신 추위에 떨어야 한다. 자기는 손 하나 까딱하지 않으면서 말로만 하는 위로는 무효다.

구제하는 자는 성실함으로 해야 한다. 도움을 청하기 전에 자원해서 도와줄 수 있어야 한다. 구제가 필요한 사람한테 구제를 받을 열심도 없을 수 있기 때문이다. 구제에 필요한 조건은 "얼마나 도움이 필요한가?"라는 한 가지다. 고마움을 아는지 모르는지, 언제까지 도와주면 자립할 수 있는지는 따질 이유가 없다.

1863년에 앙리 뒤낭에 의하여 국제 적십자사가 창설되었다. 적십자정신에 의하면 부상을 입은 군인은 아군도 아니고 적군도 아니다. 치료가 필요한 부상병일 뿐이다. 그런데 적군을 치료해주면 건강한 몸이 되어 다시 총부리를 들이댈 것이다. 그것을 알면서도 문제 삼지 않는 것이 적십자정신이다. 구제도 마찬가지다. 불쌍하면 도와주고, 다른 것은 따지지 않는다.

다스리는 자는 부지런함으로 해야 한다. 이때의 부지런은 간절함으로 말미암은 서두름을 말한다. 초등학생 때 아침에 허겁지겁 가방을 챙겼던 경험이 있을 것이다. 전날 가방을 챙겨두었다가 아침에 갖고 가면 되는데 그것이 쉽지 않다. 하지만 소풍 가는 배낭을 아침에 싸는 법은 없다. 과자와 음료수는 미리 챙겨 놓고 아침에는 어머니가 싸 주시는 도시락만 챙기면 된다. 다스리는 일을 맡은 사람에게 이런 부지런함이 필요하다.

다스리는 자는 부지런함으로 해야 한다는 말은 다스리는 일을 맡은 사람은 게을러지기 쉽다는 사실을 암시하기도 한다. 선기 기간 중의 국회의원 후보들은 유권자가 있는 곳이라면 어디든지 찾아가고 유권자가 하는 얘기에 늘 귀를 기울인다. 하지만 선거 후에는 어떨까?

교회 중직자들에게 그대로 적용될 수 있다. 교회의 직분은 봉사를 위한 것인데 감투로 오해하는 경우가 더러 있다. 서리집사 때는 열심히 화장실 청소를 하다가 장로가 된 다음에 손을 놓은 사람을 본 적이 있다. 사람들이 부담스러워한다는 것이었다. 누가 부담스러워하는지 모르지만 부담스러워하거나 말거나 봉사는 계속하는 것이 옳다.

긍휼을 베푸는 자는 즐거움으로 해야 한다. 도와달라고 찾아온 사람에게 천 원짜리 한 장을 주는 일은 누구나 할 수 있다. 하지만 어떤 마음으로 주는지 따지면 얘기가 달라진다.

어렸을 때의 일이다. 어떤 가게에서 거지를 구박하는 것을 본 적이 있다. 아마 이른 시간이었던 것 같다. "이 시간에 오면 어떡해요? 오늘은 줄 테니까 다음부터는 이 시간에 오지 마세요."라고 하면서 동전 한 닢을 주자, 거지가 연신 고개를 조아리며 고맙다고 했다. "이왕 도와주는 것인데 그냥 주면 안 되나?" 하는 생각이 들었다.

거지에게 천 원을 준다고 하자. 거지는 천 원만 얻으면 그것으로 만족할 수 있다. 잔소리를 하면서 주는 사람이나 위로를 하면서 주는 사람을 구별하지 않고 똑같이 고맙다고 할 것이다. 하지만 그 거지가 로또복권에 당첨되어 보답할 능력이 생기면 상황이 달라진다. 그때는 자기한테 준 천 원만 기억하는 것이 아니라 어떤 마음으로 줬는지도 기억할 것이다.

"신앙생활 잘하라"라고 하면 사람들은 주로 "열심히 기도하고, 열심히 성경 읽고, 열심히 봉사하고…" 등을 떠올린다. 종교 행위를 극대화해서 하나님과의 관계를 공고하게 다지는 것을 신앙생활로 생각하는 것이다. 그런데 본문은 그렇지 않다. 하나님과의 관계가 아니라 사람과 사람 사이의 관계를 말한다.

구원은 하나님과 1:1의 관계에서 얻는다. 하지만 구원 얻었다는 사실은 사람들 사이에서 증명되어야 한다. 신앙에 아무리 열심인 사람이라도 종교 행위를 하는 시간보다 그렇지 않은 시간이 더 많은데 종교 행위를 할 때만 신앙이 나타나면 곤란하다. 신앙은 삶의 원칙에 대한 문제이다.

중고등부나 청년부를 지도하다 보면 누가 누구에게 관심이 있는지 눈에 보인다. 단체 사진을 찍으면 어떤 청년 근처에 항상 같은 청년이 있을 수 있다. 누군가 얘기를 하면 재미있는 얘기가 아닌데도 늘 웃는 사람이 있을 수 있다. 식당에서는 항상 같은 식탁에 앉기도 한다. 전부 관심이 있기 때문에 나오는 행동이다. 사랑과 재채기는 숨길 수 없다는 프랑스 속담 그대로다.

신앙 또한 그렇다. 신앙은 추상명사다. 눈에 보이지 않는다. 눈에 보이지 않는 추상명사를 우리의 삶에 투영시켜서 눈에 보이게 해야 한다. 우리에게 신앙이 있다면 그 신앙은 세상을 살아가는 원칙으로 나타나야 한다. 이것이 하나님이 기뻐 받으시는 산 제물이고 우리가 드려야 할 영적 예배다.

12:9〉 사랑에는 거짓이 없나니 악을 미워하고 선에 속하라

악을 좋아하는 사람은 없다. 아무리 악한 사람이라도 "나는 선을 미워한다. 그러니 악에 속하겠다."라고 하지는 않는다. 사람과 사람 사이에 싸움이 있는 이유가 자기 생각에는 자기가 옳기 때문이다. 자기가 틀린 것을 인정하면서 싸우는 사람은 없다. 설령 자기가 틀렸어도 상대방이 더 많이 틀렸다고 생각한다.

뒷골목에서 학생들의 주머니를 터는 불량배를 생각해 보자. 아마 "좋은 말로 할 때 있는 돈 다 내놔"라고 할 것이다. 협박에 못 이긴 학생이 주머니에 있는 돈을 꺼낸다고 해서 그것으로 끝나지 않는다. "지금부터 털어서 나오면 100원에 한 대씩이다"라고 한다. 강도짓을 하는 자기들의 잘못은 별로 문제가 안 된다. 돈이 있으면서도 없다고 한 것을 더 큰 잘못으로 여긴다.

하지만 본문은 그 정도를 경계하는 얘기가 아니다. 이어지는 10-13절이 악을 미워하고 선에 속하기 위한 세부 지침이다. 이 내용을 지키는 사람이라야 악을 미워하고 선에 속한 사람이다.

12:10〉 형제를 사랑하여 서로 우애하고 존경하기를 서로 먼저 하며

사랑이나 우애, 존경은 '먼저' 하는 것이다. 상대방이 한 일에 대한 반응이 아니다. 특히 사랑은 기독교에서 가장 강조하는 덕목이다. 그만큼 잘 안 된다는 뜻이기도 하다. 잘 안 되는 이유가 있다. 도무지 사랑할 만하지 않은 사람이 있기 때문이다. 아무리 사랑을 베풀어도 고마움을 모르는 사람을 어떻게 사랑하란 말인가? 그런데 성경은 거기에 대한 얘기가 없다. "사랑할 만한 사람은 사랑하라"가 아니다. 그냥 "사랑하라"로 끝이다. 사랑은 자기를 위하여 하는 것이 아니라 상대방을 위하여 하는 것이다.

> 너희가 너희를 사랑하는 자를 사랑하면 무슨 상이 있으리요 세리도 이같이 아니하느냐 또 너희가 너희 형제에게만 문안하면 남보다 더하는 것이 무엇이냐 이방인들도 이같이 아니하느냐 그러므로 하늘에 계신 너희 아버지의 온전하심과 같이 너희도 온전하라(마 5:46-48)

당시 세리는 가장 지탄받는 사람이었다. 그런 세리도 자기를 사랑하는 사람은 사랑한다. 또 이방인은 아예 사람으로 인정하지 않았다. 하나님이 이방인을 만든 이유는 지옥에서 쓸 땔감 때문이라는 것이 유대인들 생각이었다. 그런 이방인도 자기 형제들끼리는 문안한다. 하물며 하나님을 안다고 하면서 세리나 이방인의 수준에 머물 수는 없다. 당연히 그들보다 더하는 것이 있어야 한다.

성경은 "하늘에 계신 너희 아버지의 온전하심과 같이 너희도 온전하라"라고 한다. 부전자전이라고 했다. 하나님이 온전하신 분이니 우리 역시 온전해야 한다. 그런데 우리가 하나님처럼 온전하게 되는 데 방해되는 것이 있다. 세리나 이방인처럼 사랑할 만한 사람만 사랑하고 자기들끼리만 문안하는 것이다. 그걸 고쳐야 온전해질 수 있다. 요컨대 사랑은 자기의 정서적인 욕구 충족을 위해서 하는 것이 아니라 하나님의 명령이기 때문에 하는 것이다.

12:11〉 부지런하여 게으르지 말고 열심을 품고 주를 섬기라

어떤 사람이 하루에 한 시간씩 성경을 읽기로 했다. 그렇다고 해서 오전 10시나 오후 3시부터 읽을 수는 없다. 성경 읽기로 정한 시간은 천생 일과 후여야 한다. 아마 밤 9시나 10시부터가 될 것이다. 그런데 약속이 있어서, 혹은 회식이 있어서 귀가 시간이 늦었다. 그러면 그날은 성경 읽는 것을 포기하게 된다. 성경을 읽기 위해서 친구와 약속을 잡지 않거나 회식에 불참해야 한다는 생각은 하지 않는다. 경건을 위한 시간은 언제나 가장 나중 순서다. 늘 다른 시간에 밀리게 되고, 이것을 어쩔 수 없는 일로 여긴다.

간혹 교회에서 슬럼프를 말하는 사람이 있다. 이상하게 마음에 감동이 없다면서 당분간 쉬겠다고도 한다. 그런 말을 하나님이 하면 어떻게 될까?

"요즘 이상하게 예배를 받고 싶은 마음이 없다. 너희들이 사랑스럽게 보이지도 않는다. 나중에 연락할 테니 당분간 찾지 마라."라고 하면 그야말로 재앙이다. 그런데 하나님이 말씀하시면 재앙인 내용을 먼저 말하는 사람이 한둘이 아니다. 그 말이 얼마나 어리석은 말인지 모르는 탓이다.

부교역자 시절, 언제부터인지 교회에 발을 끊은 사람을 길에서 만났다. 다시 신앙생활을 할 것을 권면했더니 "요즘 워낙 바빠요. 일단 먹고사는 문제부터 해결하고 교회 갈게요."라고 했다. 먹고사는 문제는 물론 중요하다. 하지만 먹고사는 것 자체가 목적일 수는 없다. 왜 먹고살아야 하는지 따져봐야 한다. 만일 먹고살아야 하는 이유가 있다면 그 이유는 먹고사는 문제보다 더 중요하게 마련이다. 성경은 "먹든지 마시든지 무엇을 하든지 하나님의 영광을 위하여 하라"라고 한다. 우리는 살아도 주를 위하여 살고 죽어도 주를 위하여 죽는다. 우리가 먹고살아야 하는 이유가 하나님의 영광 때문이다. 그런데 먹고살기 위해서 교회에 나갈 수 없다는 얘기는 어불성설이다.

하지만 별수 없다. 몰라서 그런 것을 어떻게 한단 말인가? 불신자한테서 하나님께 영광 돌리려는 마음을 기대할 수는 없다. 그런데 신자의 입에서 그런 말이 나오는 것은 무슨 영문일까? 우리는 먹고사는 문제 때문에 별수 없이 신앙을 보류할 수 있는 사람들이 아니라 신앙을 위해서라면 먹고사는 문제도 보류할 수 있는 사람들이다. 이 순서가 뒤집히면 절대 열심을 품고 주를 섬길 수 없다.

12:12〉 소망 중에 즐거워하며 환난 중에 참으며 기도에 항상 힘쓰며

신앙생활은 즉각적인 보상이 있는 것이 아니다. 소망 중에 즐거워하라는 말이 왜 있겠는가? 지금 당장은 즐겁지 않기 때문이다. 즐거워할 수 있는 근거가 현재에 있지 않고 장래에 있다.

다이어트에 성공하려면 공복감을 즐겨야 한다고 한다. 공복감이 즐거울 수는 없다. 하지만 살이 빠져서 날씬한 몸매가 된 것을 즐거워하려면 공복감을 견뎌야 한다. 다이어트를 결심했다고 해서 입맛이 사라지지는 않는다. 평소보다 저녁을 덜 먹으면 밤참의 유혹은 더 강하게 마련이다. 이때 출출함을 못 이겨서 라면을 끓여 먹으면 당장은 만족할 수 있다. 하지만 소망 중에 즐거워할 수는 없다.

소망 중에 즐거워하라는 얘기는 장차 주어질 즐거움을 기대하면서 지금부터 즐거워하라는 뜻이다. 그렇다고 해서 장차 주어질 즐거움이 지금의 모습과 관계없이 주어지는 것이 아니다. 지금부터 즐거움의 재료들을 꾸준히 모아야 한다. 그래서 환난 중에 참으라는 말로 이어진다.

환난을 마냥 참아야 한다면 신앙은 어떤 경우에 써먹는 것일까? 환난이 있으면 하나님께 부르짖어야 하고, 그러면 하나님이 도와주셔야 하는 것 아닐까? 그런데 환난 중에 참으라고 했다. 하나님의 도우심이 곧바로 나타나지 않는다는 뜻이다. 우리에게 환난이 있는 것을 하나님이 수수방관하실 수 있다. 신앙이 어려움을 해결하는 방편이 아니기 때문이다.

요셉이 누명을 쓰고 옥에 갇혔다. 그런 요셉에게 소원이 있다면 당연히 옥에서 나가는 것이다. 다른 소원이 있을 수 없다. 그렇다고 해서 그 소원이 이루어지면 어떻게 될까? 어쩌면 누명이 풀려서 보디발 부인이 처형되고 요셉은 다시 보디발의 하인이 되었을 수 있다. 그리고 7년 기근이 왔을 때 굶어죽었을 것이다. 야곱 일가 역시 아무런 대책이 없었을 것이다. 그렇게 되면 요셉이 애굽의 총리가 못 되는 것이 문제가 아니다. 이스라엘 민족이 만들어지지 않는다.

하나님은 우리 인생을 편하게 해주는 것에 관심 있는 분이 아니다. 우리 인생을 완성시키는 것에 관심이 있으시다. 그래서 우리에게는 환난이 있고, 우리는 그것을 참아야 한다.

또 기도에 항상 힘쓰라고 했다. 기도하는 문제가 해결되지 않는다는 사실을 전제로 한다. 기도 제목은 있는데 해결은 되지 않으니 항상 힘쓰는 것이다. 그러면 기도는 왜 하는 것일까? 해결되지도 않는 문제를 붙잡고 계속 기도할 이유가 있을까?

학생이면 공부에 힘써야 한다. 그것이 학생의 본분이다. 우리가 그렇다. 기도하는 것이 우리의 본분이다. 간혹 "기도가 방법이다"라는 얘기가 들린다. 하지만 기도는 방법 이전에 원리라야 한다.

하나님이 우리 기도에 응답하시는 이유가 무엇일까? 문제를 해결해주시려는 것이 아니다. 하나님이 어떤 분인지 알리려는 것이다. 우리는 기도를 통해서 하나님께 무엇인가 얻어낼 궁리를 할 것이 아니라 하나님과 연결되어야 한다.

어떤 사람이 새벽기도에 나가려고 알람을 설정했다. 하지만 새벽 단잠의 유혹을 뿌리치는 것이 그리 쉬운 일이 아니다. 알람이 울리면 "하나님, 죄송해요."라고 하면서 알람을 끄고 자기를 반복했다. 그러던 어느 날이었다. 그 날도 "하나님, 죄송해요."라고 하면서 더듬더듬 핸드폰을 찾는데 하나님의 음성이 들렸다. "나한테 죄송할 것 없다. 네가 문제지."

우리가 기도하지 않는 것이 하나님께 죄송한 것으로 끝나면 오히려 다행이다. 그것이 우리에게 문제가 된다. 우리가 하나님의 백성으로 살기에 게으르다고 해서 하나님이 손해 보시지 않는다. 우리가 손해다.

12:13〉 성도들의 쓸 것을 공급하며 손 대접하기를 힘쓰라

앞에서 이미 구제와 긍휼을 얘기했다. 결국 성도의 쓸 것을 공급하라는 얘기는 쌀 떨어진 집에는 쌀을 주고 연탄이 떨어진 집에는 연탄을 주라는 얘기가 아니다. 생존에 관계된 문제에 관심을 기울이라는 뜻이 아니라 생활에 필요한 것이 무엇인지 관심을 기울이라는 뜻이다. 먹고사는 것이 힘든 사람을 도와주라는 것은 말이 된다. 그런데 먹고사는 것이 지장 없는 사람에게 무엇을 보태줄까? 하지만 그것이 성경의 요구다. 우리는 이웃의 필요에 민감해야 하는 사람들이다.

명절이면 부모님께 드릴 선물을 가지고 고향을 찾는다. 그런데 돌아올 때는 짐이 더 늘어난다. 부모님께서 바리바리 챙겨주시기 때문이다. 챙겨주지 않으면 굶어 죽기 때문이 아니다. 하나라도 더 챙겨주는 것이 부모님의 기쁨이기 때문이다. 그것이 이웃을 향한 우리의 마음이어야 한다.

또 손 대접하기를 힘써야 한다. 길손은 대접을 받고 가면 그뿐이다. 다음에 돌아와서 보답을 한다는 보장이 없다. 대접한 만큼 보상이 돌아온다면 대접하는 일이 어려울 리 없다. 아무런 보상도 없는데 대접을 하려니 어려운 것이다. 그런데 성경은 해봐야 아무 보상도 없는 일을 하라고 한다.

신앙을 지키는 것이 세상에서 손해 보는 일처럼 생각될 수 있다. "왜 나만 그래야 하느냐?"라는 의문이 끊임없이 떠오른다. 하지만 우리만 그래야 하는 것이 아니다. 하나님이 먼저 그렇게 하셨다. 하나님이 우리를 위해서 예수님을 보내셨다. 우리의 죄가 마치 하나님 책임인 것처럼 안타까워하셨다. 이제 우리에게 같은 일을 요구하신다. "네가 하나님의 사랑을 받았느냐? 그러면 하나님의 사랑을 받은 사람으로 살아라."라는 것이다. 우리가 이 세상을 사는 모든 모습이 곧 우리 몸을 하나님께 드리는 산 제물이다.

12:14-16〉 **너희를 박해하는 자를 축복하라 축복하고 저주하지 말라 즐거워하는 자들과 함께 즐거워하고 우는 자들과 함께 울라 서로 마음을 같이하며 높은 데 마음을 두지 말고 도리어 낮은 데 처하며 스스로 지혜 있는 체 하지 말라**

고등학생 때 공부하던 수학 참고서에 단원마다 기초 문제와 실력 문제가 있었다. 학생에 따라서 기초 문제만 풀고 실력 문제는 건너뛰기도 했다. 실력 문제가 기초 문제보다 당연히 어려웠다.

본문에는 그런 식의 구별이 없다. "너희를 박해하는 자를 축복하라 축복하고 저주하지 말라"라는 말씀은 실천하기가 쉽지 않아 보인다. "즐거워하는 자들과 함께 즐거워하고 우는 자들과 함께 울라", "서로 마음을 같이하며 높은 데 마음을 두지 말고 도리어 낮은 데 처하며 스스로 지혜 있는 체하지 말라"라는 말씀보다 훨씬 어려워 보인다. 그런데 전부 나란히 연결되어 있다. 아무런 난이도의 차이를 두고 있지 않다. 요컨대 본문은 "신앙은 같은 마음을 품는 것이다"를 말한다.

우리가 예수를 믿는다면 우리를 박해하는 자를 축복해야 한다. 축복하고 저주하지 말아야 한다. 성도를 박해하는 사람은 보나마나 정당하지 않은 사람이다. 그런 사람을 축복하라는 것이다.

예전에 "아무리 원수를 사랑하라고 해도 저런 사람을 어떻게 사랑합니까?"라는 말을 들은 적이 있다. 아마 그것이 대부분의 생각일 것이다. 성경에 원수를 사랑하라는 말씀이 있는 것을 모르지 않는다. 하지만 도저히 사랑할 수 없는 사람을 어떻게 한단 말인가?

대체 무엇이 문제일까? 자기에게는 성경에 근거한 사랑이 있는데 그런 사랑으로 감당 못할 만큼 악한 사람이 있는 것이 문제일까, 아니면 자기가 성경의 요구를 제대로 이행하지 못하는 것이 문제일까?

"원수를 사랑하라"는 명령문이다. 성경은 우리의 의견을 묻지 않는다. "내 생각에는 원수를 사랑했으면 좋겠는데 네 생각은 어떠냐?"가 아니다. 사랑하지 못하는 사유를 궁금하게 여기지도 않는다. 우리에게는 선택의 여지가 없다. 원수를 사랑하면 그뿐이다. 혹시 원수를 사랑하지 않으면 그 사실이 자책이 되어야 한다. 자책이 없으면 자기가 성경의 요구를 이행하지 않는다고 생각하는 것이 아니라 상대방이 자기로 하여금 성경의 요구를 이행하지 못하게 하고 있다고 생각한다는 뜻이다.

주변에 전부 사랑스러운 사람만 있으면 자기가 왜 성경의 요구를 어기겠느냐고 하면 뭐라고 해야 할까? 성경의 요구는 "원수를 사랑하라"이다. "네 원수로 하여금 사랑 받을 만하게 굴도록 만들어라"가 아니다.

하나님이 우리를 사랑하신다. 우리에게 사랑스러운 면모가 있어서가 아니다. 본래 우리는 저주받아 마땅했다. 하나님이 그런 우리를 사랑하시는 것으로 하나님의 사랑을 나타내셨다. 우리를 박해하는 사람을 축복하기 힘든 이유는 우리가 하나님께 어떤 사랑을 받고 있는지 모르는 탓이다. 자기는 하나님의 사랑을 받을 만한데 저 사람은 그럴 자격이 없다고 하는 것은 그야말로 어처구니없는 일이다.

유치환의 시 〈깃발〉에 '이것은 소리 없는 아우성'이라는 구절이 나온다. 아우성인데 소리가 없을 수 있을까? '흑백 무지개', '둥근 네모', '초록 사막', '하얀 밤' 등도 마찬가지다. '믿음 없는 교인'은 어떤가? 어떤 교인이 "나는 하나님이 믿어지지 않아. 십자가가 나와 무슨 상관이 있다는 거야?"라고 하면 전부 이상하게 생각할 것이다. 믿음 없는 교인은 이미 교인이 아니다. 그러면 '사랑 없는 교인'으로 바꿔보자. 교인이 되기 위해서 믿음은 필수지만 사랑은 선택일까?

고린도전서 13장을 '사랑장'이라고 한다. "내가 사람의 방언과 천사의 말을 할지라도 사랑이 없으면 소리 나는 구리와 울리는 꽹과리가 되고 내가 예언하는 능력이 있어 모든 비밀과 모든 지식을 알고 또 산을 옮길 만한 모든 믿음이 있을지라도 사랑이 없으면 내가 아무것도 아니요"로 시작한다.

"내가 아무것도 아니요"는 영어 성경으로 봐야 의미가 더 잘 다가온다. 영어 성경에는 "I am nothing"으로 되어 있다. 사랑이 없으면 nothing이다. 신앙이 없는 것이 아니라 신자가 없는 것이다. 사랑과 신앙은 분리될 수 없다. 하나님이 사랑이신데 하나님을 믿는다고 하면서 사랑이 없다는 얘기는 하나님을 믿는 것이 무슨 말인지 모른다는 뜻이다.

하나님은 이 세상을 구원하기 위하여 예수님을 보내셨다. 구원할 만하면 구원하고 심판할 만하면 심판하기 위해서 보내신 것이 아니라 한 영혼이라도 더 구원하려는 애타는 심정으로 보내셨다. 그런 사랑에 힘입어 우리가 구원 얻었다. 우리가 그런 사랑을 입고 있다면 우리에게도 같은 마음이 있어야 한다.

설령 상대방이 자기를 미워한다고 해도 마찬가지다. 자기가 사랑하고 싶은 사람을 사랑하는 정도는 세리나 이방인도 한다. 굳이 신앙의 힘을 빌리지 않고도 충분하다. 부모가 자식을 사랑하는데 신앙의 힘이 동원될 까닭이 없다. 요즘 말로 절친끼리 사이좋게 지내는 것도 마찬가지다. 우리는 보혈의 능력을 힘입은 사람들이다. 보혈의 능력을 모르는 사람들과 구별되는 면모가 있어야 한다.

또 즐거워하는 자들과 함께 즐거워하고 우는 자들과 함께 울어야 한다. 이 세상은 모든 것이 제한되어 있다. 자기가 더 가지려면 남이 덜 가져야 한다. 남이 많이 가질수록 자기가 가질 수 있는 여지가 줄어든다. 학교에서 시험을 봐도 남들이 못 볼수록 자기 성적이 올라간다. 남의 불행이 곧 자기의 행복인 것이 이 세상 원칙이다. 이런 세상을 사는 우리에게 즐거워하는 자들과 함께 즐거워하고 우는 자들과 함께 울라고 한다. 우리끼리는 경쟁 상대가 아니라는 뜻이다.

요컨대 우리는 경쟁 상대를 바로 알아야 한다. 성경은 우리를 그리스도의 군사라고 한다. 우리는 마귀를 상대로 영적 전쟁을 하는 사람들이다. 우리끼리 전부 같은 편이다. 이 사실을 놓치면 즐거워하는 자들과 함께 즐거워하지도 못하고 우는 자들과 함께 울지도 못하게 된다. 오히려 누군가 즐거워하면 속상해 하고 누군가 울면 고소해 할 것이다. 어쩌면 그런 사람은 그리스도인이 아닐 것이다.

또 서로 마음을 같이하며 높은 데 마음을 두지 말고 도리어 낮은 데 처해야 하고 스스로 지혜 있는 체 하지 말아야 한다. 서로 마음을 같이하려면 높은 데 마음을 두면 안 된다. 당연히 낮은 데 처해야 한다. 이 세상 모든 물이 바다를 향한다. 개울은 냇물로 흐르고 냇물은 강으로 흐르고 강은 바다로 흐른다. 바다가 가장 낮은 데 있기 때문이다. 바다보다 낮은 강도 없고 강보다 낮은 시내도 없다.

예수님이 이 땅에 오신 이유가 무엇인가? 예수님이 이 세상 사람들에 비해서 얼마나 훌륭한지 과시하기 위해서 오신 것이 아니다. 이 세상 사람들을 예수님처럼 만들기 위해서 오셨다. 그 일을 위해서 예수님은 세상 사람들과 같은 자리로 낮아지셨다.

신앙이 있으면 그 신앙을 통해서 자기가 남보다 잘났다는 사실을 입증하려고 할 것이 아니라 오히려 남보다 못하다는 사실을 직시해야 한다. 신앙이 있다는 얘기는 자기가 죄인인 것을 안다는 뜻이다. 남의 죄에 참견할 겨를이 없다. 남의 염병도 자기 고뿔만 못한 법인데 남의 죄를 놓고 왈가왈부한다는 얘기는 자기가 걸렸다는 고뿔이 꾀병이라는 뜻이다. 자기보다 악한 사람을 본 사람은 아직 자기 죄를 제대로 보지 못한 사람이다. 자기의 허물을 본 사람은 남의 허물을 볼 틈이 없다.

고전 15:9에서 바울이 스스로를 '사도 중에 가장 작은 자'라고 한다. 바울이 그 편지를 쓴 것이 주후 56년이다. 6년 후에 에베소서를 쓰면서는 '모든 성도 중에 지극히 작은 자보다 더 작은 나'라고 한다. 그런데 주후 65년 경, 인생 만년에 디모데에게 편지를 쓰면서는 '죄인 중의 괴수'라고 한다. '사도 중에 가장 작은 자'에서 '모든 성도 중에 지극히 작은 자보다 더 작은 나', '죄인 중의 괴수'로 계속 호칭이 바뀐다.

바울이 겸손해서 그런 것일까? 겸손은 유교 문화권에서 통용되는 미덕이다. 바울은 헬라 문화권에서 자랐다. 자기를 낮추기 위한 표현이 아니라 정말로 그렇게 생각해서 쓴 표현이다. 자기 생각에는 자기가 정말로 '사도 중에 가장 작은 자'여서 그렇게 말했다. 그런데 다시 생각하니 그것도 아니다. 자기는 '모든 성도 중에 지극히 작은 자보다 더 작은 자'이다. 나중에는 그 표현도 과분했다. 자기는 '죄인 중의 괴수'일 뿐이다. 자기가 '죄인 중의 괴수'인데 누구를 비방하고 누구를 흉보겠는가? 높은 데 마음을 둘 여지가 없다.

바울한테 "혹시 지금까지 살아오면서 당신보다 못된 사람을 본 적 있습니까?"라고 물으면 바울이 뭐라고 할까? 당연히 없다고 할 것이다. 자기가 죄인 중의 괴수인데 자기보다 못된 사람이 어디 있겠는가? 다메섹에서 회심하기 전에는 자기보다 못된 사람 명단이 전화번호부로 한 권이었겠지만 회심한 다음에는 어림도 없다. 자기가 가장 악당이다.

또 예수를 믿으면 스스로 지혜 있는 체 하지 말아야 한다. 잘난 척 하지 말라는 뜻이 아니다. 여호와를 경외하는 것이 지혜의 근본이다. 여호와를 경외하는 마음은 우리 스스로 만들 수 있는 것이 아니다. 하나님의 은혜다. 우리가 하나님을 경외할 수 있게 된 것이 하나님의 은혜인데 자기가 남보다 잘나서 하나님을 경외하는 것처럼 생각하는 것은 말이 안 된다.

맥스 루케이도가 쓴 〈일용할 양식〉에 이런 내용이 있다.

오늘이 이 세상에서 사는 마지막 날이라면 계속 지금처럼 살겠습니까?
아니면 더 사랑하고 더 베풀고 더 용서하겠습니까?
오늘이 마지막인 것처럼 사십시오.
다시는 기회가 없는 것처럼 용서하고 베푸십시오.
내일이 오지 않을 것처럼 사랑하십시오.
그리고 내일이 오면 또 다시 사랑하십시오.

12:17-18〉 **아무에게도 악을 악으로 갚지 말고 모든 사람 앞에서 선한 일을 도모하라 할 수 있거든 너희로서는 모든 사람과 더불어 화목하라**

신자가 어떤 사람일까? 다양한 답이 나올 수 있다. 예수를 구세주로 고백하는 사람이라고 해도 되고 하나님의 은혜로 구원 얻은 사람이라고 해도 된다. 혹은 예수님이 그리스도이고 또 살아계신 하나님의 아들인 것을 믿는 사람이라고 해도 된다.

본문은 "아무에게도 악으로 악을 갚지 않는 사람. 모든 사람 앞에서 선한 일을 도모하는 사람. 할 수 있으면 모든 사람과 더불어 화목하게 지내려는 사람."이라고 한다. 예수를 믿지 않으면 관계없다. 하지만 예수를 믿는다면 악을 악으로 갚는 일이 없어야 한다. 우리 주변에 악한 사람이 있는 것은 우리 책임이 아니다. 하지만 그 사람의 악행에 어떻게 반응하느냐 하는 것은 우리 책임이다.

우리가 사는 세상은 그리 단순하지 않다. 〈흥부놀부〉나 〈콩쥐팥쥐〉 동화처럼 착한 사람이 상 받고 악한 사람이 벌 받는 것이 금방 드러나면 다른 사람의 악행을 참는 것이 별로 어렵지 않다. 그런데 불의한 사람이 득세하고 의로운 사람이 핍박받는 일이 왕왕 있다. 그러면 그것을 바로잡아야 하는 것 아닐까?

로마 군병들이 예수님을 잡으러 왔을 때 베드로가 칼을 빼들었다. 그런 베드로를 예수님이 책망했다. 세상 법정에서는 베드로의 행위를 정당방위라고 변론할 수도 있을 것이다. 하지만 본문에 나온 표현을 빌리면 악을 악으로 갚는 소행에 불과하다.

> 예수와 함께 있던 자 중의 하나가 손을 펴 칼을 빼어 대제사장의 종을 쳐 그 귀를 떨어뜨리니 이에 예수께서 이르시되 네 칼을 도로 칼집에 꽂으라 칼을 가지는

자는 다 칼로 망하느니라 너는 내가 내 아버지께 구하여 지금 열두 군단 더 되는 천사를 보내시게 할 수 없는 줄로 아느냐 내가 만일 그렇게 하면 이런 일이 있으리라 한 성경이 어떻게 이루어지겠느냐 하시더라(마 26:51-54)

베드로는 자기 칼로 한 사람의 귀를 자를 능력밖에 없지만 예수님은 로마 군병 전부를 제압할 능력이 있다. 그 정도가 아니라 로마 제국 전체도 뒤집을 능력이 있다. 그런데도 묵묵히 잡히셨다. 그렇게 해야 성경 말씀이 이루어지기 때문이다.

상대방이 얼마나 악하게 구느냐가 문제가 아니다. 자기에게 그 악을 응징할 능력이 있는지 여부도 문제가 아니다. 어떻게 해야 하나님의 뜻이 이루어지는지가 문제다.

우리가 하나님의 주권을 믿는다면 악으로 악을 갚을 것이 아니라 모든 사람 앞에서 선한 일을 도모해야 한다. 자기에게 선하게 구는 사람 앞에서는 물론이고 자기에게 악하게 구는 사람 앞에서도 선한 일을 도모해야 한다.

도모한다는 얘기는 미리 준비한다는 뜻이다. 선한 일이 즉흥적으로 되지 않기 때문이다. 사람이 본래 죄인이다 보니 악한 일은 준비하지 않아도 되지만 선한 일은 준비해도 잘 안 된다. 운전 중에 욕설을 하는 경우가 대표적이다. 누구든지 갑자기 끼어들면 화를 내려고 미리 준비를 하는 사람은 없다. 콧노래를 부르며 기분 좋게 가다가도 누군가 갑자기 끼어들면 "야! 운전 똑바로 해!" 하고, 언성을 높인다.

자기한테 주어진 자극에 세상 사람들처럼 반응하는 것은 연습하지 않아도 된다. 미워하면 같이 미워하고, 싫어하면 같이 싫어하고, 악하게 굴면 같이 악하게 구는 것은 누구나 다 한다. 우리에게 있는 자연스러운 본성으로 충분하다. 하지만 주어진 자극에 예수 믿는 사람처럼 반응하는 것은 연습해야 한다. 연습하고 또 연습해서 밖으로 나타나는 만큼이 곧 예수 믿는 실력이다.

또 모든 사람과 더불어 화목해야 한다. 그런데 이 얘기를 '할 수 있거든'이라는 말로 제한한다. 화목은 혼자 할 수 있는 것이 아니기 때문이다. 아무리 화목을 원해도 상대방이 원하지 않으면 별수 없다. 하여간 우리가 화목을 깨는 원인으로 존재하면 안 된다. 우리는 늘 화목을 원하는 사람이어야 하고 화목을 위해서 애쓰는 사람이어야 하고 화목하기로 작정한 사람이어야 한다.

누구든지 네 오른편 뺨을 치거든 왼편도 돌려대라는 말씀이 있다. 그런 식으로 세상을 살면 바보 소리 듣기 딱 알맞다. 그런데도 그런 요구를 한다. 누구를 대하든지 기본 감정이 적대감이면 안 되기 때문이다. 상대방이 우리를 어떻게 대했느냐가 문제가 아니다. 적개심을 품고 상대방을 대하면 그것으로 이미 틀린 것이다.

신학생 시절, 유독 인기 없는 교수님이 계셨다. 그 교수님이 수업을 마친 직후였다. 친구가 물었다. "우리가 천국에 가서도 저 교수님을 만나야 되는 건가요?" 웃기만 했더니 계속 말을 이었다. "혹시 다른 천국은 없나요? 나는 저 교수님하고 같은 천국에는 안 갔으면 좋겠는데…"

물론 농담이다. 하지만 불신자 중에 "저런 꼴 보기 싫어서 교회 안 다닌다"라는 말을 하는 사람이 있다. 구원이 무엇인지 몰라서 하는 소리이기는 하다. 우리 영혼이 영원하다는 사실을 알면 농담으로라도 그런 말은 못한다. 하지만 그런 말이 존재하는 것은 참으로 서글픈 일이다. 대체 신자가 어떻게 처신했기에 그런 말이 있을까?

예수님이 이 땅에 오신 사건을 성육신이라고 한다. 본래 사람은 하나님을 볼 수 없다. 그런데 예수님을 통하여 볼 수 있게 되었다. 예수님을 보면 하나님을 알 수 있다. 예수님이 하나님의 성육신인 것처럼 우리는 예수님의 성육신이다. 우리를 보면 예수님을 알 수 있어야 한다.

물론 우리 중에 "네가 가는 천국이라면 난 안 간다", "네가 예수를 믿는다면 나는 안 믿는다"라는 말을 듣는 사람은 없을 것이다. 하지만 그런 말을 안 듣는 정도로는 부족하다. "네가 가는 천국이라면 나도 같이 가자", "네가 믿는 예수라면 나도 믿고 싶다"라는 말을 들을 수 있어야 한다. 아무에게도 악을 악으로 갚지 않고 모든 사람 앞에서 선한 일을 도모하며 모든 사람과 더불어 화목하려고 애쓴다면 얼마든지 들을 수 있는 말이다. 예수님이 그렇게 하셨고 우리 역시 그렇게 하기로 작정한 사람들이다.

12:19-21〉 **내 사랑하는 자들아 너희가 친히 원수를 갚지 말고 하나님의 진노하심에 맡기라 …(중략)… 네 원수가 주리거든 먹이고 목마르거든 마시게 하라 그리함으로 네가 숯불을 그 머리에 쌓아 놓으리라 악에게 지지 말고 선으로 악을 이기라**

본문은 '내 사랑하는 자들아'라는 말로 시작한다. 이어지는 내용은 하나님의 사랑을 받는 자들에게만 해당 사항이 있다. 우리가 직접 원수를 갚을 것이 아니라 하나님께 맡겨야 한다. 원수가 주리면 먹여야 하고 목이 마르면 마시게 해야 한다. 또 악에게 지지 말고 선으로 악을 이겨야 한다. 다른 사람들은 여기에 해당 사항이 없어도 우리는 해당 사항이 있다. 우리가 하나님의 사랑을 받고 있기 때문이다.

나는 전철을 탈 때마다 이상한 행운이 따른다. 내 앞에 있는 사람이 가장 먼저 내리는 것이다. 그런 일이 한두 번이 아니라서 전철에서 오래 서 있어 본 적이 없다. 신학생 시절, 이 말을 꺼냈더니 한 친구가 말했다. "역시 하나님이 사랑하시는 사람은 다르네."

이런 농담이 가능한 심리적인 배경이 무엇일까? 사람들이 주로 유리한 일이 생길 때 하나님의 사랑을 떠올리기 때문이다. 장사가 잘되든지, 병이 낫는 것이 하나님께서 자기를 사랑하는 징표인 줄 안다.

그런데 본문은 달리 말한다. "원수에게도 자비를 베푸는 것을 보니 역시 하나님이 사랑하는 사람이다", "자기에게 악하게 대하는 사람한테 끝까지 선으로 대하는 것을 보니 하나님의 사랑을 받는 사람은 뭔가 다르다"라고 해야 한다.

"오직 성령이 너희에게 임하시면 너희가 권능을 받고 예루살렘과 온 유대와 사마리아와 땅끝까지 이르러 내 증인이 되리라"라는 말씀은 상당히 유명한 말씀이다. 이 말씀이 나온 배경이 있다.

그들이 모였을 때에 예수께 여쭈어 이르되 주께서 이스라엘 나라를 회복하심이 이때니이까 하니 이르시되 때와 시기는 아버지께서 자기의 권한에 두셨으니 너희가 알 바 아니요 오직 성령이 너희에게 임하시면 너희가 권능을 받고 예루살렘과 온 유대와 사마리아와 땅끝까지 이르러 내 증인이 되리라 하시니라(행 1:6-8)

제자들은 예수님이 정치적인 메시야인 줄 알았다. 그런데 허무하게 십자가에 달려 돌아가시고 말았다. 그것이 전부가 아니었다. 예수님이 부활하셨다. 제자들이 무슨 생각을 했을까? "예수님이 메시야 왕국을 선포할 때가 그때가 아니고 지금이로구나. 우리가 그걸 모르고 성급하게 굴었구나."라는 생각을 했을 것이다. 귀신을 쫓아내고 풍랑을 잔잔하게 하고 오병이어 기적을 일으키는 것으로 모자라서 죽었다가 살아나기까지 하신 예수님께 남은 일이 있다면 메시야 왕국을 선포하는 일 말고 무슨 일이 있겠는가? 그런 기대를 품고 "주께서 이스라엘 나라를 회복하심이 이때니이까?"라고 물었다.

그런데 예수님이 "그렇다. 바로 지금이다. 내가 이제 로마를 몰아내고 이스라엘을 모든 열방 가운데 가장 위대한 나라로 만들어주마."라고 하지 않으셨다. "때와 시기는 아버지께서 자기의 권한에 두셨으니 너희가 알 바 아니요 오직 성령이 너희에게 임하시면 너희가 권능을 받고 예루살렘과 온 유대와 사마리아와 땅끝까지 이르러 내 증인이 되리라"라고 하셨다.

만일 제자들의 기대가 맞다면 예수님이 메시야 왕국을 선포해야 한다. 이스라엘은 예전 다윗 왕국의 영광을 회복해서 주변 모든 나라를 호령할 것이다. 로마는 당연히 이스라엘의 발아래 굴복할 것이고 이스라엘은 로마가 누리던 모든 것을 빼앗아 대신 누릴 것이다. 그런데 예수님 말씀처럼 제자들이 땅끝까지 이르러 예수님의 증인이 되면 로마 역시 하나님의 백성으로 편입될 것이다. 제자들의 질문과 예수님의 대답 사이에는 자기들을 압제하는 로마를 발아래 굴복시키느냐, 그들과 어깨동무를 하고 같이 가느냐 하는 차이가 있다.

대체 무엇이 신앙일까? 로마를 굴복시키기 위해서 하나님의 힘을 빌리는 것이 신앙일까, 로마와 같이 가기 위해서 하나님의 마음에 동참하는 것이 신앙일까? 로마를 굴복시키는 것을 목표로 삼으면 굳이 하나님의 힘을 빌릴 이유가 없다. 로마보다 더 강한 힘만 있으면 된다. 하지만 자기들을 압제하는 로마까지 하나님의 백성으로 삼는 원동력은 이 세상에 존재하지 않는다. 하나님으로 말미암지 않고는 안 되는 일이다.

원수를 갚는 일은 세상 사람들도 다 한다. 죽으면 지옥 가는 사람들이 하는 일을 우리가 따라 할 수는 없다. 우리에게 신앙이 있다면 그 신앙은 원수를 용서하는 쪽으로 쓰여야 한다. 우리가 원수를 갚으려고 나서는 것은 일종의 월권이다. 그것은 하나님 소관이기 때문이다. 우리가 할 일은 따로 있다. 원수가 주리거든 먹이고 목마르거든 마시게 하는 일이다.

성경은 그것이 숯불을 머리에 쌓아 놓는 일이라고 한다. 숯불을 머리에 쌓아 놓으면 얼굴이 화끈거리게 된다. 원수가 주릴 때 먹을 것을 주고 목마를 적에 마실 것을 주면 원수는 부끄러움으로 얼굴이 달아오를 것이다. 그렇게 하는 것이 악에게 지지 않고 선으로 악을 이기는 것이다.

미국의 심리학자이며 철학자인 윌리엄 제임스가 한 말이 있다. "행복한 사람이 되고 싶으면 행복한 사람처럼 생각하고 행동하라. 불행한 사람이 되고 싶으면 불행한 사람처럼 생각하고 행동하라." 이 말을 우리에게 적용시키면 어떻게 될까? 믿음이 있는 사람이 되고 싶으면 믿음 있는 사람처럼 생각하고 행동하면 되고, 신앙 좋은 사람이 되고 싶으면 신앙 좋은 사람처럼 생각하고 행동하면 되고, 원수를 사랑하고 싶으면 원수를 사랑하는 사람처럼 생각하고 행동하면 된다.

우리가 잠을 잘 수 있을까? 우리는 잠을 자는 것이 아니라 잠을 잘 환경을 만들 뿐이다. 믿음은 어떤가? 우리는 믿음을 만들 수 없다. 믿음이 있는 것처럼 행동할 뿐이다. 우리는 원수를 사랑할 수 없다. 단지 원수를 사랑하는 것처럼 행동할 수 있을 뿐이다. 나머지는 하나님 몫이다.

13장 세상 속의 크리스천

13:1-2〉 각 사람은 위에 있는 권세들에게 복종하라 권세는 하나님으로부터 나지 않음이 없나니 모든 권세는 다 하나님이 정하신 바라 그러므로 권세를 거스르는 자는 하나님의 명을 거스름이니 거스르는 자들은 심판을 자취하리라

"목사는 기도하지 않으면서 우리한테만 기도하라고 한다. 그런 말을 누가 듣겠느냐?"라고 하면 맞는 말일까, 틀린 말일까? 그런 목사는 분명히 문제가 있다. 하지만 "그래서 나는 기도 안 한다"는 잘못이다. 함량 미달 목사는 나중에 하나님이 심판하실 것이다. 마찬가지로 그 목사의 말에 어떤 반응을 보였는지 역시 하나님의 심판 대상이다.

이런 말은 듣기 거북할 수 있다. 정당하지 못한 사람의 말을 어떻게 듣는

단 말인가? 하지만 본문은 그 정도가 아니다. 로마 정권은 이스라엘의 권익을 보호해주는 정권이 아니다. 그런데도 위에 있는 권세들에게 복종하라고 한다. 권세를 정하신 분이 하나님이기 때문이다.

물론 신앙 원칙에 위배되는 내용까지 복종하라는 말이 아니다. 로마의 경우, 황제 숭배를 강요했다. 그런 문제라면 사자 밥이 될지언정 항거해야 한다. 하지만 권세를 잡은 자가 부도덕하다는 이유로 정상적인 통치 행위를 거부하면 안 된다.

일제 강점기 때 일본이 신사참배를 강요했다. 그들의 압제 때문에 신앙 절개를 꺾고 신사참배를 한 신자도 많지만 모진 박해와 고문 속에서도 신사참배를 거부하고 순교를 택한 신자도 많다. 주기철 목사도 그중의 한 사람이었다. 아무리 고문을 가해도 굴복하지 않았다. 일본 형사가 말했다. "조선은 이미 없어졌소. 당신은 일본 법에 따라야 하는 황국 신민이오. 성경에도 위에 있는 권세에게 복종하라고 했는데 왜 고집을 부리는 것이오?" 주기철 목사가 답했다. "나는 하나님의 백성이오. 우상은 숭배할 수 없소. 하지만 당신 말대로 이 땅의 백성이기도 하니 이 땅의 법을 지키는 게 옳소. 그런데 지킬 수 없으니 법을 어긴 벌을 받겠소. 나를 죽이시오."

우리에게는 두 가지 시민권이 있다. 하나는 이 세상 시민권이고 또 하나는 천국 시민권이다. 우리는 이 세상의 법에도 복종해야 하고 하나님의 법에도 복종해야 한다. 두 법이 상충할 때는 물론 하나님의 법이 우선이다. 하지만 "나는 하나님의 법을 지키기 때문에 세상 법은 신경 쓰지 않겠다"라고 하면 안 된다.

얼핏 이해 되지 않는다. 하나님이 이 세상 역사를 바로잡아주시면 간단한데 왜 그렇게 안 하실까? 이유가 있다. 아직 심판의 때가 아니기 때문이다. 비록 죄와 불의로 얼룩진 세상이지만 당분간 그냥 두고 보기로 하셨다.

사도행전 12장에 베드로가 옥에서 나오는 내용이 나온다. 헤롯이 베드로를 체포했는데 마침 무교절 기간이었다. 절기가 끝나면 처형할 생각으로 옥에 가두어서 간수에게 지키게 했다. 그런데 천사가 베드로를 구해주었다.

지진과 유황불로 이 세상을 심판해서 구출한 것이 아니다. 베드로는 구출했지만 베드로를 잡아 가둔 헤롯은 멀쩡했다. 하나님은 하나님을 반대하는 세력을 일거에 멸하실 수도 있는데 그렇게 안 하시고 베드로만 구출하셨다. 한편으로는 하나님의 백성을 보호하시지만 다른 한편으로는 이 세상 질서를 그대로 유지하는 것이 하나님의 뜻이었다. 아직 심판의 때가 아니기 때문이다.

정치인들이 걸핏하면 정계 개편을 얘기한다. 어떻게 해서든지 자기들한테 유리한 국면을 만들고 싶은 것이다. 우리에게도 그런 식의 기대가 있을 수 있다. 헤롯과 유대인들이 베드로를 옥에 가두는 것이 아니라 오히려 그들이 옥에 갇히고 우리는 보란 듯이 그들에게 호통을 칠 수 있으면 얼마나 좋겠는가?

물론 그런 날이 온다. 하지만 지금은 아니다. 그 날이 올 때까지 우리가 할 일이 있다. 세상을 성실히 사는 일이다. 하나님은 교회 안에만 계신 분이 아니다. 우리가 하나님이 다스리는 세상에서 살고 있다면 우리에게 있는 신앙은 세상을 성실하게 살아가는 힘으로 작용해야 한다. 신앙이 있다는 이유로 세상에서 남다른 특권을 기대하는 것은 신앙이 무엇인지 모른다는 뜻이다. 하나님이 세상의 주인인 것을 인정하면 우리가 하는 일 중에 신앙과 관계없는 일은 아무것도 없다. 우리는 교회 밖에서도 예수를 믿는 사람들이다.

13:3〉 다스리는 자들은 선한 일에 대하여 두려움이 되지 않고 악한 일에 대하여 되나니 네가 권세를 두려워하지 아니하려느냐 선을 행하라 그리하면 그에게 칭찬을 받으리라

바리새인들이 예수님께 가이사에게 세금을 바쳐야 하는지, 바치지 말아야 하는지 물은 적이 있다. 그때 예수님이 가이사의 것은 가이사에게, 하나님의 것은 하나님께 바치라고 했다. 하나님의 것을 하나님께 바치는 것이 신앙인 것처럼 가이사의 것을 가이사에게 바치는 것도 신앙이다.

당시 이스라엘은 누구나 성전세를 냈다. 하지만 성전세를 낸다는 이유로 국세를 면제받을 수는 없다. 하나님은 성전에서 드리는 제사만 받으시는 분이 아니다. 이 세상 정부도 하나님이 세우셨다. 하나님의 백성이 하나님이 세우신 정부에 세금을 내는 것은 당연하다. 교통법규를 제대로 지키면 교통경찰을 두려워할 이유가 없는 것처럼 통치 질서에 순응하면 공권력을 무서워하지 않아도 된다. 물론 21C를 살아가는 우리는 공권력을 무서워할 이유가 없지만 바울이 로마서를 쓸 때는 지금과 같은 상황이 아니었다.

12:4〉 그는 하나님의 사역자가 되어 네게 선을 베푸는 자니라 그러나 네가 악을 행하거든 두려워하라 그가 공연히 칼을 가지지 아니하였으니 곧 하나님의 사역자가 되어 악을 행하는 자에게 진노하심을 따라 보응하는 자니라

위정자를 하나님의 사역자라고 한다. 정부를 세운 분이 하나님이기 때문이다. 예배를 인도하거나 선교를 하는 식으로 꼭 종교적인 형태를 갖춘 일을 해야 하나님의 사역자가 아니다. 국민투표를 통하여 수립된 정권은 물론이고 쿠데타로 들어선 정권도 하나님 몰래 세워진 정권이 아니다. 이 세상 역사의 주인이 하나님인 이상, 이 세상 정부 역시 하나님 손에 있다. 그렇다고 해서 모든 정권이 하나님 보시기에 옳다는 뜻이 아니다. 하나님이 그 정권을 허용하셨다는 뜻이다.

그러면 그들이 우리에게 무슨 선을 베푼다는 얘기일까? 우리가 위정자로부터 신앙적인 도움을 받지는 않는다. 하지만 신앙생활을 할 수 있는 최소한의 기반이 마련되는 것은 사실이다.

제 아무리 부패한 정부라도 도덕적인 정당성을 정권 유지의 근간으로 삼는다. 우리나라 역대 정권 중에 가장 인기 없는 정권은 단연 5공 정권이다. 오죽했으면 5공 정권이 끝난 다음에 13대 국회 내에 '제5공화국에 있어서의 정치 권력형 비리조사 특별위원회(5공비리특위)'가 구성될 정도였다. 전두환 전 대통령이 조성한 비자금이 무려 9,500억이었다. 하지만 이런 정권도 외적으로 내세운 표어는 '정의 사회 구현'이었다.

왕이 된 솔로몬이 하나님께 일천 번제를 드렸다. 하나님이 꿈에 나타나서

원하는 것이 무엇인지 물었고 솔로몬은 지혜를 구했다. 그러자 하나님이 가상히 여겨서 부귀와 영광도 같이 주셨다.

그때 솔로몬이 구한 것은 '재판을 할 수 있는 지혜'였다. 재판 얘기는 구약 성경에 상당히 자주 나온다. 하나님이 어떤 것을 옳다고 하시고 어떤 것을 그르다고 하시는지 백성들의 삶 속에서 집행하는 것이 재판이다. 솔로몬이 왕이 되고 보니 그 일이 걱정되었다. 어떤 사람을 잘했다고 하고 어떤 사람을 못했다고 해야 하나님의 뜻에 맞는지 자신이 없었다. 그래서 자기가 맡은 일을 하나님 뜻에 합당하게 감당할 수 있는 능력인 지혜를 구한 것이다. 지혜를 구한 솔로몬의 얘기를 알기 쉽게 바꾸면 "저는 하나님 뜻에 합당하게 살고 싶습니다. 그 길을 인도해 주십시오."가 된다. 그러면 하나님은 하나님 뜻에 합당하게 사는 것이 어느 만큼 복된 일인지 보여주셔야 한다. 그래서 솔로몬이 구하지 않은 부귀와 영광도 같이 주셨다.

그러면 솔로몬은 그렇다 치고 하나님을 모르는 위정자들은 나라를 어떻게 다스려야 할까? 하나님을 모르면서 하나님 뜻을 분별할 수는 없다. 그들은 보편적인 가치를 기준으로 옳고 그른 것을 분별해서 다스려야 한다. 어느 나라에서나 살인이나 사기, 절도, 강도 등의 행위는 법에 의하여 처벌받는다. 보편적인 가치를 기준으로 그른 일이기 때문이다. 그런 행위를 방조하면 나라가 유지되지 않는다.

13:5-6〉 그러므로 복종하지 아니할 수 없으니 진노 때문에 할 것이 아니라 양심을 따라 할 것이라 너희가 조세를 바치는 것도 이로 말미암음이라 그들

이 하나님의 일꾼이 되어 바로 이 일에 항상 힘쓰느니라

세금 내는 것을 좋아하는 사람은 없다. 안 내면 처벌을 받기 때문에 별수 없이 낸다. 병역의무를 이행하지 않아도 아무런 제재가 없으면 누가 군대에 가겠는가? 정부는 국민이 건전한 가치 기준을 갖게 하는 기능을 하는데 그렇게 하는 힘이 바로 법이다. 법을 지키지 않으면 불이익을 받기 때문에 법을 지킨다.

부동산 취득을 위해서 위장 전입을 하는 이유가 무엇인가? 법에 걸리지만 않으면 된다고 생각해서 그렇다. 편법으로 재산을 물려줘서 증여세를 포탈하기도 하고 병역 면제 판정을 받으려고 허위 진단서를 발부받기도 한다. 법을 지키는 것에 마음이 없는 탓이다. 들키지만 않으면 되는 줄 안다.

이 세상은 죄와 벌 중에서 벌을 무서워한다. 벌만 없다면 죄를 즐기려는 경향도 있다. 하지만 우리는 죄를 더 혐오해야 한다. 설령 벌이 없어도 죄는 피해야 한다. 하나님이 죄를 미워하시기 때문이다. 우리는 신앙 양심에 따라 법을 지킨다.

부교역자 시절의 일이다. 어떤 분이 연말정산용으로 쓸 기부금 납입 증명서를 해달라고 한 적이 있다. 그런데 재정장부를 확인하니 헌금 기록이 없었다. 그분에게 얘기했다. "헌금을 낸 근거가 없는데 어떻게 된 영문입니까? 무명으로 헌금을 했으면 증명서 발급이 곤란합니다." 그분 대답이 기가 막혔다. "십일조를 하지는 않았지만 교인을 위해서 그 정도 편의는 봐줄 수 있는 것 아닙니까?"

경찰관에게 자기가 도둑질 하는 동안 망을 봐달라고 하는 사람은 없다. 그런데 목사에게 그런 부탁을 할 수 있는 이유가 무엇일까? 그것이 불신앙인 줄 몰라서 그렇다. 하나님이 교회 안에서 예배만 받으시는 분이면 그런 행위는 아무 문제가 안 될 수 있다.

다윗이 밧세바를 범한 다음의 일이다. 나단 선지자가 책망했다. 남의 아내를 범하고 그 남편을 죽게 했으니 책망을 받는 것이 마땅하다. 그러면 뭐라고 책망해야 할까? "왕은 어찌하여 간음을 했단 말이요? 게다가 간음죄를 감추기 위하여 살인까지 범했으니 그 죄를 작다 할 수 없을 것이오."라고 해야 하는 것 아닐까? 그런데 그런 식으로 말하지 않았다.

> 그러한데 어찌하여 네가 여호와의 말씀을 업신여기고 나 보기에 악을 행하였느냐 네가 칼로 헷 사람 우리아를 치되 암몬 자손의 칼로 죽이고 그의 아내를 빼앗아 네 아내로 삼았도다 이제 네가 나를 업신여기고 헷 사람 우리아의 아내를 빼앗아 네 아내로 삼았은즉 칼이 네 집에서 영원토록 떠나지 아니하리라 하셨고 (삼하 12:9-10)

다윗이 간음죄와 살인죄를 저질렀을지언정 하나님을 업신여긴 적은 없다. 그런데 성경은 하나님을 업신여겼다고 한다. 하나님이 자기 행위를 보고 계시다는 사실을 생각하지 않았기 때문이다.

편의점에서 껌 한 통을 훔칠 수 있다. 하지만 주인이 보는 중에 태연하게 집어오는 것은 얘기가 다르다. 그것은 절도이기 이전에 주인을 능멸하는 처사다. 다윗이 그렇게 했다는 것이다. 우리가 하나님 부재중에 하는 일은 아무것도 없다.

기독교는 현실 생활에서 만나는 제반 문제에 성경적으로 반응하는 종교다. "십일조를 할 것이냐, 말 것이냐?"만 신앙적인 문제가 아니라 "세금을 낼 것이냐, 말 것이냐?"도 신앙적인 문제다.

그런데 기독교를 종교 행위를 동원해서 현실 생활의 어려움을 해결하는 종교로 오해하는 수가 있다. 그러면 다윗이 밧세바와 간음했을지라도 성전에서 제사만 잘 지내면 그냥 넘어갈 수 있어야 한다. 밧세바의 임신 사실을 놓고 기도할 수도 있을 것이다. "하나님, 밧세바가 임신을 했습니다. 우리아가 알면 낭패입니다. 바라건대 금번 전쟁에서 우리아가 전사를 하게 해 주옵소서. 그리하면 제가 금 한 달란트를 바치겠습니다."라고 하면, 하나님이 뭐라고 하실까?

13:7〉 모든 자에게 줄 것을 주되 조세를 받을 자에게 조세를 바치고 관세를 받을 자에게 관세를 바치고 두려워할 자를 두려워하며 존경할 자를 존경하라

세속 정부가 왜 필요할까? 세속 정부가 우리에게 신앙 원칙을 요구하지는 않는다. 하지만 우리가 신앙생활을 할 수 있는 터전을 마련해준다. 예컨대 공산 치하에서는 신앙생활을 제대로 할 수 없다. 장롱 깊숙한 곳에 성경책을 숨기는 것이 유일한 신앙 행위가 된다. 소돔, 고모라 같은 곳에서도 신앙생활을 하기 힘들다. 도처에서 악이 횡행하고 옳고 그른 것에 대한 최소한의 기준마저 무너진다면 무슨 수로 신앙을 지킬까? 그래서 우리는 국가가 정상적으로 기능할 수 있게 힘을 모아야 한다. 군대에 가야 하고, 세금을 내야 하고, 공장에 가서 일을 해야 한다. 종교 행위를 동원하여 병역의무를 면제받고, 세금을 포탈하고, 하나님 은혜로 로또복권 당첨되어서 평생 놀고먹을 궁리를 할 것이 아니라 그 반대다. 그 모든 책임을 성실하게 감당해야 한다.

고아도 열심히 공부하면 100점 맞을 수 있다. 우등상도 받을 수 있고 장학금도 받을 수 있다. 하지만 효도는 아니다. 부모가 있는 학생은 그렇지 않다. 100점을 맞으면 성적도 성적이지만 효도로도 으뜸이다. 우리가 그런 사람들이다. 신앙이 없는 사람은 성실하게 살아도 성실한 것으로 끝이지만 우리는 성실하게 살면 그것을 신앙생활로 인정받는다. 국민 된 의무를 감당하는 것은 할 수만 있으면 피해야 하는 번거로운 짐이 아니다. 꿩도 먹고 알도 먹고, 도랑 치고 가재 잡고, 골목 쓸고 동전 줍고, 누이 좋고 매부 좋고, 임도 보고 뽕도 따는 수지맞는 일이다. 우리는 누구나 감당해야 하는 사회적인 의무를 감당하는 것으로 하나님께 점수를 딸 수 있는 선택된 사람들이다. 하나님이 우리에게 그런 인생을 맡기셨다.

13:8〉 피차 사랑의 빚 외에는 아무에게든지 아무 빚도 지지 말라 남을 사랑하는 자는 율법을 다 이루었느니라

성경에서는 늘 사랑하라고 한다. 그러니 본문만 놓고 생각하면 이상할 것이 없다. 하지만 문맥을 따지면 그렇지 않다. 13장 시작하면서 사회 구성원의 책임을 성실하게 감당하라는 말이 나왔다. 우리는 권세에 복종해야 한다. 권세를 세우신 분이 하나님이기 때문이다. 또 세금을 제대로 내야 한다. 종교적인 의무를 감당한다고 해서 사회적인 의무를 면제받는 법은 없다. 세상 사람들이 통치 질서에 순응하는 이유는 법의 강제력 때문이다. 하지만 우리는 신앙 양심에 따라서 이 모든 의무를 수행한다.

이런 내용에 이어서 난데없이 사랑하라는 말이 나온다. 우리가 남에게 질 수 있는 빚이 있다면 사랑의 빚 한 가지다. 사랑의 빚을 제외하고는 다른 어떤 것도 빚질 이유가 없다.

앞에서 바울이 "헬라인이나 야만인이나 지혜 있는 자나 어리석은 자에게 다 내가 빚진 자라"라고 했다. 이 세상에 복음의 빚을 갚을 의무가 있다는 것이 바울의 고백이다. 바울이 그런 의무감을 느끼는 이유는 복음을 알기 때문이다. 이 세상은 복음을 모르는데 바울만 복음을 안다. 복음을 전해야 할 책임이 바울에게만 있다.

요컨대 성도는 이 세상에 책임이 있는 사람이다. 유치원에 가면 선생님이 아이들에게 해줄 것만 있고 아이들이 해줄 것은 없는 것과 같다. 세상은 우리에게 아무런 책임이 없다. 우리만 책임을 갖는다. 우리는 세상을 위하여 할 일이 있다. 하지만 세상은 우리나 우리가 믿는 기독교를 위하여 할 일이 아무것도 없다.

청계고가도로가 개통된 것이 지난 1971년이다. 상당 기간 동안 청계고가도로는 근대화의 상징이었다. 그런데 지난 2005년에 청계천이 복원되었다. 고가도로가 없어지니 전부 다 시원해서 좋다고 했다. 어쩌면 복원된 청계천을 보면서 감탄한 사람 중에는 청계고가도로를 보면서 감탄했던 사람도 있을 것이다.

이 세상에는 영원한 가치가 없다. 어제 가치 있던 것이라고 해서 내일도 가치가 인정된다는 보장이 없다. 오늘 옳은 것이 내일 그를 수 있고 여기서 옳은 것이 저기서 그를 수 있다.

이런 세상에 무엇을 기대할 수 있을까? 우리가 세상에 도움을 받을 것은 아무것도 없다. 우리가 세상을 도울 뿐이다. 세상은 우리의 신앙에 아무 도움도 주지 않지만 우리는 세상에서 위에 있는 권세들에게 복종한다. 조세를 받을 자에게는 조세를 바치고 관세를 받을 자에게는 관세를 바친다. 그리고 그런 세상을 대상으로 율법을 지킨다.

13:9-10〉 **간음하지 말라, 살인하지 말라, 도둑질하지 말라, 탐내지 말라 한 것과 그 외에 다른 계명이 있을지라도 네 이웃을 네 자신과 같이 사랑하라 하신 그 말씀 가운데 다 들었느니라 사랑은 이웃에게 악을 행하지 아니하나니 그러므로 사랑은 율법의 완성이니라**

십계명은 하나님에 대한 계명과 사람에 대한 계명으로 나뉜다. 그런데 9절에는 사람에 대한 계명만 나온다. 13장에서 말하는 내용이 "우리가 하나님을 어떻게 섬길 것인가?"가 아니라 "우리가 세상을 어떻게 살 것인가?"이기 때문이다.

이웃 사랑을 실천하기 위한 목록은 많다. 9절에 열거된 것이 전부가 아니다. 십계명 중에는 "네 이웃에 대하여 거짓 증거 하지 말라"라는 계명도 있다. 율법서에는 이외에도 이웃 사랑을 위한 많은 계명들이 나온다.

본래 율법은 모든 조항을 다 지켜야 지킨 것이다. 살인도 하지 않았고 간음도 하지 않았고 도둑질도 하지 않았지만 이웃의 소유를 탐냈으면 그 사람은 율법을 범한 사람이다. 백 가지 조항 중에 아흔아홉 가지를 지키고 한 가지 조항을 못 지켰으면 율법을 99% 지킨 것이 아니라 율법을 어긴 것이다. 그런데 본문에는 율법 조항이 아무리 많아도 "네 이웃을 네 자신과 같이 사랑하라"라는 조항에 다 포함된다고 한다.

어떤 율법사가 예수님께 가장 중요한 계명이 어떤 계명인지 물었다. 그때 예수님이 "네 마음을 다하고 목숨을 다하고 뜻을 다하여 주 너의 하나님을 사랑하라 하셨으니 이것이 크고 첫째 되는 계명이요, 둘째도 그와 같으니 네 이웃을 네 자신 같이 사랑하라 하셨으니 이 두 계명이 온 율법과 선지자의 강령이니라"라고 대답했다. 흔히 하나님 사랑, 이웃 사랑이라고 한다.

엄마가 유치원 다니는 아이에게 친구들과 사이좋게 놀라고 했다. 아이가 묻는다. "사이좋게 노는 것이 어떻게 하는 거예요?" 그러면 사이좋게 노는 것이 어떻게 하는 것인지 설명을 해줘야 한다. "사이좋게 노는 것은 친구들과 싸우지 말아야 하고, 먹을 것 있으면 같이 나눠 먹어야 하고, 장난감은 같이 가지고 노는 거야."

본래 십계명에 담긴 정신은 하나님 사랑 이웃 사랑이다. 그런데 "너희는 하나님을 사랑하고 이웃을 사랑해야 한다."라고 하면 당시 이스라엘 사람들이 알아듣지 못한다. 그래서 추상명사인 사랑을 눈에 보이는 행동으로 말씀하셨다.

하나님을 사랑하는 사람이 하나님 외에 다른 신을 염두에 둘 리 없다. 우상을 만들 리 없고 하나님 이름을 망령되이 일컬을 리 없다. 안식일을 기억하여 거룩하게 지킬 것이다. 또 하나님을 사랑하는 마음은 이웃을 사랑하는 것으로 나타난다. 당연히 이웃을 죽이지 않을 것이다. 이웃의 물건을 도적질하지도 않을 것이고 이웃의 배우자와 간음도 하지 않을 것이다. 이웃을 해하려고 거짓 증거를 하지도 않을 것이고 이웃의 소유를 탐내지도 않을 것이다. "남을 사랑하는 자는 율법을 다 이루었느니라"라는 말이 이래서 가능하다.

5절에서 "그러므로 복종하지 아니할 수 없으니 진노 때문에 할 것이 아니라 양심을 따라 할 것이라"라고 했다. 진노가 무서워서 하는 복종은 제한적이게 마련이다. 운전자들이 갓길 운전을 하지 않는 이유는 범칙금 때문이다. 버스 전용 차로를 위반하지 않는 이유도 범칙금 때문이고 제한 속도를 지키는 이유도 범칙금 때문이다.

범칙금 때문에 규정을 지키는 사람은 어느 한 규정을 지켜도 다른 규정은 지키지 않을 수 있고 오늘은 지켜도 내일은 지키지 않을 수 있다. 하지만 교통법규 자체를 준수하는 사람이라면 얘기가 다르다. 그 사람은 모든 규정을 다 지킬 것이다.

일찍이 아우구스티누스가 한 말이 있다. "하나님을 사랑하라. 그리고 마음대로 하라." 하나님을 사랑하는 사람은 예배를 빼먹어도 되고, 거짓말을 해도 되고, 남의 물건을 훔쳐도 되고 뭐든지 마음대로 해도 된다는 뜻이 아니다. 하나님을 사랑한다는 원칙을 준수하는 한 무슨 일이든지 할 수 있다는 뜻이다. 10절에서 "사랑은 율법의 완성이니라"라고 한 얘기가 그런 뜻이다.

그런데 앞에 있는 말이 이상하다. "사랑은 이웃에게 악을 행하지 아니하나니 그러므로 사랑은 율법의 완성이니라"라고 했다. 사랑이 율법의 완성이라는 말은 수긍이 되는데 이웃에게 악을 행하지 않는다는 말이 왜 나올까? 사랑에 대한 설명이 너무 소극적이고 부정적인 것 같다. 왜 이런 표현이 있느냐 하면 세상에서는 존재 자체가 이웃에 해를 끼치는 것으로 나타나기 때문이다.

세상에 있는 것은 뭐든지 제한적이다. 내가 더 가지려면 남이 덜 가져야 하고 내가 높아지려면 남을 딛고 일어서야 한다. 다른 사람이 1등을 하면 자기는 1등을 못한다. 주변에 잘난 사람이 있으면 자기는 손해다. 무엇보다도 이 세상은 언제나 사람들을 하나님 반대편으로 몰고 간다. 세상 풍조에 휩쓸려서 교회를 배척하는 사람은 많아도 세상 풍조에 휩쓸려서 예수를 영접하는 사람은 없다.

이 세상에서 오직 우리만 이웃에게 악을 행하지 않을 수 있고 우리만 이웃을 섬길 수 있고 우리만 이웃을 영원으로 초대할 수 있다. 생명에 대해서 영원에 대해서 진리에 대해서 사랑에 대해서 세상은 아는 것이 없다. 이 모든 것이 오직 우리에게만 있다. 비록 이 세상은 우리의 신앙에 아무런 도움을 주지 않더라도 우리는 언제나 세상에 도움이 되는 모습으로 존재해야 한다. 이 세상에 대해서 우리만 가진 자이기 때문이다.

13:11-14〉 또한 너희가 이 시기를 알거니와 자다가 깰 때가 벌써 되었으니 이는 이제 우리의 구원이 처음 믿을 때보다 가까웠음이라 …(중략)… 오직 주 예수 그리스도로 옷 입고 정욕을 위하여 육신의 일을 도모하지 말라

본문은 우리에게 빛의 갑옷을 입으라고 한다. 구원의 때가 가까웠기 때문이다. 그러면 빛의 갑옷을 입고 해야 하는 일도 구원과 관계된 일일 것이다. 그런데 이어지는 내용이 어색하다. "낮에와 같이 단정히 행하고 방탕하거나 술 취하지 말며 음란하거나 호색하지 말며 다투거나 시기하지 말라"라고 했는데, 이런 내용에 굳이 신앙을 동원할 이유가 있을까? 신앙이 없어도 생활 태도가 건실한 사람이라면 이런 일은 안 한다.

로마서는 크게 두 부분으로 나뉜다. 1-11장과 12-16장이다. 1-11장에서 바울은 우리가 얻은 구원이 어떤 구원인지 설명한다. 그리고 12-16장에서는 그런 구원을 얻었으니 앞으로 어떻게 살아야 하는지 말한다. 구원을 얻었으면 구원 얻은 모습이 있어야 한다. 신앙과 생활은 분리될 수 있는 것이 아니다. 특히 13장은 구원 얻은 우리가 세상을 어떻게 살아야 하는지 설명하는 내용이다.

"믿는 사람은 믿는 사람다워야 한다"라는 얘기를 13장에서는 "예수를 믿느냐? 그러면 위에 있는 권세에 복종해라. 세금 제대로 내라. 종교적인 의무를 하는 것으로 세속적인 의무를 대신할 생각하지 마라. 이 세상을 긍휼히 여겨라. 우리가 세상에서 받을 도움은 아무것도 없다. 하지만 세상은 우리의 도움을 필요로 한다."라는 내용으로 설명했다. 그리고 본문으로 이어진다.

내가 아는 사람 중에 예수를 영접한 다음부터 길거리에 휴지를 버리지 않는다는 사람이 있다. 하나님이 만드신 세상을 더럽히는 것이 옳지 않다는 생각 때문이다. 신앙이 없는 사람 중에도 공중도덕에 근거해서 길거리에 휴지를 버리지 않는 사람이 얼마든지 있다. 하지만 그 사람에게는 그것이 신앙에 근거한 행위였다.

우리가 아무리 위에 있는 권세에게 복종하고, 세속적인 의무를 감당하고, 힘써 베풀며 살아도 사람들은 "저 사람, 예수 잘 믿는다."라고 하지 않고 "저 사람, 참 착하네."라고 한다. 우리가 하나님을 의식해서 하는 행동이 세상 사람들에게는 도덕적인 선행으로밖에 보이지 않는다. 우리에게 있는 신앙을 이유로 우리를 드러낼 방법은 없다.

사실 은근히 서운하기도 하다. 우리에게 있는 신앙을 하나님이 '현찰'로 보상해주시면 얼마나 좋을까? 교회에 등록했더니 펀드 수익률이 두 배로 뛰고, 목사가 심방 오니까 암으로 투병하던 어머니가 건강하게 되고, 새벽기도를 열심히 했더니 아이가 원하는 대학에 합격하는 일이 있어나면 주변 모두가 신앙의 가치를 인정하며 우리를 부러워할 것이다.

우리는 성경에 기록된 모든 기적이 사실임을 믿는다. 홍해가 갈라진 것이나 여리고성이 무너진 것, 죽었던 나사로가 살아난 것이 꾸며낸 이야기라고 하는 사람은 없다. 하나님은 지금도 원하시면 그런 일을 하실 수 있는 분이다. 그런데 우리의 삶 속에는 그런 일이 좀처럼 일어나지 않는다. 그래서 우리는 교회에서는 예수 믿는 사람처럼 행동하고 교회 밖에서는 세상 사람처럼 행동한다. 교회에서도 불편하지 않게 지내고 세상에서도 불편하지 않게 지낸다.

교회에서 예수 믿는 사람처럼 행동한다는 것이 어떻게 한다는 뜻일까? 종교 행위에 열심 낸다는 뜻이다. 교회 안에서는 예수 믿는 향기가 물씬 풍긴다. 하지만 교회 문만 벗어나면 전혀 예수 믿는 티가 나지 않는다. 남들이 걱정하는 문제로 걱정하고, 남들이 화낼 때 같이 화내고, 남들이 좋아하는 일을 같이 좋아한다. 밥 먹을 때 기도하는 것 외에는 다른 것이 아무것도 없다. 신앙이 죄다 이중적이다.

야구장에 가면 전부 열광하는 사람들만 있다. 투수가 던지는 공 하나하나에 박수를 치고 안타가 나오면 환호성을 지른다. 홈런이 나오면 야구장이 떠나갈 것 같다. 하지만 야구가 끝나면 그것으로 끝이다. 야구장에는 사람들이 버린 쓰레기만 굴러다닌다. 일회용 컵, 햄버거 포장지, 응원을 하던 막대 풍선, 빈 피자 박스…

야구장에서 그렇게 열광하던 사람들이 각자의 생업 현장에서도 그 열기를 안고 생활하지는 않는다. 야구는 야구일 뿐이다. 야구 규칙에 근거해서 장사를 하지도 않고 야구를 기준으로 사람을 만나지도 않는다. 신앙이 종교 행위에 그치면 야구에 열광하는 사람이 아무리 많아도 사회에 미치는 파급효과가 없는 것처럼 교회 안에서 예수에 열광하는 사람이 아무리 많아도 사회는 변하지 않는다. 그리고 생활과 유리된 신앙은 신앙이 아니다.

우리는 이 세상이 전부가 아닌 것을 안다. 만일 이 세상이 전부라면 우리 역시 이 세상 사람들처럼 살면 된다. 하지만 이 세상이 전부가 아니라면 하나님 보시기에 합당하게 살아야 한다. 오직 주 예수 그리스도로 옷 입고 정욕을 위하여 육신의 일을 도모하지 말아야 한다.

주 예수 그리스도로 옷 입은 모습이 어떤 모습일까? 열심히 종교 행위를 반복하는 모습이 아니다. 신앙을 기준으로 하루하루 성실하게 살아가는 모습이다. 세상은 우리를 고작해야 일요일에 등산 안 가고 교회 가는 사람, 밥 먹기 전에 기도하는 사람, 술 담배 안 하는 사람으로 알 것이다. 더 나아가면 세금 성실하게 내는 사람, 남에게 악을 행하지 않는 사람, 늘 베푸는 착한 사람으로 알 수도 있다. 하지만 하나님은 우리를 하나님 앞에서 살아가는 사람으로 인정할 것이다. 그것이 빛의 갑옷을 입은 모습이다. 우리는 신앙의 이름으로 이 세상을 성실하게 살아가는 사람들이다.

14장 함께 가는 사람들

14장은 우상 제물 얘기다. 우상 제물 얘기에 14장 전체를 할애한 것이다. 우상 제물은 먹어도 된다거나 먹으면 안 된다는 식으로 간단하게 답할 수 있는 문제가 아니라는 뜻이다.

14:1-3〉 믿음이 연약한 자를 너희가 받되 그의 의견을 비판하지 말라 어떤 사람은 모든 것을 먹을 만한 믿음이 있고 믿음이 연약한 자는 채소만 먹느니라 먹는 자는 먹지 않는 자를 업신여기지 말고 먹지 않는 자는 먹는 자를 비판하지 말라 이는 하나님이 그를 받으셨음이라

교회에서는 늘 믿음을 말한다. 예수를 믿으면 구원 얻는다고 할 때의 믿음은 칭의에 관련된 믿음이다. 믿음이 있으면 구원을 얻고 믿음이 없으면 구원을 못 얻는다. 하지만 믿음이 좋은지, 안 좋은지를 말하는 경우도 있다. 성화 단계에서의 믿음이다.

예수를 믿느냐 마느냐에 따라 천국과 지옥이 결정된다. 그렇다고 해서 예수를 믿는다는 얘기가 천국행 입장권을 확보했다는 뜻일 수는 없다. 영화 관람권을 구입한 사람과 구입하지 않은 사람 사이에는 영화를 볼 수 있느냐, 없느냐의 차이뿐이다. 관람권이 있다고 해서 관람권이 없는 사람과 달라야 하는 법은 없다. 설마 구원이 그런 식일까? 살아생전 어느 한 시점에 예수를 믿어둔 사람은 영화 관람권을 구입한 사람이 시간 되면 영화를 관람하는 것처럼 죽어서 천국에 가는 것일까?

예수를 믿으면 운명이 바뀐다. 칭의에 해당하는 얘기다. 이때 바뀌는 것은 운명만이 아니다. 세계관과 가치관도 바뀌게 된다. 성화를 말한다. 칭의는 일회적인 사건이지만 성화는 일련의 과정이다. 불신자에서 신자로 바뀌는 데에는 별도의 시간이 필요하지 않지만 신자다운 면모가 만들어지는 데에는 상당한 시간이 필요하다. 신자 된 신분은 동일하지만 성화의 정도는 신자마다 차이가 있을 수밖에 없다. 이런 경우에 앞선 사람이 뒤에 있는 사람을 어떻게 대해야 하는지를 우상 제물로 설명한다.

다니엘이 우상 제물을 거부한 적이 있다. 우상 제물을 먹는 것은 그 우상을 섬긴다는 뜻이기 때문이다. 하지만 신약시대에 오면 달라진다. 본래 우상은 없다. 구약성경에 가장 자주 등장하는 우상이 바알인데 정말로 바알이 있었던 것이 아니다. 바알이라는 신이 있다 치고 섬긴 것이다.

우상을 섬기는 사람은 우상의 은덕을 바라는 마음으로 제물을 먹겠지만 우상이 없는 것을 아는 사람은 그렇지 않다. 큰 바위 앞에 잠깐 놓였던 음식일 뿐이다. 못 먹을 이유가 없다. 하지만 경우에 따라서는 우상이 없는 것을 알면서도 우상 제물을 먹는 것이 꺼림칙할 수도 있다. 그러면 어떻게 하면 될까? 우상 제물을 먹는 것이 아무렇지 않은 사람은 먹으면 되고 꺼림칙한 사람은 안 먹으면 된다. 아옹다옹 싸울 이유가 없다.

인조 14년에 병자호란이 일어났다. 당시 조정은 척화파와 주화파로 나뉘었다. 홍익한, 윤집, 오달제, 김상헌 등은 끝까지 싸울 것을 주장했고 최명길 등은 일단 항복하여 종묘사직을 보존한 후에 후일을 도모하자고 했다. 둘 중에 누가 애국자이고 누가 매국노일까? 싸우자고 하면 애국자이고 항복하자고 하면 매국노일까?

신앙은 칼로 두부 자르듯 할 수 있는 것이 아니다. 기도하면 100점 안 하면 빵점, 성경 읽으면 100점 안 읽으면 빵점, 전도하면 100점 안 하면 빵점 하는 식으로 따지는 것은 곤란하다.

> 우상의 제물에 대하여는 우리가 다 지식이 있는 줄을 아나 지식은 교만하게 하며 사랑은 덕을 세우나니 만일 누구든지 무엇을 아는 줄로 생각하면 아직도 마땅히 알 것을 알지 못하는 것이요(고전 8:1-2)

"본래 우상은 없는 것이다. 우상은 아무것도 아니다."라는 사실을 알고 있다고 하자. 그런 지식이 교만으로 이어질 수 있다. 우상 제물을 꺼림칙하게 생각하는 사람을 업신여길 수 있기 때문이다. "예수 믿은 지 몇 년인데 아직도 그런 문제로 쩔쩔매?"라고 한다면, 그것으로 이미 틀린 것이다. 자기가 무엇인가 안다고 생각하는 사람은 마땅히 알아야 할 것을 모르는 사람이다.

우상이 아무것도 아닌 것을 아는 사람은 우상 제물을 먹는 문제에 갈등을 느끼지 않는다. 하지만 전부 그런 사람만 있는 것이 아니다. 그 사람이 우상 제물을 먹는 것을 보고 신앙에 방해를 받을 우려가 있는 사람도 있다. "저 사람은 예수를 믿는데도 우상 제물을 먹는구나. 예수도 믿고 우상도 섬기는 것이 가능한 모양이다."라고 할 수 있다.

바알을 섬기는 사람은 아세라도 같이 섬긴다. 그들에게는 바알이 신인 것처럼 아세라도 신이다. 우리가 예수를 믿는 것을 그렇게 알 수 있다. 그러면 자기는 우상 제물이 아무것도 아닌 것을 알지만 다른 사람을 위해서 먹지 말아야 한다. 지식보다 중요한 것이 사랑이다.

> 음식은 우리를 하나님 앞에 내세우지 못하나니 우리가 먹지 않는다고 해서 더 못사는 것도 아니고 먹는다고 해서 더 잘사는 것도 아니니라 그런즉 너희의 자유가 믿음이 약한 자들에게 걸려 넘어지게 하는 것이 되지 않도록 조심하라 지식 있는 네가 우상의 집에 앉아 먹는 것을 누구든지 보면 그 믿음이 약한 자들의 양심이 담력을 얻어 우상의 제물을 먹게 되지 않겠느냐(고전 8:8-10)

우상 제물을 먹었다고 해서 신앙이 좋아지는 것도 아니고 먹지 않는다고 해서 신앙에 손해를 보는 것도 아니다. 하지만 자기가 그것을 먹는 것 때문에 다른 사람의 신앙에 손해가 된다면 먹지 않는 것이 옳다.

수년 전에 기독교 유적지를 순례한 적이 있다. 터키에서 이동할 때로 기억한다. 기내식이 상당히 느끼했다. 그래서 와인을 달라고 해서 같이 마셨다. 그때 동행한 사람이 전부 목사였다. 내가 와인을 마신다고 해서 "어떻게 예수 믿는 사람이 술을 마신단 말이냐?"라고 흥분할 사람도 없고 "어? 와인은 마셔도 되는 거야? 그럼 나도 마셔야지."라고 할 사람도 없었다. 하지만 다른 자리에서라면 마시지 않았을 것이다. 내가 와인을 마시면 "포도주는 괜찮구나"로 시작해서 "그러면 맥주도 한 잔쯤은 되지 않을까?"라고 할 사람이 있을 수 있기 때문이다.

그러면 네 지식으로 그 믿음이 약한 자가 멸망하나니 그는 그리스도께서 위하여 죽으신 형제라 이같이 너희가 형제에게 죄를 지어 그 약한 양심을 상하게 하는 것이 곧 그리스도에게 죄를 짓는 것이니라 그러므로 만일 음식이 내 형제를 실족하게 한다면 나는 영원히 고기를 먹지 아니하여 내 형제를 실족하지 않게 하리라(고전 8:11-13)

우리 주변 사람은 아무렇게나 대해도 되는 사람이 아니다. 주님께서 대신 죽으실 만큼 귀한 사람이다. 우리의 무분별한 처신으로 죄를 범하게 되면 낭패다. 그래서 바울이 "만일 음식이 내 형제를 실족케 한다면 나는 영원히 고기를 먹지 않겠다"라고 선언한다.

고기를 먹는 즐거움을 포기하고 채식주의자가 되겠다는 뜻이 아니다. 우상 제물이 아무것도 아니라는 사실을 아는 사람은 그것을 꺼림칙하게 여기는 사람보다 앞선 사람이다. 그것을 포기하겠다는 뜻이다. 비록 신앙적으로 자기가 옳을지라도 그것을 내세워서 형제를 실족하게 하느니 차라리 옳은 것을 포기해서 형제의 유익을 도모하겠다고 한다.

학생들한테 하는 최고의 칭찬은 공부 잘한다는 칭찬이다. 회사원에게는 업무 능력이 뛰어나다는 칭찬이 최고다. 여자들은 예쁘다는 칭찬을 가장 좋아한다고 한다. 그러면 교회에서 가장 듣고 싶은 칭찬은 신앙 좋다는 칭찬이어야 한다. 그런데 바울의 얘기는 그렇지 않다. 자기 형제를 위해서라면 신앙이 나쁘다는 평판도 감수하겠다는 것이다. 그러면 신앙이 좋은 것일까, 나쁜 것일까?

물론 우리의 신앙에는 양보할 수 없는 원칙이 있다. "하나님이 이 세상을 창조하셨다", "예수님이 우리 죄를 위해서 돌아가셨다", "예수님이 다시 오신다" 등의 내용에는 타협이 있을 수 없다. 하지만 신앙을 지키는 모양은 다양하게 나타날 수 있다. 중요한 것은 우리가 같이 예수를 믿는다는 사실이다. 뒤에 오는 사람을 기다리는 것은 앞에 있는 사람의 당연한 미덕이다.

신앙은 자기가 얼마나 훌륭한지로 따지는 것이 아니다. 자기로 인해서 다른 사람이 얼마나 훌륭하게 되는지로 따지는 것이다. 예수를 믿을수록 점점 더 길동무가 많아지는 것이 신앙이다.

14:4〉 남의 하인을 비판하는 너는 누구냐 그가 서 있는 것이나 넘어지는 것이 자기 주인에게 있으매 그가 세움을 받으리니 이는 그를 세우시는 권능이

주께 있음이라

우상 제물을 먹는 것이 옳은지 여부는 획일적으로 말할 수 없다. 아무렇지 않은 사람은 먹으면 되고 꺼림칙한 사람은 안 먹으면 된다. 정작 조심해야 할 문제가 따로 있다. 먹는 사람이 먹지 않는 사람을 업신여기거나 먹지 않는 사람이 먹는 사람을 비방하는 것이다.

성경에 믿음이 크다고 칭찬 받는 사람이 더러 나온다. 예수님이 가버나움 백부장에게 "이스라엘 중 아무에게서도 이만한 믿음을 보지 못하였노라"라고 하셨고, 딸이 귀신 들린 수로보니게 여인에게 "여자여 네 믿음이 크도다"라고 하셨다. 하지만 "네가 과연 옳도다"라는 칭찬은 한 번도 안 나온다. 하나님은 우리가 옳은지 그른지 판정하는 것에 관심 있는 분이 아니라 우리를 옳게 만드는 것에 관심이 있는 분이다.

비판을 아무나 할 수 있을까? 비판을 하려면 그만한 안목이 있어야 한다. 비판을 하는 안목이 있는 사람은 그런 안목이 없는 사람보다 더 우월한 사람이다. 문제는 하나님이 우리의 그런 안목에 점수를 주시지 않는다는 사실이다. 하나님은 그런 문제에 관심이 없으시다.

14:5-6〉 어떤 사람은 이 날을 저 날보다 낫게 여기고 어떤 사람은 모든 날을 같게 여기나니 각각 자기 마음으로 확정할지니라 …(중략)… 먹지 않는 자도 주를 위하여 먹지 아니하며 하나님께 감사하느니라

우리는 주일을 지킨다. 그런데 성경에는 주일을 지키라는 말씀 대신 안식일을 지키라는 말씀이 있다. 성경이 말하는 안식이 우리의 구원을 지향하기 때문이다. 우리의 구원이 이루어진 사건이 예수님의 부활이고 예수님이 부활하신 날이 안식 후 첫날이다.

"성경에는 안식일을 지키라고 했는데 왜 안식일을 지키지 않습니까?"라는 이단이 있다. 얼핏 생각하면 안식일을 지키는 것이 성경적인 것 같은데 그렇지 않다. 안식일을 완성한 날이 주일이기 때문에 주일을 지키는 것이 옳다. 애인이 군대 가면 사진을 보며 그리워할 수 있다. 하지만 애인이 제대해서 찾아오면 얼른 나가서 맞아야 한다. 애인이 초인종을 누르는데 사진만 보고 있다면 아마 다른 사람 사진일 것이다. 그 사이에 마음이 변한 것이다. 주일이 있음에도 불구하고 안식일을 고집하는 것이 그렇다. 예수님이 주일에 부활하심으로 우리의 구원을 완성하신 사실을 인정하지 않는 처사다. 그래서 이단이다. 예배하는 요일이 달라서 이단이 아니라 예수님의 사역을 부인해서 이단이다.

하지만 이것은 요즘 얘기다. 초대교회 때는 달랐다. 그들은 안식일마다 회당에 모이는 것이 몸에 밴 상태였다. 예수님이 주일에 부활했다고 해서 하루아침에 안식일에 모이던 습관을 주일로 바꿀 수 있었을까? 그래서 주일과 안식일이 혼재했다. 5절이 그런 상황에서 나온 말이다. 안식일에 예배하는 것이 옳다고 생각하는 사람은 안식일에 예배하고 주일에 예배하는 것이 옳다고 생각하는 사람은 주일에 예배하면 된다. 그것 때문에 싸울 이유가 없다.

이스라엘이 여리고성을 맴돌았다. 어떻게 맴돌았을까? 시계방향으로 돌았을까, 반시계방향으로 돌았을까? 8열 종대로 돌았을까, 12열 종대로 돌았을까? 시속 5km로 돌았을까, 시속 8km로 돌았을까? 그런 것을 따지는 사람은 없다. 언약궤를 앞세우고 돌면 그것으로 충분했다.

안식일을 중히 여기는 사람이 있다고 하자. 그 사람이 안식일을 중히 여기는 이유는 하나님을 위하는 마음 때문이다. 주일을 중히 여기는 사람도 마찬가지다. 하나님을 사랑하기 때문이다. 어떤 사람이 우상 제물을 먹지 않는다고 하자. 우상 제물을 먹지 않는 이유는 자기의 신앙 양심 때문이다. 그러면 우상 제물을 먹는 사람은 어떤 사람일까? 그 사람 역시 신앙을 위해서 그렇다.

진리의 측면에서는 기독교가 배타적이다. 다른 종교에는 구원이 없고 기독교에만 구원이 있다고 한다. 우리끼리는 당연하게 받아들이지만 교회 문만 나서면 사정이 달라진다. 듣는 사람마다 불쾌하게 생각할 것이다. 하지만 별수 없다. 그것이 사실인 것을 어떻게 한단 말인가? 시험 볼 때 자신 있게 썼는데도 틀린 적이 있을 것이다. 구원도 그렇다. "내가 어떻게 생각하느냐?"가 문제가 아니다. 하나님이 과연 계신지, 그 하나님이 어떻게 정하셨는지가 문제다.

왜 우리에게만 구원이 있느냐 하면, 하나님이 그렇게 정하셨기 때문이다. "하나님이 이 세상의 주인이다. 예수님이 우리의 구세주이다. 예수님은 동정녀에게서 태어나셨다. 예수님이 우리를 위해서 십자가를 지셨다. 예수님이 부활하셨다." 등의 사실에 대해서는 일체의 타협이 있을 수 없다. 하지만 신앙을 이루는 내용은 풍성해야 한다.

교회 학교 교육을 강조하는 교회가 있다고 하자. 그렇다고 해서 선교를 강조하는 교회는 이상한 교회일까? 사회봉사를 위하여 예배당 건물을 짓지 않기로 한 교회도 있을 수 있다. 건물 지을 돈을 봉사에 쓴다는 것이다. 교육을 강조하는 것도 하나님의 영광을 위한 일이고 선교나 사회봉사를 강조하는 것도 하나님의 영광을 위한 일인 것처럼 얼마든지 다른 경로로 하나님의 영광을 선포할 수 있다. 하나님은 우리를 넉넉히 받으시는 분이다. 우리가 강조하는 한두 가지 내용에 제한받지 않으신다.

예전에 기독교인을 대상으로 하는 결혼정보회사에 근무하는 커플 매니저에게서 씁쓸한 말을 들은 적이 있다. 시어머니 될 사람이 권사라고 하면 예비 신부들이 싫어한다는 것이었다. 시어머니가 권사라서 좋다는 말을 듣지 못해도 서운할 텐데 오히려 반대였다. 권사라고 하면 가장 먼저 떠오르는 이미지가 '따뜻하다' '자상하다'가 아니라 '잔소리가 심하다' '당신 주장만 내세운다' 등이라는 뜻이다.

물론 우리에게는 목에 칼이 들어와도 지켜야 하는 원칙이 있다. 예수를 주로 고백하는 문제에는 타협의 여지가 없어야 한다. 하지만 예수를 믿는 방법에 대해서는 얼마든지 포용력이 있어야 한다. 자기와 다르다고 해서 틀린 것이 아니다. 자고로 예수를 믿으면 사람이 넉넉해져야 한다. 얼마나 많은 사람을 품을 수 있는지가 곧 예수 믿는 실력이다.

14:7-9〉 우리 중에 누구든지 자기를 위하여 사는 자가 없고 자기를 위하여 죽는 자도 없도다 …(중략)… 이를 위하여 그리스도께서 죽었다가 다시 살아나셨으니 곧 죽은 자와 산 자의 주가 되려 하심이라

이런 글을 읽으면 신앙생활을 향한 비장한 각오나 결연한 의지를 떠올릴 수 있다. 그런데 문맥을 따지면 그렇지 않다. 14장은 우리가 얼마나 비장한 각오로 예수를 믿어야 하는지 설명하는 내용이 아니다. 예수를 믿는 방법에 갈등이 있을 때 어떻게 처신해야 하는지 설명하는 내용이다.

14장 시작하면서 "우상 제물을 먹는 것이 가한가, 불가한가?"에 대한 내용이 나왔다. 우상 제물을 먹는다는 얘기는 그 우상을 섬긴다는 뜻이다. 그런데 우상은 본래 존재하지 않는다. 우상 제물을 먹어도 된다고 생각하는 사람에게는 우상 제물을 먹지 않는 것이 우상의 존재를 인정하는 행위가 된다. 우상은 아무것도 아니라는 사실을 드러내기 위해서라도 먹어야 한다. 하지만 우상 제물을 찜찜하게 여기는 사람도 있을 수 있다. 그런 사람에게는 우상 제물을 먹지 않는 것이 신앙이다. 우상 제물을 먹는 사람도 신앙 때문이고 먹지 않는 사람도 신앙 때문이니 각자 알아서 하면 된다.

이런 내용에 이어서 본문이 나온다. 우리는 우리를 위하여 살지 않고 주님을 위하여 산다. 앞에 나온 내용에 대입하면, 우리 중에 누구든지 자기를 위하여 우상 제물을 먹는 자도 없고 자기를 위하여 우상 제물을 먹지 않는 자도 없다. 우리가 우상 제물을 먹어도 주를 위하여 먹고 우상 제물을 먹지 않아도 주를 위하여 먹지 않는다. 우리가 무엇을 하든지 그것이 주님을 위한 일이다.

예수를 믿는 사람이 어떤 사람이냐 하면, 살아도 주를 위하여 살고 죽어도 주를 위하여 죽는 사람이다. 성경에 이런 표현이 있는 이유는 예수를 믿지 않는 사람은 살아도 자기를 위하여 살고 죽어도 자기를 위하여 죽기 때문이다. 그리고 또 있다. 우리가 예수를 믿고 있음에도 불구하고 몸에 밴 옛 습관 때문에 자기를 위하여 살고 자기를 위하여 죽으려는 경향이 있기 때문이다.

본래 자기를 위해서 사는 것이 자연인의 본성이다. 물과 성령으로 거듭나지 않은 사람은 무엇을 하든지 자기를 위해서 한다. 매사에 자기가 기준이다. 하지만 우리는 그렇지 않다. 우리는 우리를 위해서 살지 않고 주님을 위해서 산다. 우리가 우상 제물을 먹는다면 그것도 주님을 위한 일이고, 우상 제물을 먹지 않는다면 그 또한 주님을 위한 일이다.

주일에 돈을 쓸 수 있을까, 없을까? 내가 학생 때는 돈을 쓰면 안 된다고 배웠다. 그 시절에 돈을 쓴다면 주로 군것질이었다. 주일은 주님을 위한 날인데 그처럼 자기를 위해서 돈을 쓰는 것이 옳지 않다는 것이었다. 하지만 요즘은 주일에 돈을 쓰는 것에 눈치를 보는 사람이 없다. 이유가 무엇일까? 예전에는 주일에 돈을 쓰지 않았지만 이제는 세상이 달라진 때문일까? "예전에는 100점을 맞아야 합격이었다. 그런데 지금은 세상이 달라졌기 때문에 80점만 맞아도 합격으로 인정된다."라고 하면, 하나님의 눈높이가 세태의 변화에 따라서 달라졌다는 뜻인데 그럴 수는 없다.

주일에 돈을 쓰지 말라고 하는 이유는 그것이 신앙을 지키는 일종의 방법이기 때문이다. 돈을 쓰지 않음으로써 "오늘은 특별한 날이다. 오늘 하루는 나 자신을 위하여 살지 않고 주님을 위하여 산다."라는 사실을 보이는 것이다. 그러면 주일에 돈을 쓰는 이유도 마찬가지다. 예전에 돈을 쓰지 않는 것이 신앙을 나타내는 방법이었던 것처럼 이제는 돈을 쓰는 것이 신앙을 나타내는 방법이어야 한다. 돈을 쓰든지, 쓰지 않든지 그 이유는 같아야 한다.

우리는 우리를 위해서 살지 않는다. 우상 제물을 먹어도 주님을 위해서 먹고 우상 제물을 먹지 않아도 주님을 위해서 먹지 않는 것처럼 돈을 써도 주님을 위하여 쓰고 돈을 쓰지 않아도 주님을 위하여 쓰지 않는다. "전 재산 다 교회에 헌금하고 우리는 헐벗고 굶주리라는 말이냐? 우리를 위해서는 아무것도 하지 말아야 하느냐?"라는 얘기가 아니다. 우리의 신분이 그만큼 고급하게 바뀌었다는 뜻이다.

"주를 위해서 헌신한다", "하나님의 영광을 위한다", "교회를 위하여 희생한다" 등의 말이 다 그렇다. 신앙을 위해서 정당한 권리를 포기한다는 뜻이 아니다. 자기 인생의 궁극적인 유익을 위해서 보다 고급한 선택을 한다는 뜻이다. 간혹 아이만 잘된다면 자기는 아무래도 상관없다는 말을 하는 사람이 있다. 자녀 과외비를 벌기 위해서 보험 영업을 하고 파출부를 한다는 얘기가 생소하지 않다. 하지만 하나님의 영광을 위한다는 얘기는 "하나님만 잘된다면 나는 아무렇게나 되어도 상관없다"라는 뜻이 아니다. 하나님이 우리의 희생을 발판 삼아서 영광 받으실 만큼 저급한 분이 아니다.

어느 집에서나 공부하라는 얘기를 한다. 어떤 아이는 부모를 위해서 공부를 해주는 것처럼 생색내기도 한다. 공부를 한다는 얘기는 컴퓨터 게임을 할 수 있는 권리를 포기해서 엄마의 이익을 챙겨드린다는 뜻이 아니다. 쓸데없는 일에 시간 낭비하지 않고 바람직한 선택을 한다는 뜻이다. 주님을 위해서 희생한다, 교회를 위해서 헌신한다는 말이 그렇다. 우리가 하나님을 챙겨드리는 것이 아니다. 그렇게 사는 것이 우리한테 유익이다. 분명한 사실은 그런 선택을 했으면서도 그것을 '헌신'이나 '희생'이라는 단어로 표현할 만큼 우리의 기본 정서가 하나님 반대쪽이다.

교회에 다니면 술도 못 마시고 담배도 못 피우는데 무슨 재미로 다니느냐는 사람이 있다. 그러면 따져 보자. 술 마시고 담배 피우면 무엇이 남을까? 거기에 누적되는 가치가 있을까? "술을 10년 마셨더니 인격이 훌륭해졌다", "담배를 20년 피웠더니 사람이 달라졌다"라는 말은 들어본 적이 없다.

세상 사람들은 자기를 위하여 산다. 더 정확히 말하면 자기를 위한 일이 아닌데도 자기를 위하여 산다고 착각하며 산다. 자기가 하고 싶은 일을 못하는 것에 안타까움은 느끼면서 그런 행보를 통하여 누적되는 가치가 없는 줄은 모른다.

하지만 우리는 "내가 무엇을 하고 싶은가?"를 염두에 두지 않고 "주님께서 무엇을 원하시는가?"를 염두에 둔다. 우리가 주님의 소유이기 때문이다. 우리는 우리 욕구보다 주님 뜻에 더 민감한 사람들이다.

예수님이 죽었다가 다시 살아나신 이유를 본문에서는 "죽은 자와 산 자의 주가 되려 하심이라"라고 말한다. 예수님은 죽은 자와 산 자의 주(主)다. 만일 예수님이 산 자의 주일 뿐, 죽은 자의 주가 아니라면 우리 마음대로 살아도 무방하다. 이 세상 살다 죽으면 그것으로 끝이다. 하지만 예수님은 죽은 자의 주(主)도 되신다. 예수님과 우리의 관계가 죽은 다음에도 계속 이어진다.

불신자들은 살아도 자기를 위하여 살고 죽어도 자기를 위하여 죽는다. 그렇게 하는 것이 불신자들의 이상이나 목표가 아니다. 불신자들의 현주소다. 그러면 우리 역시 그렇다. 우리가 살아도 주를 위하여 살고 죽어도 주를 위하여 죽는다는 얘기는 정신 무장을 새롭게 하기 위한 표현이 아니다. 우리의 존재에 대한 객관적인 서술이다. 그런 각오로 세상을 살라는 얘기가 아니라 실제로 그렇다는 뜻이다. 자기만을 위하여 살던 우리의 관심이 주님께로 옮겨진 것이 신자 된 특권이다.

4:10-12〉 **네가 어찌하여 네 형제를 비판하느냐 어찌하여 네 형제를 업신여기느냐 우리가 다 하나님의 심판대 앞에 서리라 …(중략)… 이러므로 우리 각 사람이 자기 일을 하나님께 직고하리라**

형과 동생이 다툰다. 형은 동생이 말을 듣지 않는 것이 불만이고 동생은 형이 마음대로 하는 것이 불만이다. 형은 동생이 마음에 안 들고 동생은 형이 마음에 안 든다. 하지만 중요한 문제가 따로 있다. 엄마가 사이좋게 놀라고 했다는 사실이다. 누가 무슨 잘못을 어느 만큼 했는지가 문제가 아니다. 엄마가 들어오면 둘 다 야단맞을 것이다. 형 눈에는 동생 잘못만 보이고 동생 눈에는 형 잘못만 보이지만 엄마 눈에는 둘이 똑같아 보인다.

우리 중에 하나님이 이 세상 주인인 것을 모르는 사람은 없다. 하나님이 이 세상의 주인이면 하나님이 이 세상의 기준이기도 하다. 자기 생각에 옳은 것이 옳은 것이 아니라 하나님이 옳다고 해야 옳은 것이고 자기 생각에 틀린 것이 틀린 것이 아니라 하나님이 틀리다고 해야 틀린 것이다. 상대방의 틀린 점을 지적했다고 해서 자기가 옳게 되는 법은 없다. 오히려 상대방을 지적했다는 사실까지 하나님의 심판을 받게 될 것이다. 본문은 우리가 다 하나님의 심판대 앞에 서게 된다는 사실에 대한 근거로 하나님의 살아 계심을 든다.

하나님의 살아 계심을 부인하는 사람은 없다. 그런데 하나님께서 친히 "내가 살아 있다"라고 말씀하시는 이유가 무엇일까? 하나님의 살아 계심을 우리가 제대로 인식하지 못하고 있기 때문이다. 하나님의 살아 계심을 교리적으로 인정하는 것과 삶으로 인정하는 것은 다르다. 우리는 하나님이 살아 계시다고 말하면서도 하나님이 살아 계시지 않은 것처럼 처신한다.

재정을 맡은 장로가 교인들의 연간 헌금 내역을 공개하는 바람에 한바탕 소란이 일어난 교회가 있다. 교인들의 헌금 내역을 공개하는 것은 말이 안 된다. 하지만 그 장로를 이해하는 쪽으로 생각을 바꿔보자. 오죽 했으면 그랬을까? 십일조를 제대로 하는 교인이 거의 없었다는 뜻이다. 소득의 1/10이 아닌 1/20이나 1/30을 십일조 헌금 봉투에 넣어 헌금하는 집사가 한둘이 아니었고 심지어 십일조를 하지 않는 장로도 있었다.

문제는 하나님이 아무 말씀도 안 하신다는 사실이다. 십일조를 하지 않는 가정마다 우환이 겹치고 십일조를 하는 가정은 하는 일마다 잘 풀리면 교인들의 헌금 내역을 공개할 이유가 없다. 그런데 하나님은 늘 잠잠하시다. 그래서 보다 못해서 직접 나선 것이다. 어쩌면 그런 일을 벌이기에 앞서

"명색이 장로가 십일조도 하지 않다니, 하나님이 살아 계신 걸 모른단 말인가?"라는 생각으로 비분강개했을 수도 있다.

그러면 다시 생각을 바꿔 보자. 그 일을 벌인 당사자는 하나님의 살아 계심을 인정하는 것일까? "어떤 교회 재정 장로가 교인들 헌금에 불만을 품고 헌금 내역을 공개했다더라"라는 말을 들으면, "어떻게 그럴 수 있느냐? 너무 심했다."라는 반응을 보일 것이다. 그러면 어느 정도까지 하면 괜찮을까? 제직회를 통해서 문제 삼는 것은 괜찮을까? 몇몇 친분 있는 교우끼리 모인 자리에서 불만을 토로하는 정도는 어떨까?

우리 중에 교인들의 헌금 상태가 마음에 안 든다고 해서 연간 헌금 내역을 공개할 사람은 없을 것이다. 하나님의 살아 계심을 인정해서가 아니다. 그만큼 성격이 강하지 못한 때문이다. 다른 사람이 신앙생활을 하는 모습에 불만이 있기는 마찬가지다.

하나님은 "내가 살았노니 모든 무릎이 내게 꿇을 것이요 모든 혀가 하나님께 자백하리라"라고 단언하신다. 모든 무릎에는 우리 무릎도 포함된다. 우리 문제만 가지고 무릎을 꿇는 것이 아니다. 우리가 다른 사람을 비판한 문제에 대해서도 "하나님, 과연 하나님이십니다. 제가 하나님의 뜻을 미처 모르고 경거망동했습니다."라고 고백하게 될 것이다.

누가복음에 탕자의 비유가 나온다. 작은아들이 자기 몫의 유산을 미리 받아서 멀리 타국에 가서 허랑방탕하게 살다가 주려 죽을 지경이 되자 집에 돌아왔다. 아버지가 반갑게 맞아주었다. 옷을 갈아입히고 송아지를 잡아서 잔치를 베풀었다. 그런데 문제가 생겼다. 큰아들이 불만을 터뜨린 것이다.

큰아들한테 불만이 생기지 않게 하려면 어떻게 하면 될까? 작은아들이 객지에서 굶어죽으면 된다. 아니면 집에 돌아오자마자 아버지에게 흠씬 얻어맞고 쫓겨나도 된다. 그러면 불만은 둘째 치고 과연 형 자격이 있는 것일까?

작은아들이 집을 나가서 생사를 알지 못한다. 그런 작은아들에게 아버지가 바랄 수 있는 것이 무엇이 있을까? 몸 건강히 돌아오는 것뿐이다. 더 이상 바랄 것이 없다. 집에만 돌아오면 그것이 최고의 효도다. 아닌 게 아니라 작은아들이 돌아왔다. 아버지의 소원이 이루어졌다.

큰아들은 어떤가? 큰아들은 늘 집에 있으면서 아버지 일을 도왔다. 그런 큰아들에게 무엇을 바라겠는가? 가출하지 않고 집에 있는 것을 바랄 수는 없다. 그 가정의 가업을 이를 믿음직한 아들로 자라는 것을 기대할 것이다. 어쩌면 작은아들을 찾아오는 것도 바랐을 수 있다.

큰아들과 작은아들은 비교 대상이 아니다. 각자 자기 위치에서 자기 일을 하는 것이 최선이다. 집을 나갔으면 집에 돌아오는 것 말고 다른 일이 있을 수 없다. 하지만 늘 집에 있는 아들은 다르다. 더욱 아버지 뜻에 맞는 아들이 되어야 한다.

작은아들은 가출했다가 돌아왔고 큰아들은 계속 집에 있었으니 아들 노릇을 하는데 있어서 큰아들은 분명히 프리미엄이 있었다. 그런데 쓸데없는 불평을 하느라 그 프리미엄을 다 까먹고 말았다. 이런 내용을 본문 12절에서 "이러므로 우리 각 사람이 자기 일을 하나님께 직고하리라"라고 한다. 우리는 우리 일을 하나님께 직접 아뢴다. 다른 사람과 비교할 이유가 없다.

다른 사람 신앙에 참견하느라 자기 신앙을 방해받으면 자기만 손해다. 우리는 다른 사람을 하나님의 심판대 앞에 세울 생각을 할 것이 아니라 자기 자신을 하나님의 심판대 앞에 세울 준비를 해야 한다.

네덜란드의 한스 로크마커가 쓴 〈예술은 변명을 요하지 않는다〉에 1800년대 일본의 대표적인 화가 후쿠사이 얘기가 나온다. 친구가 후쿠사이에게 수탉 그림을 부탁했다. 후쿠사이가 일주일 말미를 달라고 했다. 일주일 후에 친구가 찾아오자, 이번에는 2주일 후에 보자고 했다. 2주일 후에는 두 달, 두 달 후에는 여섯 달… 이런 식으로 약속을 미루다가 어느덧 3년이 지났다. 급기야 친구가 화를 냈다. 후쿠사이가 말없이 종이와 물감을 가져오더니 즉석에서 수탉을 그렸다. 마치 살아 있는 것처럼 생동감 있는 수탉 그림이었다. 그 그림이 친구를 더욱 화나게 했다. 이처럼 간단하게 그릴 수 있는 것을 3년씩이나 기다리게 했단 말인가? 후쿠사이가 그런 친구를 화실로 안내했다. 크나큰 화실에 그동안 밤낮으로 수탉 그림을 연습한 습작이 산더미처럼 쌓여 있었다. 후쿠사이가 살아 있는 것 같은 수탉을 그릴 수 있었던 것은 저절로 된 일이 아니었다. 3년 동안 쉬지 않고 연습한 결과였다. 그래서 로크마커 교수가 예술은 변명을 요하지 않는다고 한 것이다. 예술이 변명을 요하지 않는다면 하물며 신앙일까?

우리는 언젠가 하나님의 심판대 앞에 서야 한다. 하나님은 우리가 한 일에 대해서만 심판하지 않으신다. 어떤 일을 했으면 왜 했는지도 심판하시고 어떤 일을 하지 않았으면 왜 하지 않았는지도 심판하신다. 후쿠사이가 수탉 그림을 어떤 마음으로 연습했는지 모르지만 우리는 그보다 훨씬 더

진지하게 하나님의 심판대 앞에 서는 것을 연습해야 한다. 신앙은 변명을 요하지 않기 때문이다.

14:13-14〉 그런즉 우리가 다시는 서로 비판하지 말고 도리어 부딪칠 것이나 거칠 것을 형제 앞에 두지 아니하도록 주의하라 …(중략)… 무엇이든지 스스로 속된 것이 없으되 다만 속되게 여기는 그 사람에게는 속되니라

구약성경에서 가장 자주 언급하는 범죄가 간음이다. 우리가 그리스도의 신부이기 때문이다. 반면 신약성경은 남을 비판하는 문제를 가장 자주 언급한다. 이 둘을 묶으면 어떻게 될까? "신자가 되려면 일단 신앙 절개를 지켜야 한다. 그리고 신앙생활에는 남을 비판하는 문제를 가장 조심해야 한다."가 된다.

신자가 신앙 절개를 지켜야 한다는 데에는 이론의 여지가 없다. 그런데 신앙생활을 하려면 남을 비판하는 문제를 가장 조심해야 한다는 말이 무슨 영문일까?

세상에서는 매사에 계급을 매기고 순위를 따진다. 학교에서는 성적으로 등수를 매기고 직장에서는 연봉으로 능력을 평가한다. 심지어 "민증 까!"라는 말도 있다. 나이는 태어나면 저절로 먹는다. 개인의 능력과 아무 상관이 없다. 그런 나이를 따져서라도 서열을 정하자는 것이다. 이것이 세상 풍조다.

교회에서는 그런 것이 통하지 않는다. 하나님 앞에서 자기 신앙을 지킬 따름이다. 물론 차이는 있다. 어떤 사람은 교회 다닌 지 30년일 수 있고 어떤 사람은 교회 등록한 지 3개월일 수 있다. 두 사람의 신앙 수준은 다른 것이 정상이다. 예수를 30년 믿은 사람은 30년 믿은 수준에서 신앙생활을 할 것이고, 3개월 믿은 사람은 3개월 믿은 수준에서 신앙생활을 할 것이다.

14장은 우상 제물에 대한 내용이다. 본래 우상은 존재하지 않는다. 우상 앞에 놓였던 제물이라고 해서 못 먹을 이유가 없다. 하지만 전부 그렇게 생각하는 것이 아니다. 우상 제물을 먹는 것을 꺼림칙하게 여기는 사람도 있을 수 있다. 그런 경우에 "저 사람은 왜 우상 따위에 연연할까?"라고 하지 말라는 것이다. 오히려 그 사람이 상처받지 않도록 우상 제물을 먹지 않는 것이 잘하는 것이다. 행여 먹더라도 그 사람 몰래 먹어야 한다.

14:15〉 만일 음식으로 말미암아 네 형제가 근심하게 되면 이는 네가 사랑으로 행하지 아니함이라 그리스도께서 대신하여 죽으신 형제를 네 음식으로 망하게 하지 말라

우상 제물을 먹는 것은 자유일 수 있다. 신앙적으로 아무 문제가 없다. 하지만 자기 때문에 상처 입는 사람이 있으면 어떻게 해야 할까? 그 사람은 예수님이 대신 죽으신 사람이다. 예수님이 생명까지 포기하면서 살리신 사람을 자기가 옳다는 사실을 관철하기 위해서 실족하게 하는 것은 말이 되지 않는다.

가끔 "내가 틀린 말 했어?"라는 말을 들을 수 있다. 적어도 교회에서는 쓰면 안 되는 말이다. 그런 말은 주로 자기가 한 말이 물의를 일으켰을 때 발

뺌하기 위해서 쓴다. 자기가 틀린 말을 해서 잘못되었으면 자기 책임이지만 자기 말이 옳은 이상 자기 책임이 아니라는 것이다. 하지만 성경은 옳은 말을 했느냐, 틀린 말을 했느냐 이전에 판단 자체를 문제 삼는다. 판단할 때는 착오가 없도록 신중해야 한다는 얘기는 성경에 없다.

부교역자 시절, 청년예배를 마치고 같이 저녁을 먹은 다음이었다. 마침 새로 온 청년이 있어서 2차로 노래방 가자는 말이 나왔다. 그런데 한 청년이 먼저 집에 갈 뜻을 비쳤다. 무슨 일이 있는지 조용히 물었더니 내일 주일이니까 푹 쉬고 개운한 몸으로 주일을 맞아야지, 늦게 들어가면 피곤하지 않느냐고 했다.

백번 맞는 말이다. 주일은 예배 시간에 맞춰서 몸만 예배당 안에 있으면 되는 날이 아니다. 몸 상태도 가장 좋게 유지해서 하나님을 예배해야 한다. 그런데 내가 다른 말을 했다. "네 말이 맞다. 주일은 당연히 그렇게 맞아야 한다. 그래도 오늘은 새로 온 청년도 있으니 피곤하더라도 같이 놀다 가라."

주일을 위해서 노래방에 가지 않는 것은 분명히 신앙적인 판단이다. 하지만 다른 사람을 위해서 노래방에 가는 것도 신앙적인 판단이다. 정답이 따로 있는 것이 아니다. 자기가 어느 수준에 있든지, 자기 수준에서 하나님을 사랑하고 이웃을 사랑하는 것이 신앙이다.

자칫 이 사실을 놓치면 자기가 알고 있는 정답을 기준으로 다른 사람을 평가하는 잘못을 범할 수 있다. "저 사람은 연봉이 5천만 원인데 너는 왜 3천만 원 밖에 안 되느냐?", "내 친구는 45평 아파트에 사는데 왜 우리 집은

25평이냐?"라는 말을 세상에서는 얼마든지 할 수 있다. 우리가 사는 세상이 그런 세상이다. 하지만 교회에서 "저 사람은 십일조가 100만 원인데 너는 왜 10만 원이냐?"라고 할 수는 없다. 다섯 달란트를 맡았으면 다섯 달란트를 남기면 되고, 두 달란트를 맡았으면 두 달란트를 남기면 되고, 한 달란트를 맡았으면 한 달란트를 남기면 된다.

> 그러므로 주 안에서 갇힌 내가 너희를 권하노니 너희가 부르심을 받은 일에 합당하게 행하여 모든 겸손과 온유로 하고 오래 참음으로 사랑 가운데서 서로 용납하고 평안의 매는 줄로 성령이 하나 되게 하신 것을 힘써 지키라(엡 4:1-3)

하나님께서 우리를 부르셨다. 우리는 그 부르심에 합당하게 행하여야 한다. '합당하다'는 상거래 용어다. 저울이 수평을 이룬 상태를 '합당하다'고 했다. 결국 하나님이 우리를 부르신 부르심의 무게와 그에 대한 우리 반응의 무게가 동등해야 한다는 뜻이다. 우리가 무슨 수로 우리를 부르신 하나님의 부르심에 조금도 모자라지 않게 행할 수 있을까? 본문에 답이 있다. 모든 겸손과 온유로 하고 오래 참음으로 사랑 가운데서 서로 용납하고 평안의 매는 줄로 성령이 하나 되게 하신 것을 힘써 지키면 된다.

이 말을 뒤집으면 우리의 본성을 알 수 있다. 우리는 본성상 겸손하지도 않고 온유하지도 않다. 오래 참음으로 사랑 가운데서 서로 용납할 줄도 모르고 평안의 매는 줄로 성령이 하나 되게 하신 것을 힘써 지킬 마음도 없다. 할 줄 아는 것은 그저 자기가 아는 정답을 기준으로 상대방을 판단하고 정죄하는 것이다. 그런데 성경은 그렇게 말하지 않는다. 하나님께서 우리에게 맡기신 일은 우리가 얼마나 잘났는지 확인하거나 다른 사람을 객관적으로 판단하는 일이 아니다. 서로 하나 되는 일이다.

우리는 모든 겸손과 모든 온유로 행해야 한다. 자기 마음 내킬 때나 혹은 상대방에 따라서 가끔 겸손하거나 가끔 온유한 것으로는 모자라다. 늘 겸손하고 늘 온유해야 한다. 또 오래 참음으로 사랑 가운데서 서로 용납해야 한다. 모질게 마음먹고 잠깐만 참으면 되는 것이 아니다. 오래 참아야 한다. 참아야 할 상황이 상당 기간 지속된다는 뜻이다. 즉 상대방에게 도무지 용납하기 힘든 문제가 꾸준히 있음에도 불구하고 사랑 가운데서 그를 용납해야 한다. 또 성령이 하나 되게 하신 것을 힘써 지켜야 한다. 힘쓰지 않으면 지켜지지 않는다. 하나 되게 하신 것을 지키는 것이 그만큼 어렵다. 우리의 지성과 이성, 감성은 늘 성령이 하나 되게 하신 것을 깨는 쪽으로 작용한다. 자기 마음에 안 들면 으레 "저 사람 빼", "그냥 잘라", "우리끼리 해"라고 한다. 그런 것을 하지 말아야 한다.

이런 것을 교회에서 연습해야 한다. 물론 신앙은 범사에 나타나야 한다. 하지만 교회에서도 못하는 것을 교회 밖에서 할 수는 없다. 이웃도 사랑하지 못하는 사람이 원수를 사랑할 수는 없는 것 아닌가? 우리는 원수까지도 넉넉히 포용해야 하는데 그렇게 하기 위해서 우선 이웃과 하나 되는 것을 연습해야 한다.

우상 제물을 먹는 것이 무슨 잘못일까? 잘못이 있다면 우상이 아무것도 아닌 것을 모르는 사람에게 있을 뿐이다. 그렇다고 해서 공공연하게 우상 제물을 먹으면 교회에 문제가 생긴다. 자기에게는 아무런 잘못이 없는데 그 사실 때문에 문제가 생기면 그것이 누구 잘못일까?

14:16〉 그러므로 너희의 선한 것이 비방을 받지 않게 하라

세상에서는 선악을 따져서 선에 속하기만 하면 된다. 선한 것을 비방하는 사람은 나쁜 사람이다. 교회에서는 그렇지 않다. 선하기만 하면 되는 것이 아니라 자기의 선한 것이 다른 사람의 신앙을 방해하지 않는지도 따져야 한다.

교회에서 제일 실력 없는 사람이 남이 틀린 꼴을 못 보는 사람이다. "난 목에 칼이 들어와도 할 말은 해", "내 눈에 흙이 들어가기 전에는 그 꼴 못 봐"라고 하는 사람이다. 그러면 가장 실력 있는 사람은 자기가 대신 틀려서 남이 틀린 것을 감춰주는 사람이다. 주님이 그렇게 하셨다. 죄는 우리가 졌는데 죗값은 주님이 치르셨다. 그렇게 하는 것이 센 것이다. 아무나 못하는 일이다.

예전에 어떤 초등학생이 쓴 〈아빠는 왜〉라는 시가 인터넷에 떠돌았던 적이 있다.

엄마가 있어 좋다.
나를 이뻐해 주어서

냉장고가 있어 좋다.
나에게 먹을 것을 주어서

강아지가 있어 좋다.
나랑 놀아주어서

아빠는 왜 있는지 모르겠다.

이 시를 쓴 초등학생이 몇 학년인지는 모른다. 어쨌든 그 초등학생에게는 아빠가 냉장고나 강아지만도 못한 존재였다.

비슷한 일이 우리에게 있을 수 있다. 극장이 있어서 좋고 커피숍이 있어서 좋고 백화점이 있어서 좋은데 교회는 왜 있는지 모르겠다고 푸념할 수 있다. 하지만 그보다 더 중요한 사실이 있다. 교회 다닌다는 사실이 우리에게 도움이 안 되는 것이 문제가 아니라 우리가 교회에 도움이 안 될 수 있다는 사실이다.

아빠는 대체 왜 있는지 모르겠다는 초등학생의 불평은 그가 어린 탓이다. 아빠가 있어야 자기가 태어날 수 있고, 아빠가 있어야 냉장고에 먹을 것을 채울 수 있고, 강아지도 기를 수 있는 것을 몰라서 그렇다. 하지만 주님으로부터 "넌 대체 교회에 왜 다니는지 모르겠다"라는 말을 듣는 것은 상상만 해도 끔찍하다. 그런 일은 없어야 한다. 우리의 존재 자체가 교회의 유익이어야 한다.

14:17〉 하나님의 나라는 먹는 것과 마시는 것이 아니요 오직 성령 안에 있는 의와 평강과 희락이라

14장은 우상 제물에 대한 내용이다. 본문 역시 그렇다. 자칫 문맥을 놓치면 "하나님의 나라는 먹고 마시는 것처럼 육신에 속한 문제를 따지는 곳이 아니다. 신령하고 거룩한 문제를 논하는 곳이다."라는 뜻으로 오해할 수 있다. 그렇다면 굳이 의와 평강과 희락을 말할 이유가 없다. "하나님 나라는 믿음과 소망과 사랑이다"라고 해도 되고 "하나님 나라는 기도와 말씀과 찬양이다"라고 해도 된다. 그러면 설교자들이 거기에 맞게 말을 만들어서 열심히 설명할 것이다.

각설하고, 하나님의 나라는 먹는 것과 마시는 것이 아니다. 이 말을 뒤집으면 세상 나라는 먹는 것과 마시는 것이라는 뜻이다. "세상 사람들은 육신에 속한 문제에 몰두한다. 세상에서 잘 먹고 잘사는 것에 절대 가치를 둔다."라는 뜻이 아니다. 지금 우상 제물 문제를 다루는 중이다. 신앙은 우상 제물을 먹었느냐, 먹지 않았느냐로 따지는 것이 아니다. 하지만 세상에서는 늘 그렇게 따진다. "돈을 벌었느냐, 못 벌었느냐?", "취직을 했느냐, 못 했느냐?", "원하는 것을 얻었느냐, 못 얻었느냐?" 등이 사람을 평가하는 기준이다. 만일 그런 식으로 따지면 "우상 제물을 먹었느냐, 안 먹었느냐?"로 시작해서 "기도를 했느냐, 안 했느냐?", "성경을 읽었느냐, 안 읽었느냐?", "봉사를 했느냐, 안 했느냐?" 등으로 신앙을 따져야 한다.

신앙의 고갱이는 그런 것이 아니다. 신앙을 종교 행위로 따지는 것은 너무 편협하다. 적어도 신앙이 있으면 새로운 가치관이 있어야 하는데 본문은 그것을 의와 평강과 희락이라고 한다.

가장 먼저 확인해야 할 것이 의다. 예수를 믿는 사람은 옳고 그른 것을 제대로 분별해서 옳은 것을 하고 옳지 않은 것은 하지 말아야 한다. 하지만 이것이 전부라면 그리 복잡할 것이 없다. "우상 제물을 먹는 것은 아무 문제없는 일이다. 누가 뭐라고 해도 나는 먹겠다."라고 하면 된다. 그래서 평강으로 이어진다. 자기가 옳은 것이 평강에 일조하고 있는지 따져야 한다. 의가 평강과 손을 잡지 않으면 독선이 될 우려가 있다.

교회에서 마음 상하는 일이 생겼다고 하자. 신앙이 미숙한 사람은 "기분 나빠서 교회 안 가"라고 할 수 있다. 그보다 조금 성숙한 사람은 "기분은 나쁘지만 교회는 가야지"라고 할 것이다. 그보다 더 성숙한 사람은 "이런 일로 기분 나빠 하는 것이 옳은 일인가?"를 생각할 것이다. 요컨대 자기의 감정이 신앙에 영향을 미치는 것이 아니라 신앙으로 감정을 통제해야 한다.

사람과 사람이 모였으니 옳은 사람도 있고 틀린 사람도 있을 수 있다. 이때 옳은 사람은 옳지 않은 사람한테 언성을 높일 자격이 있는 사람이 아니다. 평강을 확인할 책임이 있는 사람이다. 자기가 옳은 것이 전부가 아니기 때문이다.

또 성경은 의와 평강에 이어서 희락을 얘기한다. 희락은 대상이 있어야 한다. 대체 무엇을 기뻐해야 하고 무엇을 즐거워해야 할까? 사람들이 좋아하는 것은 남보다 잘난 것을 확인하는 것이다. 희락은 거기에 대조되는 개념이다. 자기가 남보다 잘났다는 이유로 우쭐대는 것이 아니라 남이 잘된 것을 기뻐하는 것이다.

예수님이 말씀하신 비유 중에 잃은 양의 비유가 있다. 목자는 길을 잃지 않고 양이 길을 잃었다. 옳고 그른 것만 따지면 목자가 옳다. 하지만 목자는 자기가 옳은 것을 즐기지 않고 양을 찾아 나선다. 양과의 평강을 도모한다. 그리고 양을 찾으면 기뻐한다. 구원 얻은 것은 양인데 오히려 목자가 기뻐한다. 이것이 희락이다.

잠깐 성경에 없는 상상을 해보자. 그 양이 어떤 양이었을까? 아마 평소에도 늘 말썽 부리는 양이었을 것이다. 그런 양은 없는 것이 속 편할 수 있다. 그런데도 기꺼이 찾아 나섰다. 양을 찾아오면서 중얼거렸을 것이다. "속은 내가 상할 테니까 살기는 네가 살아라." 길 잃은 양을 찾아왔다고 해서 목자 말을 잘 듣는 착한 양이 된다는 보장이 없다. 보나마나 또 말썽을 부릴 것이고 어쩌면 일주일 후에 다시 찾아 나서야 할 수도 있다. 그런 일을 감수하기로 하고 찾아온다. 양을 살리려면 목자가 속을 썩어야 한다. 그리고 목자는 그 속에서 기쁨을 느낀다.

술 먹는 재미보다 예수 믿는 재미가 더 크면 술이 끊어진다고 한다. 예수를 믿는다고 하면서 술을 끊지 못하는 사람은 아직 예수 믿는 재미를 모르기 때문이라는 뜻이다. 설마 술에만 국한될까? 예수를 믿는다고 하면서 세상 재미를 탐닉하는 사람은 아직 예수 안에서 얻어지는 희락을 모르는 사람이다. 세상이 주는 재미에도 물론 즐거움이 있다. 하지만 예수 안에서 얻어지는 희락과 비교할 수는 없다.

하나님의 나라는 오직 성령 안에서 의와 평강과 희락이다. 일찍이 토저

목사가 한 말이 있다. "너희가 하나님을 만난 증거를 대보라. 하나님을 만나서 너희의 무엇이 변화되었느냐? 우리 속에 하나님이 계시면 나도 알고 하나님도 알고 불신자도 안다." 우리는 하나님을 만난 증거를 자신 있게 댈 수 있어야 한다. 아니, 우리가 증거를 대기 전에 불신자가 먼저 알아차릴 것이다. 그것이 우리의 의와 평강과 희락이다.

14:18〉 **이로써 그리스도를 섬기는 자는 하나님을 기쁘시게 하며 사람에게도 칭찬을 받느니라**

뭔가 이상하다. 나는 교회에 다닌다는 이유로 칭찬은 고사하고 늘 야단만 맞았다. 성경책을 빼앗긴 것만 세 차례다. 집에서만 그런 것이 아니다. 직장 생활을 할 적에는 회식 때마다 술 마시는 문제로 눈총을 받았다. 세상은 우리에게 있는 신앙을 절대 칭찬하지 않는다.

'이로써'에 답이 있다. 앞에 있는 내용과 연결하면 성령 안에 있는 의와 평강과 희락으로써 그리스도를 섬기는 사람은 하나님을 기쁘시게 하며 사람에게도 칭찬을 받는다는 뜻이 된다.

그러면 어떤 사람은 하나님을 기쁘시게 하지도 못하고 사람에게 칭찬도 못 받을까? 하나님의 나라는 먹는 것과 마시는 것이 아니라고 했으니까 먹는 것과 마시는 것으로 그리스도를 섬기는 사람이 바로 그렇다.

우상 제물을 먹는다는 얘기는 그 우상을 섬긴다는 뜻이다. 그런데 우상은 본래 존재하지 않는다. 그러면 의도적으로라도 우상 제물을 먹어서 우상은 아무것도 아니라는 사실을 알려야 한다. 그런 사람에게는 우상 제물을 먹는 것이 신앙이다. 하지만 전부 그런 생각을 하는 것이 아니다. 사람에 따라서는 "어떻게 믿는 사람이 우상 제물을 먹느냐?"라는 생각을 할 수도 있다. 그런 사람은 우상 제물을 먹지 않는 것이 신앙이다. 결국 먹는 것과 마시는 것으로 그리스도를 섬긴다는 얘기는 특정 종교 행위로 그리스도를 섬긴다는 뜻이다.

우상 제물을 먹는 사람은 먹지 않는 사람을 정죄하고 우상 제물을 먹지 않는 사람은 먹는 사람을 정죄한다면 신앙이 무엇인지 모르는 소치다. 하지만 이 말은 그리 단순하지 않다. 우상 제물을 먹는 사람은 그것이 신앙적으로 옳다고 판단했기 때문이다. 우상 제물을 먹지 않는 사람도 신앙적인 판단 때문이다. 행위의 동기는 분명히 신앙적이었는데 불신앙으로 귀결되는 일이 얼마든지 있다. 하나님의 나라는 먹는 것과 마시는 것이 아니라 오직 성령 안에 있는 의와 평강과 희락이라는 사실을 몰라서 그렇다. 의와 평강과 희락으로 그리스도를 섬기는 사람은 하나님을 기쁘시게 하며 또 사람에게도 칭찬을 받는다.

그리스도를 섬긴다는 얘기를 일반적인 표현으로 바꾸면 "예수를 믿는다"가 된다. 그러면 예수를 믿는 사람과 그리스도를 섬기는 사람이 정말 같은 사람일까?

배우자 선택 기준을 말하면서 직업의 유무만을 따지는 사람은 없다. 장래성과 연봉도 같이 따진다. 눈, 코, 귀, 입이 있는지, 없는지를 보지 않고 어느 만큼 잘생겼는지를 본다. 한글을 깨쳤는지 여부를 보지 않고 학벌을 본다. 그런데 유독 신앙을 얘기할 때는 신앙이 있는지 없는지만 말한다. 다른 모든 조건은 '어느 만큼'을 얘기하면서 신앙은 유무를 얘기하는 이유가 무엇일까? 신앙을 따지는 기준이 그만큼 옹색하다. 믿으면 합격이고 믿지 않으면 불합격이라는 생각만 있지, 신앙을 어느 만큼 풍성하게 가꾸느냐 하는 쪽으로는 관심이 없다.

신앙이 옹색하면 할 줄 아는 것이 옳고 그른 것을 따지는 것뿐이게 된다. 초등학교 저학년일수록 고자질을 많이 하는 것과 흡사하다. "선생님! 재, 틀렸어요."를 말하는 이유는 "저는 안 틀렸어요"를 말하고 싶은 것이다. 그러면 기독교의 가치는 어디 있을까? 기독교는 옳은 사람은 상 주고 틀린 사람은 벌 주는 종교가 아니다. 틀린 사람을 옳은 사람으로 만드는 종교다. 예수님이 그렇게 하셨다.

친구 중에 러시아 우수리스크에서 사역하다 목숨을 잃은 선교사가 있다. 사모님이 남편 무덤이 있는 곳에 자기도 묻힌다면서 현지에 남아 계속 사역했는데 얼마 전에 그 소망이 이루어졌다. 평소 바람대로 남편 무덤 옆에 나란히 묻혔다.

그 친구 묘비에 이렇게 쓰여 있다.

이 땅의 사람들을 사랑하러 와서
이 땅의 사람들을 사랑하다
이 땅의 사람에 의해 죽임을 당하고
한 알의 밀알로 여기 묻히다

기독교 역사에 순교가 있는 이유가 무엇일까? 우리의 삶이 이 세상에서 끝나지 않고 다음 세상으로 이어지기 때문이다. 사람들은 목숨을 가장 귀한 것으로 여긴다. 하지만 우리는 그런 목숨을 잃어도 손해가 아닌 '그 어떤 것'이 있는 사람들이다. 목숨도 문제가 안 되는데 자기가 옳거나 그르다고 생각하는 문제가 뭐 그리 대단할까? 비록 자기가 옳지만 틀린 사람으로 대접받고 상대방이 옳은 자리에 갈 수 있다면 기꺼이 그렇게 하기로 작정해야 한다. 주님이 그렇게 하셨다.

14:19-20〉 **그러므로 우리가 화평의 일과 서로 덕을 세우는 일을 힘쓰나니 음식으로 말미암아 하나님의 사업을 무너지게 하지 말라 만물이 다 깨끗하되 거리낌으로 먹는 사람에게는 악한 것이라**

우리는 화평의 일과 서로 덕을 세우는 일에 힘을 쓰는 사람들이다. 자기가 얼마나 잘난 사람인지 증명하는 일에는 힘을 쓰지 않는다. 덕을 세운다는 얘기는 본래 집을 짓는다는 의미다. 집을 지으려면 기둥이나 벽만 있으면 안 된다. 기둥은 기둥대로, 벽은 벽대로, 지붕은 지붕대로, 창틀은 창틀대로 자기 역할을 감당해야 한다. 요컨대 신앙은 함께 가는 것이다.

우리나라 최초의 장로교회가 1887년 9월 27일에 언더우드 선교사의 사랑방에서 시작된 정동장로교회(지금의 새문안교회)다. 그로부터 6년 후인 1893년에 사무엘 무어 선교사가 두 번째 장로교회인 곤당골교회를 세웠다. 16명의 교인으로 시작해서 첫 해에 43명이 모일 정도로 빠르게 성장했다.

이름도 없이 성만 '박씨'라고 알려진 백정이 있었다. 곤당골교회에 다니면서 세례를 받게 되었고, 세례를 받으려니 이름이 필요해서 '성춘'으로 지었다. 그러자 대부분 양반으로 구성된 곤당골교회에 소란이 일어났다. 어떻게 백정과 함께 예배를 드리느냐는 것이었다. 백번 양보해서 백정과 함께 예배를 드리더라도 예배당 앞쪽에 따로 자리를 마련해 달라고 했다. 그런데 사무엘 무어 선교사가 거절했다. 그러자 곤당골교회를 나가 양반들만으로 구성된 홍문동교회를 세웠다.

시간이 지날수록 곤당골교회는 부흥하고 홍문동교회는 위축되었다. 설상가상으로 화재가 발생했다. 결국 3년 후인 1898년에 두 교회를 합쳤다. 1905년 8월에 예배당을 인사동으로 옮겼는데 지금의 승동교회다.

몇 년 후에 또 분란이 일어났다. 1911년에 장로 투표를 했는데 박성춘이 양반들을 제치고 초대 장로가 된 것이다. 반발한 양반들이 따로 교회를 세웠다. 지금의 안동교회다.

자기가 양반이라는 사실이 교회를 깰 만큼 중요할까? 물론 100년 전이기 때문에 이해의 여지는 있다. 그들에게는 그 문제가 신앙을 걸 만큼 중요했다. 그 일로 인해서 교회를 등진 것이 아니라 교회를 따로 세웠다. 하나님도 자기들의 입장을 이해할 줄 알았다는 뜻이다.

어쩌면 우리가 겪는 문제가 그럴 수 있다. 자기에게만 심각할 뿐 다른 사람 보기에는 시답지 않은 문제일 수도 있고, 지금 당장만 심각할 뿐 조금만 지나면 흐지부지 되는 문제일 수도 있다. 그래서 20절에서 "음식으로 말미암아 하나님의 사업을 무너지게 하지 말라"라고 한다. "우상 제물을 먹느냐, 마느냐?", "네가 옳으냐, 내가 옳으냐?" 하고 시시비비를 가리는 문제로 하나님의 일을 방해하면 안 된다.

주후 668년에 고구려가 망했다. 생각하면 허망한 감이 없지 않다. 수나라가 4차에 걸쳐서 고구려를 침공했지만 실패했다. 수나라에 이어 등장한 당나라도 주후 644년에 고구려를 침공했다가 안시성을 넘지 못하고 결국 후퇴했다. 그런데 불과 20여 년 만에 나라가 망하고 말았다.

고구려 멸망의 가장 큰 원인은 내부 분열이다. 고구려의 실권을 장악했던 연개소문이 죽은 다음의 일이다. 연개소문에게는 남생, 남건, 남산이라는 세 아들이 있었는데 장자 남생이 아버지를 이어 대막리지가 되었다. 그러자 두 동생이 반기를 들었다. 남생이 지방 시찰을 떠난 사이에 남생의 아들을 죽이고 동생 남건이 대막리지 자리에 올랐다. 이에 격노한 남생이 두 동생을 응징하기 위해서 당나라의 힘을 빌린다. 스스로 고구려 침공의 향도가 되었다. 연개소문이 죽은 지 불과 한 달만의 일이다.

무엇이 본질적인 문제이고 무엇이 부수적인 문제일까? 본문은 음식으로 인하여 하나님의 사업을 무너지게 말라고 한다. 남생에게 적용하면 개인 원한 때문에 나라를 망치지 말라는 얘기가 된다. 사소한 문제로 궁극적인 문제를 놓치면 안 된다.

동생이 자기 아들을 죽이고 자기 자리를 빼앗은 것이 어떻게 사소한 일일까? 남생에게는 절대 사소한 일이 아니다. 하지만 제삼자가 보기에는 사소한 일이 맞다. 적어도 나라를 팔 사유는 되지 않는다.

물론 우리 중에 나라를 팔아먹을 사람은 없다. 하지만 다른 사람의 신앙을 방해하는 실수를 범할 사람도 없다고 단언하지는 못한다. 사람들은 자기의 불신앙이 드러날 때마다 "이런 경우라면 별수 없지 않으냐?"라고 한다. 이때의 이런 경우는 도저히 양보하기 싫은 자기 입장이 걸려 있는 경우다.

100년 전 안동교회 교인들은 양반 체면을 자기가 속한 교회보다 더 귀하게 여겼다. 고구려의 남생은 자기의 원한을 조국보다 더 크게 생각했다. 그리고 본문은 음식보다 하나님의 사업이 더 중요하다고 말한다. 식도락보다 신앙이 중요하다는 뜻이 아니다. 자기가 옳다고 인정받는 것보다 하나님의 나라가 더 중요하다는 뜻이다. 우리가 화평의 일과 서로 덕을 세우는 일에 힘써야 하는 사람들이기 때문이다.

이런 원칙은 전도할 때 가장 잘 나타난다. 주변에 예수 믿지 않는 친구가 있으면 "나는 예수 믿는데 너는 왜 안 믿느냐? 내가 옳고 너는 틀렸다."라는 식으로 비방하지 않는다. 그 친구를 교회에 데려오기 위해서 갖은 애를 다 쓴다. 밥을 사주면 교회 온다거나 영화 보여주면 교회 온다고 하면 기꺼이 그렇게 할 것이다. 한 사람을 교회 안에서 바로 세우기 위해서라면 무엇이든지 할 수 있다. 그런 원칙을 범사에 적용해야 한다. 우리가 그렇게 하면 하나님을 기쁘시게 해드릴 수도 있고 사람에게 칭찬도 받을 수 있다.

본문은 "만물이 다 깨끗하되 거리낌으로 먹는 사람에게는 악한 것이라"로 끝난다. 거리낌으로 먹는 사람이 어떤 사람일까? 자기가 우상 제물을 먹으면 남에게 안 좋은 영향이 미친다는 사실을 알면서도 먹는 사람이다. 본래 우상 제물은 악하지 않다. 하지만 그런 사람에게는 악하다. 예컨대 "이러면 안 되는데…"라고 생각하면서 하는 것은 악하다는 뜻이다. 비근한 예로 어떤 말을 할 때 "이런 말을 하면 안 되는 줄 알지만…"으로 시작하는 경우가 있다. 그런 말은 안 하면 된다. 안 되는 줄 알면서 왜 한단 말인가?

"인간은 원죄 가운데 태어났음에도 불구하고 무엇이 정의인지 안다. 하지만 그것을 실천하는 과정에 이해관계가 개입되면 정의는 여지없이 무너지고 만다." 파스칼이 한 말이다. 우리가 늘 체험하는 내용이기도 하다. 그리고 성경은 그것을 악하다고 한다.

14:21-23〉 **고기도 먹지 아니하고 포도주도 마시지 아니하고 무엇이든지 네 형제로 거리끼게 하는 일을 아니함이 아름다우니라 …(중략)… 이는 믿음을 따라 하지 아니하였기 때문이라 믿음을 따라 하지 아니하는 것은 다 죄니라**

14장의 결론이다. 믿음을 따라 하지 아니하는 것은 다 죄라고 했으니 요컨대 믿음을 따라 해야 한다. 교회에서 가장 강조하는 것이 믿음이니 이런 말은 무조건 설득력을 갖는다. "믿어! 믿으면 되는데 왜 그렇게 믿음이 없어?"라고 하면, 유구무언이 된다. 믿음이 만병통치약 같다.

하지만 그런 내용이 아니다. 21절에서 "고기도 먹지 아니하고 포도주도 마시지 아니하고 무엇이든지 네 형제로 거리끼게 하는 일을 아니함이 아름다우니라"라고 했다. 고기를 먹을 수 있느냐 없느냐, 포도주를 마실 수 있느냐 없느냐가 문제가 아니다. 형제를 거리끼게 하지 않는 것이 중요하다. 결국 믿음을 따라 하지 아니하는 것이 다 죄라고 하는 얘기는 믿음이 있느냐 없느냐에 대한 얘기가 아니다. 형제를 거리끼게 하는 일을 하느냐, 하지 않느냐에 대한 얘기다. 형제를 거리끼게 하는 일(다른 사람의 신앙을 방해하는 일)은 다 죄다.

부교역자 시절, 예배 때 교인들을 안내하기 위해서 맨 뒤에 따로 앉았다. 당시 나는 예배 중에 성경을 보지 않았다. 대부분의 본문을 암송할 수 있었으니 사회자가 성경을 봉독할 때 속으로 암송하면서 뜻을 음미하는 것이 더 좋았다.

하지만 항상 그렇게 한 것은 아니다. 간혹 늦게 온 교인이 옆에 앉는 수가 있다. 그러면 성경을 찾아보았다. 가만히 앉아 있으면 그 교인에게 상처가 될 수 있기 때문이다. "강목사는 예배 중에 성경도 안 보더라"라는 말이 나오면 그다음에는 "교회에서 성경 읽으라고 아무리 얘기해도 말짱 헛소리야. 목사도 안 읽는 성경을 누가 읽어?"라는 말이 나올 것이다.

22절에서 "네게 있는 믿음을 하나님 앞에서 스스로 가지고 있으라"가 그런 얘기다. 우리는 우리 믿음을 거울 앞에서 갖고 있으면 안 된다. 자기 믿음을 자기 스스로 확인할 것이 아니라 하나님 앞에서 확인받아야 한다. 21절과 연결하면 하나님 앞에서 형제를 거리끼게 하는 일은 하지 말아야 한다. 자기가 옳다 하는 바로 자기를 정죄하지 않는 사람은 복이 있다. 자기가 옳은 것이 전부가 아니다. 그 '옳은 것'이 자책 대상이 되면 안 된다.

나는 예배 때 성경을 보는 것보다 인도자가 읽는 것을 들으며 속으로 암송하는 것이 좋았다. 하지만 예수는 나 혼자 믿는 것이 아니다. 다른 사람에게 미칠 영향을 고려해야 한다. 23절에서 "의심하고 먹는 자는 정죄되었나니 이는 믿음을 따라 하지 아니하였기 때문이라"가 그런 뜻이다. "내가 이러면 다른 사람 신앙에 안 좋은 영향을 미칠 텐데…"라는 생각을 하면서도 그렇게 하면 잘못이다.

우상 제물을 먹는 것이 신앙적으로 옳다는 생각을 가진 사람이 있다. 그런데 우상 제물을 먹는 것이 옳지 않다는 생각을 가진 사람도 있다. "무엇이든지 네 형제로 거리끼게 하는 일을 아니함이 아름다우니라"라고 했으니 그런 경우에는 먹지 않으면 된다. "우상 제물을 먹는 것은 아무 문제가 없다. 설령 그것 때문에 상처를 받는 사람이 있어도 그것은 그 사람 책임이다."라고 하는 것은 옳지 않다. "믿음을 따라 하지 아니하는 것은 다 죄니라"라는 말이 그래서 나왔다. 자기가 아무리 옳아도 형제를 거리끼게 하는 것은 죄다.

우리가 믿는 기독교는 자기가 얼마나 잘났는지를 따지는 종교가 아니다. 자기로 인하여 얼마나 선한 영향력이 파급되는지를 따지는 종교다. 자기만 완전무결하면 되는 것이 아니라 자기로 인하여 나아지는 사람이 있어야 한다.

예수님은 완전무결하신 분이다. 완전무결하실 뿐만 아니라 전지전능하신 하나님이다. 그런 예수님이 우리에게 아무것도 해주시지 않는다면 우리 중에 누가 신자가 되겠는가? 예수님이 십자가를 지기 위하여 이 땅에 내려오신 것이 아니라 하나님 보좌 우편에 앉아 계신 채로 이 세상을 향하여 "뭐하고 있느냐? 얼른 너희끼리 죄를 해결하고 올라오너라."라고 했으면 우리 중에 누가 이 자리에 있을 수 있겠는가?

예수님은 돌로 떡을 만들 수 있는 분이다. 그런 능력으로 오병이어의 기적을 행하기도 했다. 하지만 얘기를 바꿔보자. 벳새다 광야에서의 일이다.

스무 살 넘는 남자만 오천 명이나 모여 있었다. 저녁이 되자, 전부 배가 고팠다. 그런데 예수님이 혼자만 돌로 떡을 만들어서 먹은 다음에 굶주린 백성들에게 "왜들 그러고 있느냐? 내가 하는 걸 잘 보고 너희도 돌로 떡을 만들어서 배를 채우도록 해라."라고 하는 것이 상상이 되는가?

"마누라 자랑하면 팔불출"이라는 말이 있다. 연산군 때 생긴 말이다. 연산군은 엽색행각이 대단했다. 채홍사 제도를 두어서 전국의 미녀를 징발하고 심지어 신하의 부인까지 건드렸다. 그런 마당이니 "아무개 대감 부인의 미색이 뛰어나다더라"라는 말이 나돌면 큰일 난다. 마누라 자랑은 팔불출이나 하는 짓이다.

뭔가 이상하다. 연산군이 죽은 것은 500년도 더 지난 옛날이야기다. 그러면 그 말도 없어져야 하는 것 아닐까?

어떤 사람이 자기 아내를 자랑한다고 하자. 그 말을 듣던 사람이 "어허, 이 사람! 마누라 자랑은 팔불출이나 하는 거야."라고 할 수 있다. 그러면 "무슨 소리야? 그 얘기는 연산군 시대나 하던 얘기야. 이제는 얼마든지 할 수 있어."라고 해야 하는 것 아닐까? 그런데 지금도 마누라 자랑을 하면 팔불출이라고 한다. 마누라 자랑을 하면 후환이 있느냐, 없느냐가 문제가 아니다. 그 말에 사람들이 심정적으로 동의한다는 뜻이다. 요컨대 남의 자랑이 듣기 싫은 것이다.

사람들은 주변에 자기보다 잘난 사람이 있는 꼴을 못 봐준다. 그것이 우리가 사는 세상 풍조다. 자기보다 잘난 사람이 있으면 다리를 걸어서라도 넘어뜨려야 하고, 자기보다 못난 사람이 있으면 철저하게 그 사실을 들춰야 한다. 세상에서는 무엇이든지 경쟁을 통해서 얻기 때문이다.

그런데 성경은 정반대의 요구를 한다. 우리보다 못한 사람이 있을 때 그 사람을 우리 자리로 끌어올리기 위해서 대신 그 사람의 자리로 내려가라는 것이다. 예수님이 그렇게 하셨다. 죄는 우리에게만 있다. 예수님은 죄가 없으시다. 그런데 예수님은 한 번도 자신의 죄 없음을 내세운 적이 없다. 오히려 스스로 십자가를 지셨다. 성경이 우리에게 그 요구를 한다. "정말로 예수님을 구주로 고백하느냐? 그러면 그 예수님을 따라야 할 것 아니냐?"라는 뜻이다.

우리 중에 예수님의 십자가로 구원 얻었다는 사실을 모르는 사람은 없다. 그런데 그 십자가를 자기에게도 적용시켜야 한다는 사실은 모르는 것 같다. 예수님만 십자가를 질 것이 아니라 우리도 십자가를 져야 한다. 의인이 죄인처럼 죽으면 죄인이 의인처럼 살 수 있다. 이것이 십자가가 우리에게 보여주는 내용이다. 이제는 우리 차례다. 옳은 사람이 틀린 사람의 자리에 내려가면 틀린 사람이 옳은 사람의 자리로 올라올 수 있다. 옳은 사람이 계속 자기주장을 하면 틀린 사람은 갈 데가 없다. 그러면 그곳은 더 이상 교회가 아니다.

우리는 주님의 이름으로 함께 모였다. 우리가 모인 곳에서는 마땅히 주님의 이름에 어울리는 일들이 일어나야 한다. 주님의 이름에 어울리는 일을 하는 사람이 예수 믿는 사람이다.

15장 소망의 하나님

15:1-3〉 믿음이 강한 우리는 마땅히 믿음이 약한 자의 약점을 담당하고 자기를 기쁘게 하지 아니할 것이라 …(중략)… 기록된 바 주를 비방하는 자들의 비방이 내게 미쳤나이다 함과 같으니라

믿음은 눈에 보이지 않는다. 그래서 믿음 자체로 확인되는 것이 아니라 행위를 통해서 확인된다. 본문에서는 약한 자의 약점을 담당하고 자기를 기쁘게 하지 않는 것으로 믿음을 말한다. 믿음이 있는 사람이 어떤 사람이냐 하면, 약한 자의 약점을 담당하고 자기를 기쁘게 하지 않는 사람이다. 약한 자의 약점을 담당할 줄 모르고 자기를 기쁘게 하는 데에만 관심이 있는 사람은 믿음이 없는 사람이다.

내가 어렸을 적에는 길에서 거지를 보는 것이 흔한 일이었다. 거지가 보일 때마다 어머니가 말했다. "공부 열심히 안 하면 너도 이다음에 저렇게 된다." 그 말이 참 듣기 싫었다. 기왕이면 "공부 열심히 해서 이다음에 저런 사람을 도와주는 사람이 되어라"라고 하는 것이 더 좋지 않았을까?

예수님이 이 땅에 오신 이유는 자기를 기쁘게 하기 위해서가 아니다. 만일 예수님이 예수님보다 못한 우리를 지적하면서 상대적인 우월감을 즐기려고 이 땅에 오셨다면 아무도 예수님을 구주로 고백하지 않을 것이다. 그런 예수님을 믿는 우리가 자기를 기쁘게 하기 위해서 살아간다면 신앙이 무슨 의미가 있을까?

성경은 "네 이웃을 네 몸처럼 사랑하라"라고 말한다. 팔이 부러지면 깁스를 한다. "이쪽 팔은 멀쩡한데 넌 왜 말썽이냐?" 하고 타박하지 않는다. 깁스를 해서 다 나을 때까지 목에 걸고 다닌다. 목은 가뜩이나 힘든 일을 하고 있다. 인체에서 가장 무거운 머리를 지탱하는 일이다. 그런데도 팔의 무게를 추가로 감당한다.

팔을 다치면 불편한 점이 한두 가지가 아니다. 세수를 하거나 머리를 감는 것도 불편하고 밥 먹을 때도 불편하고 책을 보는 것도 불편하다. 그 모든 불편을 묵묵히 감수한다. 자기 팔이기 때문이다. 그런 원칙을 이웃에게 적용해야 한다. 그렇게 해서 선을 이루고 덕을 세워야 한다.

예수님은 자신을 기쁘게 하기 위해서 세상에 오시지 않았다. 사람들을 기쁘게 하기 위해서 세상에 오셨다. 우리 역시 우리를 기쁘게 하기 위해서 존재하지 않는다. 그런데 문제가 있다. 세상 사람들이 구원이 선포된 것을 전혀 기뻐하지 않았다. 그런 것이 있는 줄도 몰랐다. 그래서 3절에서 "주를 비방하는 자들의 비방이 내게 미쳤나이다"라고 한다.

예수님이 십자가에 달릴 때 아무도 고맙다고 하지 않았다. 오히려 조롱했다. 예수님은 거기에 대해서 전혀 반응을 보이지 않았다. "아버지여 저들의 죄를 사하소서 저들은 자기가 하는 일을 알지 못하나이다"가 전부였다. "다른 것은 몰라도 이 일만큼은 못 참겠습니다. 제가 십자가를 지면 최소한 고마운 것은 알아야 하는 것 아닙니까?"라고 하지 않았다.

신앙생활이 어려운 이유가 여기에 있다. 강한 자가 약한 자의 약점을 담당하는 것이 가치 있는 일이라는 사실을 누가 모를까? 그런데 그렇게 해봐야 소용이 없어 보인다.

한 가지 알아야 할 사실이 있다. 소용이 있는지 없는지 누가 정할까? 자기가 어떤 선행을 했을 때 보상을 받으면 소용이 있고 받지 못하면 소용이 없을까? 그 선행이 자기를 기쁘게 하기 위한 것이었으면 소용없는 것이 맞다. 하지만 이웃을 기쁘게 하기 위한 것이었으면 자기가 받는 대접은 아무 상관이 없다.

예수님이 십자가에 달리신 이유가 사람들로부터 고맙다는 인사를 듣기 위한 것이었으면 헛수고를 하신 셈이다. 하지만 사람들을 구원하기 위한 것이었으면 절대 헛수고가 아니다. 예수님이 누리기 원했던 기쁨은 사람들로부터 고맙다는 인사를 받는 기쁨이 아니라 사람들이 구원을 얻었다는 사실로 인한 기쁨이었다.

이런 얘기는 별로 설득력이 없다. 그런 식으로 세상을 사는 사람이 어디 있느냐고 할 수도 있고 그렇게 살아봐야 누가 알아주느냐고 할 수도 있다.

세상 사람들이 전부 자기를 기쁘게 하기 위해서 사는데 우리만 이웃을 기쁘게 하기 위해서 살려면 감수해야 할 것이 너무 많다.

그럼 따져보자. 우리를 누가 평가할까? 혹시 세상이 우리를 평가하면 이웃을 기쁘게 하며 사는 것은 그다지 가치 있는 일이 못 된다. 하지만 하나님이 우리를 평가한다면 얘기가 달라진다. 우리 각 사람은 마땅히 이웃을 기쁘게 하는 인생을 살아야 한다. 이웃을 기쁘게 하는 것으로 우리의 기쁨을 삼을 수 있어야 한다. 예수님이 우리를 위하여 그렇게 하셨다. 그리고 하나님이 그것을 원하신다. 우리는 하나님의 평가를 받는 사람들이다.

15:4〉 무엇이든지 전에 기록된 바는 우리의 교훈을 위하여 기록된 것이니 우리로 하여금 인내로 또는 성경의 위로로 소망을 가지게 함이니라

바울이 살던 시대에는 신약이 없었다. 그때는 구약이 곧 성경이었다. "무엇이든지 전에 기록된 바는 우리의 교훈을 위하여 기록된 것이니"라고 했는데, '전에 기록된 바'가 성경을 말한다. 바울 당시에는 구약이었지만 우리한테는 신구약성경 전부다. 성경은 우리의 교훈을 위하여 기록되었다.

오래전의 일이다. 어떤 분이 "그거야 성경이니까 그렇지, 실제로 어디 그래?"라고 하는 말을 들은 적이 있다. 성경은 우리를 교훈하기 위해서 기록된 책이다. 그런데 그 분은 태연하게 교훈받기를 거절했다. 그러면 예수를 믿자는 얘기일까, 믿지 말자는 얘기일까? 아이들이 위인전을 읽는 이유는 꿈과 희망을 키우기 위해서다. 그런데 성경을 통해서 위인전만큼도 교훈을 얻지 못한다는 것이 말이 될까?

성경에 나오는 아브라함, 다윗, 엘리야, 바울이 우리의 영웅일까, 모델일까? 영웅은 흉내 낼 수 없지만 모델은 흉내 낼 수 있다. 영웅은 본받기 위한 대상이 아니라 칭송의 대상이다. 만일 성경에 등장하는 수두룩한 인물이 영웅이면 우리가 할 일은 그들을 칭송하는 일이다. 하지만 모델이면 그렇지 않다. 당연히 그들을 거울삼아서 우리의 신앙 진보를 이루어야 한다.

요셉에 대해서 이렇게 말하는 사람이 간혹 있다. "요셉이 옥에 갇혔지만 믿음을 잃지 않았다. 항상 하나님께 감사하는 마음을 가지고 살았다. 하나님이 그런 요셉에게 애굽의 총리가 되는 복을 주셨다. 우리가 고난 중에 있다면 요셉을 기억해야 한다. 믿음을 잃지 않으면 고난이 오히려 복이 된다."

이런 식의 말은 참 조심해야 한다. 맞는 말 같지만 성경에 없는 말이기 때문이다. 요셉이 옥에 갇힌 것도 맞고 옥에서 나온 다음에 애굽의 총리가 된 것도 맞다. 하지만 옥중에서도 믿음을 잃지 않고 하나님께 감사했다는 얘기는 성경에 없다. 그런데 왜 그런 말이 통하는가 하면 요셉이 특출한 사람이라는 선입견 때문이다. 그러면 옥에 갇히는 고난 중에 감사할 줄 모르는 평범한 사람은 요셉의 얘기를 들어도 별로 도움 될 것이 없다. 요셉이 하나님께 남다른 대접을 받은 것이라고 생각하면 그만이다.

요셉이 열일곱의 나이에 꿈을 꾼 적이 있다. 그 사실을 놓고 "요셉에게는 비전이 있었다. 비록 옥에 갇히는 몸이 되었지만 하나님이 주신 비전을 잃지 않고 살았다."라고 말하기도 한다. 하지만 천만의 말씀이다. 요셉이 옥

중에서도 비전을 잃지 않았다고 말할 아무런 근거가 없다.

오히려 반대의 내용이 있다. 요셉이 술 맡은 관원장과 떡 맡은 관원장의 꿈을 해몽한 적이 있는데 그때 술 맡은 관원장한테 '구명 로비'를 한다. 자기를 통하여 이루어질 하나님의 뜻에 대한 기대가 없었다는 뜻이다. 요셉의 유일한 소망은 옥에서 나가는 것이었다.

마침 요셉이 갇힌 옥이 왕의 죄수를 가두는 옥이었다. 요즘 말로 정치범 수용소였다. 강간미수범이 어떻게 해서 그런 옥에 갇히게 되었는지 모르지만 하여간 요셉은 숱한 정치범들과 같이 지내게 되었다. 정치범은 정치 빼고는 할 얘기가 없다. 요셉이 그런 분위기에서 지냈다. 그러면서 자기도 모르는 사이에 총리직을 수행할 만한 그릇이 된 것이다. 요셉은 눈물과 한숨으로 지냈을 뿐인데 그렇게 지내다 보니 '특별한 사람'으로 만들어졌다.

하나님이 요셉의 일생을 성경에 기록한 이유가 무엇일까? "요셉은 너희와 차원이 다른 사람이다. 너희는 모두 요셉을 보면서 감탄하도록 해라."라는 뜻이 아니다. "너희도 이와 같다. 요셉의 일생이 곧 너희의 일생이다."라는 뜻이다.

요셉은 아무것도 부족한 것 없이 자랐다. 어쩌면 우리 중에는 요셉의 어린 시절과 같은 기간을 보내는 사람이 있을 수 있다. 혹은 요셉이 보디발의 집에서 가정 총무를 하면서 지냈던 것과 같은 시절을 보내는 사람도 있을 수 있다. 어쩌면 옥에 갇혀서 아무런 소망도 없는 나날을 보내고 있는지도 모른다. 하지만 그 모든 기간이 요셉한테 필요한 과정이었던 것처럼 우리 인생에서도 같은 일이 일어날 것이다. 우리가 성경을 하나님 말씀으로 믿는다면 이런 내용을 통하여 마땅히 교훈을 얻을 수 있어야 한다.

먼저 유념해야 할 사실이 있다. 성경은 우리를 교훈하기 위해서 기록되었는데 어떻게 우리를 교훈하고 싶어 하느냐 하면, 우리에게 소망을 주고 싶어 한다. 우리가 성경을 통하여 얻을 것은 소망이다. 성경이 우리에게 주는 것이 현찰이 아닌 어음이라는 뜻이다.

15장 시작하면서 믿음이 약한 자의 약점을 담당하고 자기를 기쁘게 하지 말라고 했다. 그렇게 할 때 우리에게 주어지는 것이 현찰이 아닌 어음이다. 신앙생활이 어려운 이유가 여기에 있다. 우리가 신앙적인 선행을 할 때마다 보상이 주어지면 어려울 이유가 없다. 십일조 50만 원을 했더니 공돈 100만 원이 생기고, 신약성경을 1독했더니 주식이 두 배로 오르고, 쉬는 날 모처럼 마음잡고 교회 청소를 하고 집에 돌아갔더니 30평 아파트가 40평으로 바뀌어 있으면 누가 신앙에 힘쓰지 않겠는가? 그런데 그런 일은 일어나지 않는다. 그래서 '인내'와 함께 '위로'를 얘기한다. 우리에게 인내와 위로가 같이 필요하다.

인내가 필요하다는 얘기는 지금 닥친 현실이 어렵다는 뜻이다. 그것도 잠깐 지나가는 어려움이 아니라 상당 기간 지속되는 어려움이다. 어려움을 견딘다는 얘기는 단지 고통을 참는다는 뜻이 아니다. 목표를 이루기 위한 과정이다. 역기를 들면 근육이 생긴다. 이때의 역기는 가급적 빨리 모면해야 하는 고통이 아니다. 근육을 만들려면 필연적으로 감당해야 하는 무게다. 그 무게를 감당할수록 근육이 생긴다. 그것이 인내다. 그 인내가 결코 만만하지 않다. 그래서 위로가 필요하다.

15:5-6〉 이제 인내와 위로의 하나님이 너희로 그리스도 예수를 본받아 서로 뜻이 같게 하여 주사 한마음과 한입으로 하나님 곧 우리 주 예수 그리스도의 아버지께 영광을 돌리게 하려 하노라

우리는 예수님을 주로 고백한다. 예수님을 본받는 것이 신앙의 최고 이상일 수 있다. 그런데 본문은 그렇게 말하지 않는다. 예수님을 본받은 다음에 할 일이 있다고 한다. 서로 뜻이 같아져야 하고 그다음에 한마음과 한입으로 하나님께 영광을 돌려야 한다는 것이다.

교회에서는 늘 하나님께 영광 돌려야 한다는 말을 한다. 그런데 그냥 영광 돌리면 안 된다. 같은 마음으로 영광 돌려야 한다. 본문은 우리가 같은 마음을 가져야 한다는 사실을 굉장히 강조한다. 하나님께 영광을 돌리되 같은 마음으로 영광 돌려야 하고 같은 마음을 갖기 위해서 예수님을 본받아야 한다고 할 만큼 강조한다.

같은 마음을 가지려면 남보다 우월한 것을 즐기면 안 된다. 자기의 우월한 부분으로 남의 열등한 부분을 감싸줘야 한다. "나는 두 개 있는데 너는 왜 하나도 없느냐?"라고 할 것이 아니라 자기한테 있는 하나를 얼른 나눠줘서 같이 하나씩 가져야 한다.

신학생 시절에 볼링을 자주 쳤다. 하루는 한 친구가 말했다. "전도사들이 볼링을 치면 최소한 150 이상은 나와야 하나님이 영광 받으시지 않겠어?" 이런 농담이 가능한 이유가 무엇일까? 사람들은 자기의 잘난 모습을 드러내는 것이 하나님께 영광이라고 생각한다. 자녀가 일류대에 합격하거나 회사에서 남보다 먼저 진급을 하는 것을 하나님의 영광과 연결해서 말하는 경우가 왕왕 있다.

부교역자 시절에 마침 입시철이었는데 기도를 맡은 분이 "이번 입시에서 우리 교회 수험생들에게 큰 은혜 더하셔서 그 가정에는 기쁨이 되게 하시고 하나님께는 영광 돌리는 기회가 되게 하옵소서"라고 기도했다. 입시철만 되면 어느 교회에서나 들을 수 있는 기도 내용일 것이다.

만일 그 말이 맞다면 볼링을 쳐서 150 이상이 나오면 하나님이 영광 받으신다는 말도 맞는 말이 될 것이다. 하지만 하나님이 볼링 점수로 영광 받으시는 분이 아니면 그런 문제로도 영광 받지 않으신다. 그것은 어디까지나 자기한테 좋은 일이 있기를 바라는 마음을 종교성을 띈 표현으로 다듬은 것일 뿐이다.

15:7〉 그러므로 그리스도께서 우리를 받아 하나님께 영광을 돌리심과 같이 너희도 서로 받으라

예수님은 우리에 비해서 예수님이 얼마나 잘났는지 드러냄으로써 하나님께 영광 돌린 적이 없다. 오히려 그 반대다. 우리와 다른 분임에도 불구하고 기꺼이 우리처럼 되셨다. 그 일을 통하여 하나님께 영광 돌리셨다. 우리에게 과연 사랑받을 자격이 있는지, 우리를 위하여 십자가를 지면 우리가 얼마나 고마워할지, 나중에 우리가 예수님을 믿기는 믿을지 등은 따지지 않았다.

갈 6:9에 "우리가 선을 행하되 낙심하지 말지니 포기하지 아니하면 때가 이르매 거두리라"라는 말씀이 있다. 이런 말씀이 있는 이유가 무엇 때문일까? 선을 행하면 낙심할 우려가 있기 때문이다. 우리가 선을 행할 때마다 즉각적인 보상이 주어지면 아무도 낙심하지 않을 것이다. 하지만 아무리 선을 행해도 보상이 없으면 낙심할 수밖에 없다. "내가 괜한 헛수고를 하는 것이 아닌가?"라는 생각이 드는 것이 정상이다. 성경은 그것을 경계한다.

이 말을 뒤집으면 어떻게 될까? 어떤 일을 하다가 낙심된다는 얘기는 자기가 선을 행하고 있다는 반증이다. 자기 성질대로 세상을 살면 낙심할 기회도 없을 것이다. 하지만 성경의 요구를 따르면 낙심되는 것이 맞다. 그러면 낙심된다는 이유로 포기할 것이 아니라 "내가 하는 일이 옳기는 옳구나"라는 사실을 인식해서 더욱 열심내야 한다. 낙심을 이유로 실족할 것이 아니라 자기가 옳다는 사실을 확증해야 한다. 포기하지 않으면 때가 이르러 거둘 날이 있다.

믿음이 약한 자의 약점을 담당하고 자기를 기쁘게 하지 않는 일이 그렇고, 그리스도 예수를 본받아 서로 같은 뜻으로 하나님께 영광을 돌리는 일이 그렇고, 그리스도께서 우리를 받아 하나님께 영광을 돌리신 것처럼 우리도 서로 받는 일이 또한 그렇다. 분명히 낙심에서 낙심으로 이어지는 일이고 도무지 답이 없는 것처럼 보이는 일이다. 하지만 포기하지 않으면 때가 이르매 거둘 것이다. 하나님께서 그 일을 통하여 영광 받으실 것이다.

15:8-12〉 내가 말하노니 그리스도께서 하나님의 진실하심을 위하여 할례의 추종자가 되셨으니 …(중략)… 이새의 뿌리 곧 열방을 다스리기 위하여 일어나시는 이가 있으리니 열방이 그에게 소망을 두리라 하였느니라

할례는 하나님의 백성으로 살겠다는 서약을 몸에 새기는 의식이다. 예수님이 왜 그런 할례의 추종자가 되셨을까? 예수님은 하나님과 동등한 분이다. 할례 받은 백성들이 할례 받은 백성으로 살고 있는지 감독할 권리는 있을지언정 할례에 대한 의무는 없다. 그런데도 직접 할례를 받았을 뿐만 아니라 할례 받은 백성의 의무를 완벽하게 수행했다. 이스라엘을 향한 하나님의 약속이 어느 만큼 견고한지 보여주신 것이다. 하나님이 예수님을 통하여 "나는 내가 정한 규례를 지킨다. 너희도 꼭 지켜라."라고 말씀하셨다.

하나님의 그런 마음은 이방인이라고 해서 예외가 아니다. 9절에 "이방인들도 그 긍휼하심으로 말미암아 하나님께 영광을 돌리게 하려 하심이라"라고 했다. 예수님이 할례의 추종자가 되신 이유는 이스라엘을 긍휼히 여겼기 때문이다. 그리고 이방인들에 대해서도 같은 마음을 갖고 있다. 그들로 하여금 하나님께 영광을 돌리게 하려는 것이다.

그런 내용을 말하면서 9, 10, 11, 12절에서 계속 구약성경을 인용하는데 인용하는 구절마다 '열방'이 나온다. 모든 열방이 하나님을 찬미한다는 사실이 구약성경에 예언되어 있다. 네 차례나 반복해서 인용하는 것은 그만큼 강조하는 것이다. 결국 본문은 "예수님은 자기의 의무가 아닌 일을 기꺼이 감당했다. 그렇게 해서 하나님이 어떤 분인지 알리셨다. 또 이방인들에게도 같은 긍휼을 베푸셔서 그들로 하여금 하나님께 영광을 돌리게 하신다. 모든 열방이 하나님께 영광을 돌리게 된다는 사실은 구약성경 여러 곳에 예언된 내용이다."라는 내용을 말하고 있다.

하나님께 영광 돌린다는 표현은 교회에서 흔히 쓴다. 우리가 쓰는 단어 중에는 칭찬이 영광과 가장 흡사하다. 하나님을 칭찬한다는 것은 말이 안 되니까 영광 돌린다고 하는 것이다. 다섯 살 난 아이가 또박또박 글을 읽으면 "넌 정말 똑똑한 아이로구나"라고 할 수 있다. 그렇게 하는 것처럼 "과연 하나님이십니다. 하나님은 정말 놀라우신 분입니다."라고 하는 것이 하나님께 영광 돌리는 것이다. 우리는 마땅히 하나님께 영광 돌려야 하고, 하나님께 영광 돌릴 수 있기를 더 사모해야 한다. 우리만 하나님께 영광 돌리는 것으로는 부족하다. 우리를 통하여 다른 사람도 하나님께 영광 돌릴 수 있어야 한다.

요컨대 예수님의 모든 관심은 하나님의 영광이었다. 그 일을 위해서 기꺼이 할례의 추종자가 되셨다. 그리고 예수님으로 하여금 그렇게 할 수 있게 한 원동력이 긍휼이었다. 긍휼은 상대방의 자격이나 조건을 따지지 않을 수 있는 가장 적합한 용어다.

예전에 "하나님을 왜 믿어? 나한테는 돈이 하나님이야."라고 하는 말을 들은 적이 있다. 하나님을 모르기 때문이다. 적어도 신자라면 신앙 수준에 관계없이 그런 망발은 하지 않는다.

하나님의 영광을 드러내려면 먼저 하나님을 알게 해야 한다. 즉 사람들을 구원해야 한다. 그런데 자격이나 조건을 따지면 구원 얻을 수 있는 사람이 아무도 없다. 그래서 긍휼이 필요하다.

모세가 이스라엘을 인도하여 홍해를 건넜다. 당시 이스라엘은 20세 이상 남자만 60만 3,550명이었다. 그들 중에 누가 이스라엘을 인도하는 것이 가장 어울릴지 아무도 모른다. 하지만 가장 어울리지 않는 사람을 꼽으라면 단연 모세다.

> 그들의 말이 누가 너를 관리와 재판장으로 세웠느냐 하며 거절하던 그 모세를 하나님은 가시나무 떨기 가운데서 보이던 천사의 손으로 관리와 속량하는 자로서 보내셨으니 이 사람이 백성을 인도하여 나오게 하고 애굽과 홍해와 광야에서 사십 년간 기사와 표적을 행하였느니라(행 7:35-36)

스데반의 설교에 모세가 나온다. 하나님이 모세를 통하여 이스라엘을 구원했는데, 그 모세는 "누가 너를 관리와 재판장으로 세웠느냐 하며 거절하던 모세"다. 하나님이 그런 모세를 통하여 이스라엘을 구원했다.

일찍이 이스라엘이 모세를 배척했다. 그때 모세는 바로의 공주의 아들이었다. 그런 모세가 동족의 편을 들었다. 그런데 이스라엘은 박수를 보낸 것이 아니라 도리어 배척했으니 계속 애굽의 노예로 지내야 마땅하다. 도무지 구원 얻을 자격이 없다. 하나님이 그런 그들을 위해서 모세를 보냈다. 이스라엘은 도움받기를 거절했지만 하나님은 도움의 손길을 거두지 않았다.

일단 출애굽만 시켜주면 하나님의 백성답게 산다는 보장은 애초에 없었다. 그들은 늘 불평을 일삼았다. 계속 하나님의 손길을 외면하면서 가나안에 갔고, 가나안에 들어간 다음에는 우상을 섬겼다. 거듭되는 하나님의 책망에도 말을 안 듣더니 결국 나라가 망했다. 그건 그들을 구원하기 위해서 예수님이 오셨다.

신앙은 주는 것이다. 받을 자격을 따지지 않고 그냥 주는 것이다. 상대방의 필요를 채워주되 보상을 바라지 않는 것이다. 그 일은 절대 무의미한 일이 아니다. 예수님의 십자가가 당시에는 무의미한 일로 보였지만 무의미한 일이 아니었던 것과 마찬가지다.

신학대학원 재학 시절, 채플 시간에 강사가 이런 말을 했다. "여러분은 왜 신학생이 되었습니까? 혹시 세상에서 추구하던 것을 추구할 마음으로 온 사람은 없습니까?" 그때 그 자리에 있던 학생들 중에 그 질문에 자유로운 학생이 몇 명이나 있었는지 모르겠다.

교인은 성공을 목표로 삼아도 되지만 목회자는 그러면 안 된다는 뜻이 아니다. 왜 성공하려고 하는지 따져봐야 한다는 뜻이다. "왜 성공하려고 하느냐?"라고 물으면 대부분 "하나님의 영광을 위해서 그렇다"라고 답할 것이다. 그런데 정말로 그럴까? 혹시 하나님의 영광을 위한다고 하면서 그 국물을 탐하는 것은 아닐까?

다니엘처럼 사자 굴에서 살아 나오고, 사드락 메삭 아벳느고처럼 풀무 불에서 살아 나오는 것은 분명히 하나님의 영광이 선포되는 일이다. 그럼 사자 굴에 들어가서 찢겨 죽고 풀무 불에 들어가서 타 죽는 것은 어떨까? 그렇게 해도 하나님의 영광이 선포되기는 마찬가지다.

"내게 능력 주시는 자 안에서 내가 모든 것을 할 수 있느니라"는 상당히 유명한 말씀이다. 이 말씀에 밑줄을 그은 분도 많을 것이다. 그런데 이 말씀은 "내게 능력 주시는 자 안에서 나는 어떤 꼴도 당할 수 있느니라"라고 해도 같은 뜻이 된다. 만일 그렇게 되어 있으면 아무도 거들떠보지 않을 것이다.

예전에 주일낮예배 출석이 1만여 명에 이르는 교회에 출석한 적이 있다. 한 분이 이런 말을 하는 것을 들었다. "목사가 되어도 이런 교회 목사라면 할 만할 텐데…" 그러면 어떤 교회 목사는 할 만하지 않다는 뜻일까?

우리의 성공 기준이 무엇일까? 불신자들은 돈으로 성공을 따지고 지위로 성공을 따진다. 그런데 예수를 믿는다고 하면서 예수를 믿지 않는 사람들과 똑같은 조건으로 성공을 따진다면 뭔가 이상하지 않을까? 진지하게 고민해 보자. 우리에게 예수 믿기 전에 가졌던 욕심 중에 예수를 믿고 포기한 것이 하나라도 있을까? 혹시 포기한 것은 없고, 욕심을 이루기 위한 방법으로 예수까지 동원한 것은 아닐까? 요컨대 우리는 하나님의 영광에 관심이 없다. 하나님의 영광을 얘기하면서 원님 덕에 나팔 부는 것에 관심이 있다. 성경은 그런 우리에게 약한 자의 약점을 담당하고 자기를 기쁘게 하지 말라고 한다.

15:13〉 소망의 하나님이 모든 기쁨과 평강을 믿음 안에서 너희에게 충만하게 하사 성령의 능력으로 소망이 넘치게 하시기를 원하노라

우리가 약한 자의 약점을 담당하고 자기를 기쁘게 하지 않으면 하나님은 우리에게 믿음 안에서 소망이 넘치게 하실 것이다. 우리가 그렇게 해도 세상이 변하지 않는다는 뜻이다. 하나님이 세상을 바꿔주시면 굳이 소망을 주시지 않아도 된다. 그런데 그렇게 안 하신다. 우리에게 소망을 넘치게 부어주실지언정 세상을 바꿔주지는 않으신다. 하나님의 관심이 이 세상이 바뀌는 것에 있지 않고 우리가 바뀌는 것에 있기 때문이다.

YS가 집권했을 때의 일이다. 박정희 정권 이후 계속 되던 군사 정권이 종식되고 문민정부가 들어선 것이다. 게다가 YS는 이름만 대면 다 아는 교회의 장로였다. 그때 "믿는 사람으로 대통령을 삼아주시니 감사합니다"라는 기도가 어느 교회에서나 넘쳤다. 위정자를 위한 기도를 그때만큼 열심히 했던 적이 없지 않나 싶다. 그래서 어떻게 되었을까? 아무 일도 없었다. 교인들이 모인 자리에서 간간이 불평하는 소리가 새어나오기도 했다. 장로를 대통령으로 뽑아도 달라지는 것이 없다는 것이다.

소돔, 고모라가 왜 망했을까? 소돔 왕이나 고모라 왕 때문이 아니다. 소돔 왕이 하나님을 얼마나 잘 섬기는지, 고모라 왕이 율법을 얼마나 잘 지키는지가 문제가 아니라 그 성에 의인 열 명이 있느냐가 문제였다. 당시 소돔, 고모라 사람에게 자기가 의인으로 살아야 할 책임은 있었지만 하나님을 잘 섬기는 왕이 다스리는 나라에 살아야 할 책임은 없었다.

물론 위정자를 위해서 기도해야 한다. 위정자가 나라를 잘 다스려야 우리는 가만히 있어도 저절로 하나님을 잘 섬긴 것과 같은 효과를 누릴 수 있기 때문이 아니다. 위정자가 나라를 잘 다스려야 신앙생활을 더 잘할 수 있기 때문이다. 북한에 사는 것보다 남한에 사는 것이 신앙생활에 유리한 것과 같다.

위정자가 아무리 예수를 잘 믿어도 거기에 업혀 가는 방법은 없다. 신앙 생활은 직접 해야 한다. 직설적으로 적용하면 좋은 교인이 되어야 할 책임은 있어도 좋은 교회에 다녀야 하거나 좋은 목사를 청빙해야 할 책임은 없다. 혹시 "우리 교회는 왜 이럴까?", "목사가 왜 저럴까?" 하는 생각을 할 틈이 있으면 "내 신앙은 대체 왜 이럴까?"로 바꿔야 한다.

한때 "이 땅에 푸르고 푸른 그리스도의 계절이 오게 하자"라는 표어가 유행한 적이 있다. 정말 그런 날이 왔으면 좋겠다. 하지만 그런 날은 오지 않는다. 그런 날은 주님이 다시 오셔서 새 하늘과 새 땅을 선포해야만 가능하다. 그러면 어떻게 해야 할까? 별수 없이 포기하고 대충 살아야 할까? 그렇지 않다. 비록 우리 생전에 그런 날이 오지 않을지라도 그런 날을 만들려는 열망으로 살아야 한다. 시험 볼 때마다 전 과목 100점 맞지는 못하지만 전 과목 100점을 목표로 공부하는 것과 같다. 강한 자가 아무리 약한 자의 약점을 담당해도 다 담당하지 못한다. 하지만 다 담당하는 것을 책임으로 알고 살아야 한다. 하나님이 그런 우리에게 성령의 능력으로 소망이 넘치게 하실 것이다.

15:14-21〉 내 형제들아 너희가 스스로 선함이 가득하고 모든 지식이 차서 능히 서로 권하는 자임을 나도 확신하노라 …(중략)… 기록된 바 주의 소식을 받지 못한 자들이 볼 것이요 듣지 못한 자들이 깨달으리라 함과 같으니라

로마교회는 보통 교회가 아니었다. 교인들한테 선함이 가득하고 지식도 충분했다. 몇몇 사람에게 지식이 몰린 것이 아니라 고르게 지식이 있었다.

14장에서 우상 제물 먹는 문제를 다뤘다. 본래 우상 제물은 먹을 수 있는 것이 맞다. 하지만 우상 제물 먹는 것을 꺼림칙하게 여기는 사람도 있을 수 있다. 그런 사람과 같이 있으면 안 먹으면 된다. "그 사람이 모르는 것은 그 사람 책임인데 내가 왜 불편해야 하느냐?"라고 하는 사람은 지식만 있고 사랑이 없는 사람이다. 모름지기 하나님을 섬기려면 사랑과 지식이 같이 있어야 하는데 로마교회 교인들이 그런 사람들이었다.

그러면 바울이 무슨 말을 해야 할까? 14절에서 "내 형제들아 너희가 스스로 선함이 가득하고 모든 지식이 차서 능히 서로 권하는 자임을 나도 확신하노라"라고 한 다음에 "너희는 신앙의 최고 경지에 이른 사람들이다. 더 이상 할 말이 없구나."라고 해야 하는 것 아닐까? 그런데 15절은 '그러나'로 시작한다. "너희들은 사랑도 있고 지식도 있다. 그러므로 족하다."가 아니다. 사랑도 있고 지식도 있는 것을 알지만 그럼에도 불구하고 할 말이 있었다.

14절에서 바울은 로마교회의 수준을 인정한다. 15절에서는 그러나 로마교회로 하여금 다시 생각나게 하려고 하나님이 자기에게 주신 은혜로 말미암아 글을 쓴다고 했다. 무엇을 생각나게 한다는 것일까? 그들의 신앙 수준, 즉 그들에게 있는 사랑과 지식이다. 그것을 계속 재확인해야 한다는 것이다. 그리고 그 얘기를 하는 원동력이 하나님의 은혜라고 한다. 어떤 하나님의 은혜일까? 그 설명이 16절이다. 이방인을 위하여 그리스도 예수의 일꾼이 되어 하나님의 복음의 제사장 직분을 감당하여 이방인을 제물로 드리는 일을 하게 하는 은혜다. "하나님이 나에게 이방인을 위한 사도의 역할을 감당하는 은혜를 주셨다. 그래서 너희에게도 이런 말을 하는 것이다."라는 뜻이다.

어떤 책에서 요즘 교회에는 그리스도를 닮지 않은 그리스도인이 너무 많다는 내용을 읽은 적이 있다. 그리스도인은 그리스도에게 속한 사람이라는 뜻이다. '장관 부인', '사기꾼 마누라'과 같은 경우다. 장관 부인이 갖는 위상은 장관과 동등하고 사기꾼 마누라의 이미지는 사기꾼과 동일하다.

그리스도인은 그리스도와 더불어 모든 것을 공유하는 사람이다. 그런 그리스도인이 되려면 하나님의 은혜를 입어야 한다. 그러면 얘기가 이상하게 된다. 하나님의 은혜를 입어 그리스도인이 되었는데 그리스도를 닮지 않은 것이 무슨 경우일까? 하나님의 은혜가 왜 주어졌는지 모르는 탓이다.

어떤 교회에서 제직회를 한다. 한 안건을 놓고 의견이 분분하다. 한창 옥신각신하는데 누군가 "너무 따지지 말고 은혜롭게 합시다"라고 했다. "원칙에는 어긋나지만 대충 넘어갑시다"라는 뜻이다. 은혜를 그런 식으로 오해하는 경향이 있다. 지켜야 할 원칙이 있지만 지키지 않아도 나무라지 않는 것을 은혜로 생각한다.

만일 바울에게 그런 은혜가 임했다면 "하나님이 나한테 이방인의 사도 역할을 맡기셨다. 하지만 나는 그 일이 하기 싫어서 무시했다. 그래도 하나님의 은혜로 벌 안 받고 잘 먹고 잘살았다."라고 할 것이다. 그런데 그 반대다. "나는 하나님의 은혜로 이방인을 위한 제사장이 되었다. 그래서 그 일을 하고 있다."라고 한다. 책임을 감당하지 않고 넘어가는 것을 은혜라고 하지 않고 책임을 감당하는 것을 은혜라고 한다.

하나님이 바울에게 이방인을 위한 제사장 역할을 감당하는 은혜를 주셨다. 그 역할을 감당하다 보니까 선함이 가득하고 모든 지식이 차 있는 로마 교회에까지 글을 쓰게 되었다. 바울의 관심은 "어떻게 하면 한 영혼이라도 더 하나님께서 받으실 만한 거룩한 제물이 되게 할까?"라는 한 가지였다.

15장을 시작하면서 강한 자는 약한 자의 약점을 담당해야 한다고 했다. 그런 일에 가장 잘 어울리는 직분이 제사장이다. 그리고 바울은 복음 전하는 일을 제사장 역할에 빗대어 말한다. 약한 자의 약점을 담당하는 대표적인 일을 꼽으라면 단연 불신자에게 복음을 전하는 일이다. 우리가 예수를 믿는다면 우리를 통하여 예수를 믿는 사람이 생겨야 한다. 이보다 더 시급한 일이 있을 수 없다.

바울이 복음을 전하는 데에는 한 가지 원칙이 있었다. 남의 터 위에는 건축하지 않는 것이다. 당연한 말이다. 오늘날에는 선교사가 파송되지 않은 나라가 없지만 당시에는 그렇지 않았다. 팔레스타인만 벗어나면 죄다 하나님을 모르는 사람들이고 유대인 중에도 예수를 모르는 사람이 태반이었다. 그런 상황에서 복음을 전하려면 당연히 복음이 전해지지 않은 곳에 전해야 한다. 이미 복음이 전파된 곳에 복음을 전하는 것은 비효율적이다.

그러면 로마는 어떻게 된 영문일까? 이미 로마교회가 있으니 신경을 쓰지 말아야 하는 것 아닐까?

그런 말이 아니다. 바울이 남의 터 위에는 건축하지 않기로 작정했다. 그래서 세 차례의 전도 여행을 통해서 구브로, 버가, 안디옥, 이고니온, 길리기아, 드로아, 빌립보, 데살로니가, 베뢰아, 아덴, 고린도, 겐그레아, 에베소

등을 두루 다니면서도 로마에는 가지 않았다. 그렇다고 해서 갈 마음이 없는 것은 아니었다. 22-24절에 보면 바울은 서바나에 갈 계획이 있었다. 서바나는 지금의 스페인으로 당시에는 세상 끝이었다. 서바나에 갈 때 로마에 들러서 로마교회가 자기를 서바나로 보내주기를 바란다고 했다. 그런 내용을 먼저 글로 알리는 것이다.

요컨대 바울의 모든 관심은 이방인에 있었다. 본문에 보면 "이방인을 위하여", "이방인을 제물로 드리는 것이", "이방인들을 순종하게 하기 위하여" 등의 표현이 나온다. 이방인을 하나님께 제물로 드리는 일이 하나님을 위한 일이 아니라 이방인을 위한 일이다. 이방인들을 순종하게 하는 것 역시 이방인을 위한 일이다.

우리는 예수 믿는다는 말을 너무 쉽게 쓴다. 본문은 그 말을 "제물로 드린다", "순종하게 한다"라고 표현한다. 우리가 예수를 믿는다고 하는 말과 성경이 말하는 '예수를 믿는 것'이 같은 뜻이 아닌 것 같다.

예수를 믿는다는 얘기는 자신을 하나님께 제물로 드린다는 뜻이다. 구약시대에는 성전에서 제사를 드렸다. 그러면 제물이 필요한데 그 제물이 곧 자기 자신을 의미한다. 본래 자기가 죽어야 하는데 제물이 죽는 것이다. 이런 사실을 감안하면 예수를 믿는 것은 자신을 하나님께 제물로 드리는 것이다. 우리가 예수를 믿는 순간 우리의 몸과 마음은 물론 목숨까지도 하나님께 드려진 것이다.

그런데 요즘은 예수를 믿는다는 얘기가 다분히 바겐세일된 감이 없지 않다. 예수를 믿기 전과 믿은 다음에 달라진 것이 아무것도 없는 채 말로만 예수를 믿는 사람이 한둘이 아니다. 예수를 믿는다고는 하는데 예수와 연결된 모습이 안 보인다. 하나님의 계명을 고속도로의 제한 속도만큼도 신경 쓰지 않는다. "꼭 말씀대로 살아야 하는 것은 아니잖아요?"라는 항변을 태연하게 한다.

"예수를 믿기는 하겠다. 하지만 내 인생은 내가 알아서 살겠다."라는 사람을 예수 믿는 사람으로 인정해야 할까? 물론 우리가 인정하면 구원이 확정되고 우리가 인정하지 않으면 구원이 취소되는 것은 아니다. 하지만 바울이 복음을 전할 때 예수를 영접한 사람들과 지금 우리가 예수를 믿는 모습에 차이가 있는 것 같아서 그렇다.

바울은 선함이 가득하고 모든 지식이 찬 로마교회 교인들에게도 복음을 재확인했다. 그런데 요즘 복음은 다분히 일회용이다. 예수 믿고 구원 얻을 때 복음이 필요한 것은 아는데 그 복음이 세상을 살아갈 때도 필요한 줄은 모른다. 불신자에게는 예수 믿으라고 하면서 자기는 예수 믿는 사람처럼 살지 않는다. 불신자가 예수를 믿지 않는 것이 큰일인 줄은 알면서 자기가 신자답게 살지 않는 것은 별수 없는 일인 줄 안다. 자기는 예수를 믿으니까 구원 얻었고 혹시 죄가 있어도 하나님의 은혜가 있으니까 다 덮어준다는 것일까? 도무지 성경에 없는 구원이고 성경에 없는 은혜다.

바울이 타임머신을 타고 이 시대에 오면 당연히 믿는 사람들을 만나고 싶어 할 것이다. 그래서 만나면 어떻게 될까? 화기애애한 분위기에서 반갑게 환담을 나눌까? 아마 아닐 것이다. 바울이 물을 것이다. "혹시 다른 사람은 없습니까? 저는 예수를 믿는다고 말을 하는 사람이 아니라 진짜로 예수를 믿는 사람을 만나고 싶습니다."

두 가지 해결책이 있다. 하나는 "그 시대에는 그렇게 살았지만 지금은 자식 교육도 시켜야 하고 집도 장만해야 한다. 복음만 가지고는 못 산다."라고 해서, 시대가 달라졌음을 설득하는 것이다. 아니면 우리가 복음으로 재무장하는 것이다. "예수님이 나를 위해서 돌아가셨다. 그 예수님이 내 인생의 주인이시다. 예수님은 나를 죄에서 구원해주신 구세주(Savior)이며 나의 주인(Lord)이시다."라는 사실을 다시금 인식하는 것이다.

어느 쪽이든지 둘 중의 한쪽을 택하자. 둘 다 안 하지는 말자는 뜻이다. 멋쩍게 웃는 것으로 넘어가면 안 된다. 바울은 바울이고 우리는 우리라는 식으로 사는 것은 곤란하다. 바울이 시대에 뒤진 사람이면 바울을 고치고 우리가 시대의 흐름에 따라 변질되었으면 우리를 고치자. 바울이 믿는 복음과 우리가 믿는 복음이 같은 복음이어야 한다.

15:22-29〉 그러므로 또한 내가 너희에게 가려 하던 것이 여러 번 막혔더니 이제는 이 지방에 일할 곳이 없고 …(중략)… 내가 너희에게 나아갈 때에 그리스도의 충만한 복을 가지고 갈 줄을 아노라

본문에는 두 가지 내용이 나온다. 하나는 바울이 조만간 서바나에 갈 계획이 있다는 내용이다. 그때 로마를 경유할 텐데 로마교회에서 자기를 서바나로 보내주기를 바란다고 했다. 또 하나는 마게도냐와 아가야 사람들이 예루살렘을 위해서 행한 구제헌금을 가지고 예루살렘으로 가는 중이라는 내용이다.

당시 바울은 예루살렘에서 일루리곤까지 편만하게 복음을 전한 상태였다. 일루리곤은 아드리아해 동쪽 연안으로 지금은 유고 영토에 속해 있다. 또 아드리아해는 이탈리아 반도와 발칸 반도 사이에 있는 지중해의 일부를 말한다. 관주성경에 보면 '편만하게 전하였노라'에 1)이 있고 관주에 '채웠노라'라고 되어 있다. 바울이 예루살렘에서 일루리곤까지 복음으로 가득 채운 상태였다. 하지만 그것으로 만족할 수 없었다. 땅끝까지 복음을 전해야 했다. 지중해가 배경인 사람들에게는 서바나가 땅끝이었다.

오래전에 어머니가 권사인 자매와 얘기를 나눈 적이 있다. 마침 어머니가 편찮다는 말을 들은 직후였다. 어머니 건강은 어떠냐고 물었더니 웃으며 답했다. "괜찮아요. 우리 엄마 아프면 하나님이 손해잖아요." 그 자매의 어머니가 교회 일에 열심인 것은 알고 있었다. 그 얘기를 농담으로 듣기도 했다. 하지만 그런 표현은 굳이 트집을 잡으면 불경스럽다고 할 수도 있다.

세상에서는 그런 일이 존재한다. 어떤 사원이 자기가 근무하는 회사에 이익을 끼칠 수도 있고 손해를 끼칠 수도 있다. 하지만 하나님은 홀로 충만하신 분이다. 사람이 아무리 유능해도 그것으로 하나님이 도움을 입는 수는 없다. 또 사람이 아무리 무능해도 그것 때문에 하나님이 손해를 보지도 않는다. 우리가 하나님의 일을 한다고 해서 하나님을 거들어 드리는 것이 아니다. 하나님이 하시는 일에 우리가 참여하는 것이다.

미디안이 이스라엘을 침공했다. 기드온이 군사를 모집했더니 32,000명이 응했다. 당시 미디안 군사는 135,000명이었다. 기드온이 소집한 군사 중에는 분위기에 휩쓸려서 모인 사람도 있었을 것이다. 혹시 전쟁이 무서운 사람은 돌아가라고 했더니 22,000명이 돌아가고 10,000명이 남았다. 그때 돌아간 사람들은 "다행이다. 하마터면 큰일 날 뻔했다."라는 생각을 했을 것이다. 남은 사람들은 우매한 사람들이고 자기들이 지혜로운 줄 알았을 것이다.

그렇다고 해서 10,000명이 전부 싸움에 참여한 것이 아니다. 하나님이 그 중에 9,700명을 돌려보내고 300명만 남게 했다. 전쟁이 하나님께 속한 것이라는 사실을 나타내려면 최대한 극적으로 이겨야 하기 때문이다.

32,000명이나 10,000명으로 135,000명을 이기는 것도 기적이다. 아마 그런 경우라면 전쟁을 앞두고 간절한 마음으로 하나님께 매달릴 것이다. 하지만 전쟁에 이긴 다음에는 달라진다. "전략이 아주 주효했어. 죽기 살기로 싸우면 불가능이 없어."라고 할 것이다. 사람 마음은 화장실에 들어갈 때와 나올 때가 다른 법이다. 그래서 하나님이 300명만 허락했다.

32,000명에서 22,000명을 돌려보낼 때는 두려워 떠는 사람을 돌려보냈다. 돌아간 사람과 남은 사람 사이에 우열이 있었다. 하지만 10,000명 중에서 9,700명을 돌려보내고 300명만 남게 할 때는 그렇지 않았다. 물가에서 물을 마시게 했는데 무릎을 꿇고 고개를 숙여서 마신 사람이 9,700명이었고 두 손으로 물을 움켜서 마신 사람이 300명이었다. 고개를 숙여서 물을 마신 사람과 손으로 물을 움켜서 마신 사람 사이에 무슨 차이가 있을까? 그런 것은 없다. 단지 숫자를 줄이기 위한 방편이었다. 전쟁이 끝난 다음에 그들이 얼마나 안타까웠을까? 기드온과 300용사가 명예롭게 개선 행진을 벌일

때 그들은 구경꾼으로 족해야 했다.

우리가 하나님의 일을 하는 것이 그렇다. 우리가 남보다 우월하지 않다. 단지 하나님의 은혜를 입었을 뿐이다. 하나님은 우리를 영광으로 덧입혀주기 위하여 그 기회를 주신다. 그런데 우리의 죄성이 문제다. 하나님의 일을 하는 것을 오히려 손해로 생각한다.

모든 집에서 부모가 공부하라는 잔소리를 한다. 그리고 아이들은 한사코 놀려고만 한다. 아이들은 자기에게 무엇이 유익인지 분별하지 못한다. 공부하는 것을 마치 놀 수 있는 권리를 포기해서 엄마의 소원을 들어주는 것인 양 여긴다. 같은 마음이 우리에게 있을 수 있다. 우리 역시 우리의 영원한 복락을 위하여 무엇을 해야 하는지 무지하다. 그래서 성경이 구제를 얘기한다.

구제는 어려운 사람을 돕는 것이다. 그러려면 자기 것을 내놓아야 한다. 불쌍한 사람을 돕는 것은 도덕적으로도 가치 있는 일이다. 하지만 우리가 하는 구제는 도덕적인 의미를 갖는 행위가 아니라 신앙 원칙에 근거한 행위다.

구제는 전도와 성격이 같다. 인간의 범죄에 대해서 하나님은 책임이 없다. 그런데 마치 하나님 책임인 것처럼 예수님을 십자가에 못 박아 죽게 하셨다. 그리고 사람들이 예수님을 영접하기를 간절히 기다리신다. 마치 노숙자에게 짜장면 값을 주면서 행여 받지 않을까 노심초사하는 격이다. 전도를 해보면 이런 심정을 실감할 수 있다. 전도를 하는 입장에서는 사실 아쉬울 것이 없다. 그런데 자기가 아쉬운 사람처럼 통사정을 한다. 15장 시작하면서 강한 자는 약한 자의 약점을 담당해야 한다고 했는데 전도나 구제에 그대로 적용된다.

신학생이 된 다음부터 컴퓨터를 사용했다. 그런데 나는 지독한 컴맹이다. 지금도 별반 다르지 않지만 당시 나에게 컴퓨터는 고급 타자기에 불과했다. 한번은 책상 위치를 바꾸느라 컴퓨터를 옮겨야 했다. 컴퓨터를 옮길 때는 당연히 본체와 모니터, 프린터를 따로 옮긴다. 그런데 나는 그렇게 못한다. 코드를 뺐다 끼울 줄 모르니 본체, 모니터, 프린터, 키보드가 다 연결된 채 옮겨야 했다. 본체를 조금 옮긴 다음 모니터를 조금 옮기고, 또 프린터를 조금 옮긴 다음에 키보드를 옮기느라 굉장히 애를 먹었다.

가끔은 컴퓨터가 말썽을 부리기도 한다. 남들은 그런 경우에 주변에 컴퓨터를 잘하는 사람에게 컴퓨터를 들고 가서 도움을 구한다. 이때 컴퓨터를 들고 간다는 얘기는 본체를 들고 간다는 뜻이다. 모니터와 프린터, 키보드까지 들고 갈 필요가 없다. 그런데 나한테는 컴퓨터가 언제나 본체와 모니터, 프린터, 키보드에 마우스까지 다 연결된 개념이었다. 그걸 무슨 수로 들고 갈까? 그래도 한 번도 불편을 느낀 적이 없다. 내 컴퓨터에 이상이 있을 때마다 고쳐주지 않으면 스스로 못 견디는 친구가 항상 주변에 있었다.

우리가 그런 모습을 보일 수 있어야 한다. 주변에 도움이 필요한 사람이 있을 때마다 도와주지 않으면 못 견뎌야 한다. 간혹 남의 일에 참견하지 않으면 못 견디는 사람을 볼 수 있다. 흔히 오지랖이 넓다고 하는데 구제에 대해서 우리가 오지랖이 넓어야 한다. 다른 사람이 불편을 겪는 것을 보는 것이 우리에게 불편이어야 한다. 경우에 따라서는 당사자가 불편을 느끼지 못할 수도 있다. 그래도 우리는 불편해야 한다. 단적인 예가 전도다. 불신자는 자기의 불신앙에 아무런 불편도 느끼지 않는다. 그 불신자를 보는 신자만 답답하다. 그래서 욕을 먹어가면서 전도를 한다. 예수님이 이 땅에 오신 것이 같은 원리다.

"강한 자는 약한 자의 약점을 담당해야 한다. 전도나 구제가 바로 그렇다. 예수님이 이 땅에 오신 것과 맥을 같이 하는 덕목이다."라고 하면, 전부 동의한다. 그런데 문제가 있다. 구제를 하려면 돈이 들어간다. 맨입으로는 구제를 못한다.

설교 때 헌금 얘기를 하면 대부분 싫어한다. 하나님이 이 세상 주인인 것을 누가 모를까? 예수를 믿는 사람이라면 자기의 모든 것이 하나님 소유라고 고백한다. 하지만 하나님이 이 세상 주인이라는 말에 동의하는 것과 자기 지갑에서 돈을 꺼내어 헌금하는 것은 별개의 문제다.

구제도 그렇다. 불쌍한 사람을 돕는 것은 좋은 일이다. 예수를 믿지 않는 사람도 다 안다. 하물며 우리는 구제가 예수님이 이 땅에 오신 사건과 맥을 같이 한다는 사실까지 안다. 하지만 그런 사실에 고개를 끄덕이는 것과 실제로 구제를 하는 것은 다르다. 구제를 하려면 돈이 들어가는데 그 돈은 자기한테도 필요하기 때문이다.

가난의 이유는 다양하다. 성실하게 살았음에도 불구하고 가난하게 될 수 있다. 하지만 그런 사람만 있는 것이 아니다. 자기의 불성실 때문에 가난한 사람도 있다. 그런데 성경은 거기에 대한 얘기가 없다. "자기 잘못으로 가난하게 된 사람은 상관할 필요 없다. 하지만 사회 부조리 때문에 가난하게 된 사람은 도와야 한다."가 아니다. "가난한 사람이 있느냐? 그러면 기쁘게 도와줘라."라고 한다.

전도를 하면서 그 사람이 예수를 믿지 않는 것이 누구 책임인지 따질 필요는 없다. 구제 역시 마찬가지다. 누구 책임인지가 문제가 아니라 불쌍하면 돕는 것이다.

그러면 하나님이 이런 구제를 말씀하시는 이유가 무엇일까? 우선 하나님이 우리를 그렇게 대하셨기 때문이다. 짠 음식을 먹으면 물을 켜는 것처럼 하나님의 은혜를 입었으면 은혜를 입은 모습이 나와야 한다. 그런 모습이 불신자에게 나타나면 전도이고 불쌍한 사람에게 나타나면 구제다.

또 있다. 하나님은 우리를 하나님의 일에 동참시키고 싶어 하신다. 기드온의 300용사가 미디안 135,000명을 이겼다. 그때 300용사 중에 10명 정도가 탈영을 했으면 어떻게 되었을까? 10명이 아니라 100명이 탈영을 해도 결과에는 상관이 없다. 300명이 다 탈영해도 마찬가지다. 단 전쟁이 끝난 다음에 개선 행진에 참여하지 못할 뿐이다. 그들이 탈영을 하면 안 되는 이유가 하나님이 낭패를 보시기 때문이 아니라 자기들에게 돌아올 영광이 없어지기 때문이다.

바울이 서바나로 갈 계획을 세우면서 로마교회가 보내주기를 바라는 것이 그런 연유다. 설마 로마교회가 보내줘야만 서바나에 갈 수 있고, 보내주지 않으면 못 갈까? 그런 것은 없다. 다만 하나님의 일에 로마교회가 동참하기를 바라는 것이다.

하나님의 일에 동참하려면 동참하지 않을 때와 달라지는 것이 있어야 한다. 자기는 가만히 있는 채로 자기를 통하여 하나님의 일이 이루어질 수는 없다. 세상 사람들은 그것을 손해나 희생, 부담으로 생각한다. 하지만 우리는 기꺼이 감당한다. 우리의 진정한 유익이 무엇인지 알기 때문이다. 우리는 이 세상이 전부가 아니라 다음 세상이 있는 것을 안다. 하나님이 이 세상과 다음 세상의 주인인 것도 안다. 그런 하나님이 우리를 동역자로 초대하신다.

15:30-33〉 **형제들아 내가 우리 주 예수 그리스도와 성령의 사랑으로 말미암아 너희를 권하노니 너희 기도에 나와 힘을 같이하여 …(중략)… 평강의 하나님께서 너희 모든 사람과 함께 계실지어다 아멘**

바울은 신약성경 27권 중에 13권을 쓴 사람이다. 기독교가 세계적인 종교로 발돋움한 것이 바울의 공로라고 말하기도 한다. 여기에 비하여 로마교회 교인들은 갑남을녀에 장삼이사일 뿐이다. 바울이 로마교회 교인들을 위해서 기도하는 것은 자연스러워 보이지만 바울이 기도를 부탁하는 것은 어딘가 어울리지 않아 보인다.

하지만 기도는 "기도를 하는 사람이 누구냐?"의 문제가 아니다. "기도를 듣는 분이 누구냐?"의 문제다. 흔히 기도에는 능력이 있다고 한다. 백번 지당한 말이다. 단, 그때의 능력은 기도를 듣는 분의 능력이다. "기도했더니 됐다"라는 말도 마찬가지다. 기도한 사람에게 능력이 있어서 된 것이 아니라 기도를 들으시는 분에게 능력이 있어서 된 것이다.

우리가 아는 바울은 기독교의 영웅이다. 바울이 동쪽으로 가면 복음도 동쪽으로 가고 바울이 서쪽으로 가면 복음도 서쪽으로 갔다. 하지만 스스로 생각하는 바울은 그런 사람이 아니다. 자기는 하나님이 허락하신 일을 했을 뿐이다. 로마교회에 기도를 부탁한 일도 하나님이 해주시면 할 수 있고 아니면 못할 일들이다.

부교역자 시절, 청년회 수련회를 앞두고 차량 문제가 걸린 적이 있다. 당시 수련회 참석 인원이 대략 20명이었다. 교회 승합차와 내 승용차가 있으니 승합차 한 대가 더 필요했는데 그것이 쉽지 않았다. 승합차가 있어도 수련회 장소까지 태워다 주고 또 수련회 마치는 날에는 데리러 와야 하는데 그런 일을 누구에게 부탁할 수 있을까? 그렇다고 해서 차를 렌트할 예산이 있는 것도 아니었다. 무척 난감했는데 11인승 벤이 있는 교인이 흔쾌히 기사를 자청했다.

수련회 장소에 도착한 다음에 "고맙습니다. 집사님이 아니었으면 대책이 없을 뻔했습니다."라고 했더니 그분이 답했다. "제가 아니어도 다른 경로가 있었겠죠. 하나님이 저한테 봉사할 기회를 주신 거예요."

그때 나는 그 집사님이 아니었으면 꼼짝도 할 수 없었다고 했지만 사실 그 말씀이 맞다. 하나님은 없는 것도 있는 것처럼 부르시는 분이다. 하나님이 하시는 일이 사람에게 영향을 받을 수는 없다. 하나님이 하시는 일은 하나님이 하시는 일이라는 사실만으로 얼마든지 성취된다. 단지 그 일을 위해서 부름받은 사람의 책임만 남는다.

한 가지 명심해야 할 사실이 있다. 일을 하지 않는 사람은 기도도 하지 않는다. 하나님의 일을 하면 능력의 한계를 알게 되고, 능력의 한계를 알면 기도를 하게 된다. 우리가 왜 기도를 하지 않느냐 하면 일을 하지 않기 때문이다. 일을 하지 않으니 능력의 한계를 절감할 기회도 없다.

바울이 부탁하는 기도 제목이 세 가지인데 첫째는 유대에서 순종하지 아니하는 자들로부터 건짐을 받게 해달라는 것이다. 당시 유대인들한테는 바울의 사역이 상당한 충격이었다. 율법도 지키지 않는 이방인에게 구원이 허락되는 법이 어디 있단 말인가? 아무리 예수를 믿는다고 해도 율법을 지키면서 믿어야 할 것 아닌가? 그런데 자꾸만 엉뚱한 말을 하니 감정이 좋을 수 없다.

그러면 어떻게 하면 될까? 유대인들이 있는 예루살렘에 안 가면 된다. 자기 발로 예루살렘에 가면서 유대인들로부터 보호받게 해달라는 것이 무슨 경우일까?

직장 생활을 할 때의 일이다. 음주 문제로 고민하는 동료가 있었다. 술을 끊게 해달라고 기도도 한다고 했다. 그런데 뭔가 이상했다. 술 약속이 생기지 않게 해달라고 기도하는데 하나님이 안 들어주신다는 것이었다. 한번은 술좌석에 가면서 상대방이 자기에게 술을 강권하지 않게 해달라고 기도했다고 한다. 물론 그 기도도 이루어지지 않았다.

바울은 그런 경우가 아니다. 하나님이 맡기신 일을 하는 중이다. 그런데 그런 일을 한다고 해서 하나님이 레드 카펫을 깔아주시지는 않는다. 결국 유대인의 위협에도 불구하고 예루살렘에 가는 것이 바울의 책임이다. 그래서 로마교회에 기도를 부탁한다.

둘째는 자기가 예루살렘에 전하는 구제헌금이 받아들여지게 해달라고 기도를 부탁한다. 바울은 마게도냐와 아가야 사람들이 예루살렘 성도들을 위하여 행한 구제헌금을 가지고 가는 중이다. 그런데 혹시 예루살렘 성도들이 받지 않으면 어떻게 하나 하는 걱정이 있었다.

양반은 얼어 죽어도 겻불은 쬐지 않는다고 한다. 내가 싫어하는 속담 중의 하나다. 양반의 양반다움은 깊은 학식과 넉넉한 교양, 인자한 언행 등으로 확인되어야 한다. 유사시에 겻불을 쬐더라도 평소에 보인 양반다움으로 인해서 양반임이 나타나야 한다. 그런데 양반다운 모습을 보일 것이 없으니 겻불을 쬐지 않는 것으로라도 양반임을 고집하는 것이다.

아브라함의 후손이면 아브라함 후손다운 모습이 있어야 한다. 갈 바를 알지 못하지만 부르심에 순종하는 것이라든지 100세에 얻은 아들이라도 기꺼이 바치는 것과 같은 모습으로 아브라함의 후손임을 나타내야 한다. 고작해야 "우리는 이방인과 다르다. 아무리 곤궁해도 이방인 도움은 안 받는다."라는 괜한 자존심으로 아브라함의 후손임을 내세우는 것은 너무 비루하다.

어쨌든 그럴 가능성이 있다. 바울이 그것을 걱정한다. 그러면 어떻게 하면 될까? 세상에서는 이런 경우에 "나는 도와주려고 했는데 너희가 거절했으니 너희 책임이다."라고 한다. 그런데 바울은 이 일을 놓고 기도를 요청한다. 어떻게 해서든지 그 일을 이루는 것이 자기 책임이기 때문이다.

적어도 교회에서는 "난 할 만큼 했다"라는 말은 쓰지 말아야 한다. 자기가 어느 만큼 해야 하는지 자기가 정하는 것이 아니다. 아이한테 공부하라고 두세 번 얘기하고 말 안 들으면 포기하는 집은 없다. 무슨 수를 써서라도 공부하게 만들려고 애를 쓴다. "난 할 만큼 했다. 그렇게 얘기를 했는데도 고집을 부렸으니까 네 인생은 네가 책임 져라."라고 하면 부모이기를 포기한 것이다.

강한 자는 약한 자의 약점을 담당해야 한다. 강한 자에게 그런 마음이 있느냐, 없느냐가 문제가 아니다. 경우에 따라서는 약한 자가 그것을 싫어할 수도 있다. 심지어 남의 일에 간섭한다고 욕을 먹을 수도 있다. 그렇다고 해도 달라지는 것은 없다. 어쨌든 강한 자는 약한 자의 약점을 담당해야 한다. 그것이 강한 자의 책임이다.

세 번째 기도 제목은 자기가 하나님의 뜻을 따라 기쁨으로 로마에 가서 로마교회와 더불어 편히 쉴 수 있게 해달라는 것이다. 뭔가 이상하다. 우리가 아는 바울이라면 "내가 죽도록 충성할 수 있도록 기도해주십시오. 그런 나의 충성에 여러분도 동참했으면 좋겠습니다."라고 하는 것이 어울린다. "내가 로마에 가게 되면 여러분과 더불어 편히 쉬었으면 좋겠습니다"라는 말은 바울한테 어울리지 않는다. 특히 바울은 서바나로 갈 계획이 있는데, 그때 로마를 경유할 테니까 로마교회가 자기를 서바나로 보내주었으면 좋겠다고 말한 바 있다. 그 얘기와도 모순된다.

나는 불신 가정에서 자랐다. 고등학생 때의 일이다. 교회를 가는데 형이 말했다. "안식일인데 집에서 푹 쉬면 되지, 교회에는 왜 가는 거냐?" 안식일과 주일은 같은 날이 아니다. 그때 형이 대학생이었는데 미션스쿨에 다녔다. 학교 채플 시간에 들은풍월로 그렇게 말한 것이다.

안식이라는 말을 들으면 사람들은 쉬는 것을 생각한다. 하지만 성경이 말하는 안식은 그런 개념이 아니다. 성경은 쉬는 것으로 안식을 얘기하지 않고 우리가 얻은 구원을 누리는 것으로 얘기한다. 안식이 휴식의 개념이 아니라 구원의 개념이다. 결국 바울이 "나로 하여금 너희와 함께 편히 쉬게 하라"라고 한 얘기는 "같이 찜질방에도 다니고 쇼핑도 하면서 신나게 놀자"라는 뜻이 아니다. "너희가 감당하는 주의 일에 나도 참여하게 해달라"라는 뜻이다.

자가용 운전기사로 일하는 사람이 있다. 하루는 주인집에서 나들이를 간다고 했다. 주인집 식구들을 태우고 야외로 갔다. 바깥 공기를 쐬면서 점심을 먹었다. 주인집 아이들과 놀아주기도 했다. 퇴근하면서 생각했다. "오늘도 참 피곤한 날이었다. 얼른 집에 가서 쉬어야지."

얼마 후의 일이다. 모처럼 쉬는 날, 가족들과 도시락을 싸서 놀러가기로 했다. 야외에 나가서 돗자리 펴놓고 점심을 먹었다. 아이들과 놀기도 했다. 집에 오면서 생각했다. "오늘 하루 모처럼 잘 쉬었다."

하루를 어떻게 보내면 일을 한 것이고 어떻게 보내면 휴식을 취한 것일까? 무엇을 하면서 시간을 보냈느냐가 문제가 아니다. 어떤 마음으로 시간을 보냈느냐가 중요하다. 즐거움이 있으면 휴식이고 즐거움이 없으면 일이다. 똑같은 시간을 보내도 어떤 사람에게는 휴식이고 어떤 사람에게는 일이다.

차제에 우리가 어떤 마음으로 교회를 섬기는지 확인해야 한다. 우리는 이를 악물고 하나님의 일을 해야 하는 사람들이 아니라 즐거운 마음으로 하나님의 안식에 동참해야 하는 사람들이다. 하나님이 원하시는 것은 우리의 영원한 안식이다. 이 땅에서 살아가는 모든 날 동안 영원한 안식을 누리는 것을 연습해야 한다.

16장 마지막 인사

16:1-2〉 내가 겐그레아 교회의 일꾼으로 있는 우리 자매 뵈뵈를 너희에게 추천하노니 너희는 주 안에서 성도들의 합당한 예절로 그를 영접하고 …(중략)… 이는 그가 여러 사람과 나의 보호자가 되었음이라

16장은 일종의 추신이다. 15장에서 "평강의 하나님께서 너희 모든 사람과 함께 계실지어다 아멘"이라고 했다. 그것으로 로마서가 끝나도 전혀 이상할 것이 없다. 그런데 계속 이어진다.

우선 뵈뵈라는 여자를 추천한다. 관주성경에는 일꾼에 3)이 있고 관주에 집사라고 되어 있다. 뵈뵈에 대해서는 더 이상의 기록이 없다. 겐그레아 교회의 여자 집사라는 사실이 우리가 알 수 있는 전부다. 겐그레아는 고린도에서 11km 정도 떨어진 항구도시다.

앞에서 바울이 예루살렘으로 가는 중이라는 말을 했다. 로마에 들렀다가 서바나에 갈 계획이라는 말도 했다. 바울에게는 전부터 로마에 갈 계획이 있었다. 하지만 지금은 아니다. 아마 로마교회에서도 바울에 대한 기대가 상당했을 것이다. 그런데 다른 사람이 오면 실망할 수 있다. 바울의 수종자로 알려진 디모데나 실라가 와도 바울이 직접 온 것과 다르다. 하물며 이름조차 생소한 뵈뵈가 오면 어떻겠는가? 결정적으로 그 뵈뵈가 여자다. 그래서 "너희는 주 안에서 성도들의 합당한 예절로 그를 영접하라"라고 당부한다.

로마교회에서 기다리는 사람은 바울이다. 바울과 뵈뵈는 비교가 되지 않는다. 하지만 이런 차이가 로마교회에 아무런 영향도 미치지 않아야 한다. 명필은 붓을 가리지 않는다고 한다. 하물며 하나님은 말할 것도 없다. 바울을 통해서 얻을 수 있는 유익은 100인데 뵈뵈를 통해서 얻을 수 있는 유익은 10뿐인 것처럼 말하는 것은 성경적이 아니다.

모든 교인이 좋은 목사를 원한다. 좋은 목사를 원하지 않으면 그것이 오히려 이상하다. 하지만 왜 좋은 목사를 원하는지 확인할 필요가 있다.

좋은 목사가 갖추어야 할 덕목이라면 일단 설교와 성품이 들어갈 것이다. 모든 교인이 목사가 설교 잘하기를 바라고 성품 좋기를 원한다. 그러면 따져 보자. 목사가 설교를 잘하고 성품이 좋으면 어떻게 될까? 신앙생활을 잘하게 될까, 신앙생활을 편하게 하게 될까?

내가 군 생활을 할 때만 해도 이등병 시절에는 배가 고팠다. 말로는 구타 금지라고 했지만 엄연히 구타가 있었다. 자다 말고 내무반 뒤에 집합한 것이 한두 번이 아니다. 입대하고 10개월이 지나야 첫 휴가를 나왔는데 그전에는 외출, 외박도 안 되었다.

지금은 그렇지 않다. 우선 복무 기간에서 비교가 되지 않는다. 내가 군 생활을 할 적에는 30개월이었는데 요즘은 18개월이다. 지금은 입대해서 100일이면 휴가를 나온다. 아마 입대 10개월 되기 전에 외출, 외박도 나올 것이다. 부대 내에 당구장도 있고 컴퓨터도 이용할 수 있다고 한다. 게다가 핸드폰 이용도 가능하다.

이런 사실을 놓고 군대 좋아졌다고 한다. 물론 군대는 많이 좋아졌다. 앞으로도 계속 좋아져야 한다. 하지만 마음에 걸리는 점이 있다. 군대가 좋아진 것을 군 생활을 편하게 할 수 있게 된 것으로 따져도 되는 것일까? 군대가 좋아졌다는 얘기는 전투력이 얼마나 상승되었는지로 따져야 하는 것 아닐까? 군인은 일단 전투력이 있어야 한다. 복무 여건을 개선하는 취지도 군인들을 편하게 해주기 위한 것이 아니라 전투력을 증강하기 위한 것이어야 한다.

예전에 기도원에 갔을 때의 일이다. 뒤에 있는 사람들의 대화가 들렸다. 한 사람이 "우리 목사님은 헌금 얘기 절대 안 해요. 얼마나 좋은지 몰라요."라고 했다. 속으로 생각했다. "성경에 엄연히 헌금 얘기가 있는데 헌금 얘기를 안 하는 것은 직무 유기 아닌가?"

어떤 학생이 말한다. "우리 선생님은 참 좋아. 어려운 문제는 절대 시험 안 내." 다른 학생이 답한다. "우리 선생님은 더 좋아. 답안지에 이름만 쓰면 전부 백점이야." 학생들은 좋을지 몰라도 부모는 속이 터질 것이다.

그때 그 사람이 누구인지 모르지만 스스로 기도원을 찾을 정도면 신앙 열심이 있는 사람이다. 그런데도 "올바른 신앙생활을 위해서는 헌금 얘기를 들어야 한다"라는 생각보다 "헌금 얘기는 듣기 싫다"라는 생각이 더 강했다. 어쩌면 올바른 신앙생활을 위해서는 헌금 얘기를 들어야 한다는 생각 자체가 없었을 것이다. 사람들은 자기가 무엇을 해야 하는지 생각하지 않는다. 자기가 무엇을 하고 싶은지에만 민감하다.

목사를 얘기할 때 가장 먼저 나오는 얘기가 설교다. "그 목사, 설교 잘해?"라는 질문을 어디에서나 들을 수 있다. 하지만 염두에 두어야 할 사실이 있다. "목사가 설교를 어떻게 하는가?"가 문제가 아니다. "목사를 통하여 선포되는 설교를 들을 준비가 되어 있는가?"가 훨씬 더 중요하다.

친구가 부교역자 생활을 청산하고 담임목사로 부임했다. 몇 주나 지났을까? 예배 후에 권사 한 분이 다가와서 말했다. "목사님, 설교가 너무 세요. 그렇게 하면 양들이 다쳐요. 좀 살살하세요. 성경에 좋은 말씀 많잖아요." 설교가 너무 세다는 것이 무슨 뜻일까? 양들이 다친다는 것은 무슨 뜻이고 성경에 많이 있다는 좋은 말씀은 어떤 말씀일까?

내가 성경을 읽을 때마다 하는 기도가 있다. "하나님, 이제 성경을 읽습니다. 하지만 제가 성경을 보는 것이 아니라 성경 말씀이 저를 보고 있다는 사실을 먼저 생각하게 하옵소서. 성경 말씀이 저를 감찰하고 있다는 사실을 항상 인식하게 하옵소서."

설교 역시 마찬가지다. 우리가 설교 내용을 평가하지 않는다. 설교 내용이 우리를 평가한다. 설교를 들으면서 "왜 설교를 저렇게 할까?"를 생각할 것이 아니라 "왜 내 삶은 말씀과 차이가 있을까?"를 생각해야 한다. 우리가 기준이 아니라 설교가 기준이다.

설교와 더불어 가장 많이 얘기하는 것이 성품이다. 주변에서 "목사님이 좀 너그러웠으면 좋겠다", "우리 목사님은 말이 통하지 않는다"라는 말을 종종 듣는다. 물론 목사는 성품이 좋아야 한다. 세상에서도 너그러운 사람이 인정받는데 목사가 아량이 없으면 안 된다. 하지만 짚고 넘어가야 할 사실이 있다. 불신앙은 절대 이해의 대상이 아니다.

이해심이 없기로는 하나님이 단연 으뜸이다. 하나님은 무엇이든지 하나님 마음대로 하시고야 마는 분이다. 하나님 뜻에 어긋나는 것을 대충 눈감아주는 법이 도무지 없다.

하나님이 요나에게 니느웨에 가서 말씀을 전하라고 했다. 그런데 요나가 니느웨 반대쪽인 다시스로 도망가려고 배를 탔다. 그러면 "그 정도로 싫으냐? 알았다. 그럼 다른 사람 알아보마."라고 할 만하다. 이미 다시스에 가는 배까지 탄 마당이니 이왕 이렇게 된 것 포기할 수도 있다. 그런데 그렇게 하지 않으셨다. 요나를 사흘 동안 물고기 배 속에 가두면서까지 하나님의 고집을 관철하셨다.

혹시 목사가 지금보다 설교를 두 배 더 잘하면 교인들의 신앙도 두 배 더 좋아질까? 혹시 목사의 성품이 지금보다 열 배 더 너그러워지면 교인들의 신앙도 그만큼 좋아질까? 만일 그렇다면 설교 잘하는 목사, 성품 좋은 목사를 찾는 일이 세상에서 가장 중요하다. 하지만 그게 아니면 어떤 목사를 만나는지에 관계없이 신앙생활은 자기가 해야 한다. 담임목사가 바울이었으면 자기 신앙이 아브라함 수준이 되었을 텐데 뵈뵈를 만나는 바람에 롯 수준밖에 안 되었다는 말은 성립하지 않는다.

구원은 하나님과의 1:1의 관계에서 얻어진다. 어머니 신앙으로 자식이 구원받을 수 없고 아내 신앙으로 남편이 구원받을 수 없다. 구원만 그런 것이 아니다. 신앙생활 역시 마찬가지다. 주변 환경에 묻어가는 수는 없다. 좋은 교회에 등록되어 있다는 이유로 신앙생활 잘하는 것으로 인정되는 법 없고 신령한 목회자를 만났다는 이유만으로 신령한 신앙인으로 인정되는 법 없다. 하나님은 우리 주변에 어떤 사람이 있는지 묻지 않으신다. 우리 각자가 어느 만한 수준으로 신앙생활을 하고 있는지 물으신다. 그것이 우리 책임이다.

16:3-16〉 너희는 그리스도 예수 안에서 나의 동역자들인 브리스가와 아굴라에게 문안하라 …(중략)… 너희가 거룩하게 입맞춤으로 서로 문안하라 그리스도의 모든 교회가 다 너희에게 문안하느니라

바울은 상당히 많은 업적을 남겼다. 하지만 그 모든 업적을 혼자 남긴 것이 아니다. 이름을 얘기하면 로마교회가 알 만한 동역자가 한둘이 아니었다. 그렇다고 해서 여기 나온 '이 사람들이 전부가 아니다. 우리가 익히 알고 있는 바나바, 실라, 데마, 마가도 안 보인다. 바울의 전 생애를 통해서 바울과 동역한 사람이 몇 명이나 되는지 아무도 모른다.

하지만 하나님은 아신다. 사람들은 바울만 기억해도 하나님은 바울과 동역한 사람들 모두를 기억하신다. 성경에 이름이 안 나와서 우리가 모르는 사람까지도 일일이 기억하신다.

감리교를 창시한 존 웨슬리가 32살이었을 때의 일이다. 땅끝까지 이르러 주님의 증인이 되리라는 열망을 품고 미국 선교에 나섰다. 하지만 그의 열망과는 달리 선교 사역에는 아무런 결실이 없었다. 깊은 좌절감과 영적 무력감을 안은 채 2년 만에 영국으로 철수하기로 했다.

그런데 웨슬리가 탄 배가 폭풍을 만난다. 배가 요동치자 승객들이 죽음의 공포로 우왕좌왕했다. 웨슬리 역시 예외가 아니었다. 그런데 놀라운 광경을 목격하게 된다. 몇 명의 청년이 아무 일도 없다는 듯이 태연하게 기도하는 것이었다. 모라비안 형제단이었다. 그 광경이 웨슬리에게 상당한 충격을 주었다. 그들에 비하면 자신은 하나님을 믿는다고 할 수도 없었다. 미국 선교에 실패하고 돌아온 웨슬리의 뇌리에 모라비안 형제단의 모습이 떠나지 않았다. 이렇게 해서 시작된 것이 감리교다.

웨슬리는 세계 기독교 역사에 뚜렷한 족적을 남긴 사람이다. 하지만 그런 웨슬리에게 절대적인 영향을 미친 모라비안 형제단의 이름은 역사에 남아 있지 않다. 그들이 누구인지 아무도 모른다. 그렇다고 해서 하나님도 모르실까? 그들은 자기들의 행동이 웨슬리에게 영향을 미쳤고, 웨슬리에 의해 감리교가 시작되었다는 사실조차 몰랐을 것이다. 하지만 하나님은 그 모든 것을 그들의 공로로 분명히 기억하실 것이다.

이 땅에서 익명이었다고 해서 하늘나라에서도 익명이 아니다. 이 사실을 알면 얼마든지 이 땅에서 익명으로 살아갈 수 있다. 이 세상이 우리를 모르는 것은 전혀 억울한 일이 아니다. 이 땅에서 익명으로 살아가는 동안 할 일이 있다. 우리끼리 서로 문안하는 일이다.

> 너희가 거룩하게 입맞춤으로 서로 문안하라 그리스도의 모든 교회가 다 너희에게 문안하느니라(롬 16:16)

왜 우리끼리 서로 문안해야 할까? 과부 사정은 홀아비가 알기 때문이다. 이 세상에서 신자로 사는 것이 그리 만만한 일이 아니다. 그렇다고 신앙이 없는 사람처럼 살 수도 없고, 신앙을 지키며 살자니 억울한 일이 한두 가지가 아니다. 그래서 우리끼리 서로 위로하는 것이다.

직장 상사 아들이 결혼을 한다는데 주일이다. 당연히 불참했다. 그랬더니 자기를 대하는 것이 달라졌다. 아무것도 아닌 일에 트집을 잡으며 괜히 구박한다. 아무래도 상반기 인사 고과에 불이익이 있을 것 같다. 그렇다고 해서 "아들 결혼식에 안 갔다고 그러는 법이 어디 있습니까?" 하고 따질 수도 없다. 그런 경우에 우리끼리 "집사님이 틀린 것이 아니라 그 사람이 틀린 탓입니다. 조금만 참으십시다. 이 세상은 별수 없습니다." 하고, 서로 위로하고 위로받는 것이다. 흔히 "교회는 위로가 있는 곳이다. 이 세상을 살아가는데 곤비한 영혼이 새 힘을 얻는 곳이다."라는 말이 그런 뜻이다.

그런데 이 말이 이상하게 왜곡되는 사례가 있다. 신앙을 지키며 살기 힘든 현실을 위로받는 것이 아니라 불신앙을 택해서 불편한 마음을 위로받으려는 사람이 있다. 직장 상사 아들이 결혼을 한다는데 주일이다. 당연히 불참해야 하지만 아무래도 눈치가 보였다. 보여야 할 하나님 눈치는 안 보이고 직장 상사 눈치가 보인 것이다. 결국 결혼식에 참석했는데 불편한 마음이 없지는 않다. 그럴 때 "당장 먹고살아야 하는데 어떻게 하겠어요? 하나님도 이해하실 거예요."라는 말을 기대한다.

단언하거니와 그런 경우에는 절대 위로를 받으면 안 된다. 마음이 찔리는 채로 지내다가 자기를 고쳐야 한다. 교회는 신앙을 지키다 입은 상처를 치료해주는 곳이지, 불신앙을 택해서 찔리는 마음에 면죄부를 주는 곳이 아니다. 그래서 거룩하게 입맞춤으로 서로 문안하라고 했다. 이 세상과 짝하여 음란한 입맞춤을 나누면 안 된다.

복음은 모든 사람에게 복음이다. 주님은 모든 사람에게 주님이고 교회 역시 모든 사람에게 교회다. 그런데 신앙이 나타나는 모습은 사람마다 차이가 있다. 교회는 위로가 있는 곳인데 어떤 사람은 세상에서 신앙을 지키다 입은 상처를 치료받고 어떤 사람은 자기가 택한 불신앙에 대해서 면죄부를 받으려고 하는 것이 한 예다.

불신앙에 대한 면죄부를 받고 싶어 하는 것도 어쨌든 신앙이 있으니까 가능하다. 불신자는 늘 불신앙 안에 살면서도 불편을 느끼지 않는다. 신앙, 불신앙의 개념이 없기 때문이다. 신자는 그렇지 않다. 신자는 자기에게 불신앙이 있으면 불편하다. 바람직하지는 않지만 그것도 신앙이 있는 표이기는 하다. 시험 못 본 것을 걱정하면 학생인 것과 같다.

하지만 신앙은 지키면 100점, 안 지키면 빵점으로 나타나는 것이 아니다. 학교에서 시험을 보면 다양한 성적이 나오는 것처럼 신앙도 그렇다. 예수를 믿었느냐, 말았느냐만 따지는 것이 아니라 어떻게 믿었는지도 따져야 한다.

본문에는 바울의 동역자가 나열되는데 아무런 설명 없이 이름만 있는 사람도 있고 설명이 있는 사람도 있다. 브리스가와 아굴라에 대한 설명이 가장 길다. 그들은 바울을 위해서 목숨까지도 내놓은 사람으로 바울뿐 아니라 이방인의 모든 교회도 그들에게 감사한다고 했다. 또 에배네도는 아시아에서 그리스도께 처음 맺은 열매다. 바울과 함께 갇혔던 안드로니고와 유니아는 사도들에게 존중받는 사람이고 암블리아는 주 안에서 바울이 사랑하는 사람이다. 그 외에도 그리스도 안에서 우리의 동역자인 우르바노, 나의 사랑하는 스다구, 그리스도 안에서 인정함을 받은 아벨레 등으로 계속 이어진다.

이런 설명은 13절로 끝이다. 14-15절에는 아순그리도, 블레곤, 허매, 바드로바, 허마, 빌롤로고, 율리아, 네레오, 올름바 등의 이름만 나온다. 그들에 대해서는 아무런 설명이 없다. 성경에 이름이 있는 것으로도 대단한 영광이다. 하지만 다른 사람들은 설명이 있는데 자기들에게는 아무런 설명이 없으면 서운하지 않을까?

어떤 교회 청년회지에서 청년들을 소개하는데 "청년회의 참 일꾼 아무개", "청년회의 온갖 궂은일을 도맡아 하는 아무개", "소리 없는 봉사자 아무개"라고 설명하다가 유독 한 청년에 대해서는 달랑 이름만 써서 "아무개"라고 하면 당연히 서운할 것이다. 어쩌면 교회를 옮길 수도 있다.

우리나라 사람들은 정에 약하다. 추천서를 써달라고 하면 무조건 좋은 말을 나열해주는 예가 왕왕 있다. 하지만 성경은 그런 책이 아니다. 하나님이 우리의 모든 죄를 다 용서하신다고 해서 어떻게 예수를 믿었는지 관계없이 다 똑같다는 뜻은 아니다. 평생 주님을 위해서 헌신한 사람과 단 한순간도 주님을 위해서 헌신해보지 않은 사람이 같을 수는 없다.

12절에 "주 안에서 수고한 드루배나와 드루보사에게 문안하라 주 안에서 많이 수고하고 사랑하는 버시에게 문안하라"라고 되어 있다. 드루배나와 드루보사가 누구이고 버시가 누구인지 우리는 모른다. 이름으로 미루어 보아 드루배나와 드루보사는 쌍둥이가 아닌가 하고 짐작할 뿐이다. 성경에 따르면 드루배나와 드루보사는 주 안에서 수고한 사람이다. 반면 버시는 주 안에서 많이 수고하고 또 바울이 사랑하는 사람이다. 드루배나와 드루보사라고 해서 바울이 사랑하지 않았을 리는 없다. 하지만 '사랑한다'는 말이 있고 없는 것은 엄연히 다르다. 무엇보다도 버시는 주 안에서 '많이' 수고한 사람이다. 어쩌면 드루배나와 드루보사 입장에서는 서운할 수 있다. 그들이라고 해서 대충 수고한 것이 아닐 것이다. 그들도 나름대로 최선을 다했을 것이다. 하지만 별수 없다. 성경이 그렇게 말한다.

에배네도는 바울로부터 사랑한다는 말을 들었다. 마리아는 로마교회를 위하여 많이 수고한 사람이라는 말을 들었고, 우르바노는 그리스도 안에서 우리의 동역자라는 말을 들었고, 아벨레는 그리스도 안에서 인정함을 받았다는 말을 들었다. 여러분은 어떤 말을 듣고 싶은가? 우리의 모든 인생을 하나님 앞에서 평가 받는 날이 있다. 우리는 설레는 마음으로 그 날을 기다리는 사람들이다.

16:17-18〉 형제들아 내가 너희를 권하노니 너희가 배운 교훈을 거슬러 분쟁을 일으키거나 거치게 하는 자들을 살피고 …(중략)… 자기들의 배만 섬기나니 교활한 말과 아첨하는 말로 순진한 자들의 마음을 미혹하느니라

이단의 역사는 상당히 뿌리가 깊다. 신앙에 대한 잘못된 가르침은 바울 당시에도 있었다.

> 다른 복음은 없나니 다만 어떤 사람들이 너희를 교란하여 그리스도의 복음을 변하게 하려 함이라 그러나 우리나 혹은 하늘로부터 온 천사라도 우리가 너희에게 전한 복음 외에 다른 복음을 전하면 저주를 받을지어다(갈 1:7-8)

바울 당시의 복음에 대한 잘못된 가르침은 단연 율법주의다. 유대인들의 선민의식은 상당히 대단하다. 예수님의 구원 사역도 자기들의 전유물인 줄 알았다. 이방인이 구원을 얻으려면 할례를 받고 율법을 지켜서 자기들처럼 된 다음에 예수를 믿어야 한다는 것이었다. 하지만 바울의 태도는 단호했다. 설령 천사라고 해도 그런 주장은 용납할 수 없다고 했다.

> 유대인들에게 내가 유대인과 같이 된 것은 유대인들을 얻고자 함이요 율법 아래에 있는 자들에게는 내가 율법 아래에 있지 아니하나 율법 아래에 있는 자 같이 된 것은 율법 아래에 있는 자들을 얻고자 함이요 율법 없는 자에게는 내가 하나님께는 율법 없는 자가 아니요 도리어 그리스도의 율법 아래에 있는 자이나 율

법 없는 자와 같이 된 것은 율법 없는 자들을 얻고자 함이라 약한 자들에게 내가 약한 자와 같이 된 것은 약한 자들을 얻고자 함이요 내가 여러 사람에게 여러 모습이 된 것은 아무쪼록 몇 사람이라도 구원하고자 함이니 내가 복음을 위하여 모든 것을 행함은 복음에 참여하고자 함이라(고전 9:20-23)

바울은 복음을 전하는 데 모든 관심이 집중된 사람이었다. 율법을 지키는 사람을 만나면 율법을 지키는 사람이 되었고 율법 없는 사람을 만나면 율법 없는 사람이 되었다. 그래야 만나는 모든 사람에게 복음을 전할 수 있기 때문이다.

그러면 어떤 것은 양보할 수 있고 어떤 것은 양보할 수 없을까? 어떤 경우에는 "하늘로부터 온 천사라도 다른 복음을 전하면 저주를 받을지어다"라는 말을 적용하고, 어떤 경우에는 "내가 여러 사람에게 여러 모습이 된 것은 아무쪼록 몇 사람이라도 구원하고자 함이라"라는 말을 적용해야 할까?

"예수를 믿으면 구원 얻는다"라는 가르침과 "예수도 믿어야 하지만 율법도 지켜야 한다"라는 가르침을 비교해 보자. 바울은 "예수를 믿으면 구원 얻는다"라는 사실을 전하기 위해서 다른 것은 다 양보한다는 사람이다. 하지만 그 양보의 범주에 "예수도 믿어야 하지만 율법도 지켜야 한다"는 포함되지 않는다.

얼핏 생각하면 "예수도 믿어야 하고 율법도 지켜야 한다"라고 하는 것이 신앙을 더 철저하게 강조하는 것 같다. 하지만 이 말을 뒤집으면 이상하게 된다. "아무리 예수님이 우리를 위해서 돌아가셨다고 해도 예수님 혼자 우리를 구원하지는 못한다. 우리가 율법을 지켜서 예수님을 도와드려야 한다."라는 뜻이 되기 때문이다. 결국 "예수도 믿어야 하고 율법도 지켜야 한다"라는 말은 "예수를 믿으면 구원 얻는다"라는 말보다 하나님을 더 잘 섬기기 위한 말인 것 같지만 사실은 그 반대다. "나는 율법을 지켰다"라고 해서, 자기를 내세우기 위한 말이다.

18절에서 그런 자들은 그리스도를 섬기는 자가 아니라 자기 배만 섬기는 자라고 했다. 하나님을 드러내는 척하면서 슬며시 자기를 드러내기 때문이다. 겉으로는 하나님의 의를 말하면서 실상으로는 인간의 의를 말한다면 그것은 신앙이 아니다.

피조물 중에 사탄이 가장 지혜가 없다는 사실을 아는가? 성경은 여호와를 경외하는 것이 지혜의 근본이라고 한다. 그러니 사탄이 가장 어리석은 존재가 된다. 사탄이 왜 한사코 하나님 반대편에 서느냐 하면, 지혜가 없어서 그렇다. 이 얘기를 우리한테 적용해 볼까? 교회에서는 신자처럼 살고 세상에서는 불신자처럼 사는 사람이 있을 수 있다. 적당히 타협하면서 손해 보지 않고 사는 것이 자기 딴에는 지혜로운 것 같지만 사실은 그 반대다. 오히려 지혜가 없는 것이다.

우리에게 있는 신앙이 정말로 신앙이려면 그 신앙을 통해서 하나님을 높일 수 있어야 한다. 즉 하나님을 높이는 것이 신앙이다. 신앙은 자신을 치장하는 도구가 아니다. 요컨대 바울이 "너희가 배운 교훈을 거슬러 분쟁을 일으키거나 거치게 하는 자들을 살피고 그들에게서 떠나라"라고 하는 얘기는, 신앙이 오직 하나님을 높이는 데에만 동원되어야 하기 때문이다. 우리는 그리스도를 섬기는 사람이지, 우리의 배를 섬기는 사람이 아니다.

16:19-20〉 너희의 순종함이 모든 사람에게 들리는지라 그러므로 내가 너희로 말미암아 기뻐하노니 …(중략)… 평강의 하나님께서 속히 사탄을 너희 발 아래에서 상하게 하시리라 우리 주 예수의 은혜가 너희에게 있을지어다

아이가 있으면 어느 집이나 컴퓨터 게임과 전쟁을 하는 것 같다. 하라는 공부는 하지 않으면서 하지 말라는 컴퓨터 게임은 틈만 나면 하기 때문이다. 그런 아이를 보면 "게임하는 것처럼 공부를 하면 얼마나 좋을까?"라는 생각이 들 것이다. 선한 데 지혜롭고 악한 데 미련하기를 원한다는 말이 바로 그런 말이다.

아이한테 "게임 그만하고 공부 좀 해라"라는 말을 하는 이유가 무엇일까? "공부 그만하고 게임 좀 해라"라는 집은 없다. 아이들의 관심이 공부에는 없고 게임에만 있기 때문이다. 성경의 모든 요구가 다 그렇다. 성경에 원수를 사랑하라는 말씀이 있다. 우리가 본성적으로 원수 사랑하기를 즐겨하면 그런 말씀이 있을 턱이 없다. 우리는 원수를 사랑할 마음이 없는데 하나님은 우리가 원수를 사랑하기를 원하시니까 그런 말씀이 있는 것이다. 그러면 우리가 할 일은 원수를 사랑하는 것을 연습하고 훈련하는 일이다. 원수를 사랑하지 못하는 이유를 구구절절이 나열해서 하나님을 설득할 필요는 없다.

프로 골퍼들은 하루도 빠짐없이 스윙 연습을 한다. 무의식적인 상태에서도 원하는 스윙이 나오도록 하루에 몇 시간씩 똑같은 동작을 반복한다. 그렇게 해야 긴장감이 극도에 달한 상황에서도 몸이 자동적으로 올바른 스윙을 구현해내기 때문이다. “잘해야지”라고 마음먹어서 잘하는 것이 아니라 잘할 수밖에 없도록 몸이 반응해야 한다. 심리적으로 안정된 상태에서는 제 스윙이 나오는데 긴장한 상태에서는 제 스윙이 안 나온다면 그것은 실력이 아니다.

학교 다니던 시절에 “오늘부터 공부 열심히 해야지”라는 결심을 해보았을 것이다. 참 좋은 결심이다. 하지만 공부 열심히 하기로 결심하는 것과 실제로 공부를 열심히 하는 것은 다르다. 어쩌면 공부하기 위한 계획표를 짤 수도 있고 책상을 정리할 수도 있고 밤중에 먹을 간식을 챙길 수도 있다. 그 모든 것은 공부를 하기 위한 준비이지, 공부가 아니다.

예수를 잘 믿기로 결심하는 것은 참 좋은 일이다. 열심히 기도하기로 결심하는 것도 좋은 일이고 성경 읽기로 결심하는 것도 좋은 일이다. 선한 데 지혜롭고 악한 데 미련하기로 결심하는 것도 좋은 일이다. 하지만 의욕이 곧 그 사람의 실력은 아니다. 결심한 내용을 몸에 익히기 위해서는 꾸준한 훈련이 필요하다. 선한 일에 미련한 자신의 모습이 보일 때마다 자신을 채근해야 하고 악한 일에 지혜로운 자기의 모습이 보일 때마다 자신을 책망해야 한다. 한두 번 연습하는 것으로 되지 않는다. 프로 골퍼가 스윙 연습하듯이 반복해서 세포 하나하나에 다 기억시켜야 한다.

훈련을 영어로 discipline이라고 하고 제자를 disciple이라고 한다. 둘의 어원이 같다. 훈련과 제자는 본질상 성격이 같다는 뜻이다. 제자가 되기 위해서는 훈련을 거쳐야 한다. 훈련을 통해서만 제자가 만들어진다.

이 사실을 감안하면 우리는 제자가 아닌지도 모른다. 요즘 신자가 아는 것은 "일요일에 교회 간다"와 "십일조 한다"라는 두 가지뿐이다. 기도도 해야 하고 성경도 읽어야 하고 전도도 해야 한다는 소리가 아니다. 불신자 때와 달라지기 위해서 자신을 훈련하는 모습이 없어서 그렇다. 달라져야 하는 줄도 모르는 것 같다. 불신자 때 좋아하던 것을 신자가 된 다음에도 좋아하고 불신자 때 싫어하던 것을 신자가 된 다음에도 싫어한다. 불신자 때 선한 데 미련하고 악한 데 지혜롭더니 신자가 된 다음에도 여전히 선한 데 미련하고 악한 데 지혜롭다.

불량식품만 먹으면서 건강을 기대할 수 있을까? in put과 out put에는 상관관계가 있게 마련이다. 좋은 것을 집어넣어야 좋은 것이 만들어진다. 영혼 역시 마찬가지다. 틈만 나면 TV와 웹서핑으로 온갖 쓸데없는 정보를 집어넣었으면서 영혼이 맑기를 기대할 수는 없다. 영혼이 맑아지기를 기대하면 영혼이 맑아질 만한 일을 해야 한다.

시내에서 친구를 만나기로 했다. 약속 장소로 가는 중에 연락이 왔다. 15분 정도 늦겠다는 것이었다. 약속 시간보다 조금 늦게 친구를 만났다. 만난 다음에 생각하니 뭔가 이상했다. 늦겠다고 말하면 늦어도 되는 자격이 생기는 것일까? 물론 늦겠다고 연락은 했지만 어쨌든 늦은 것은 늦은 것 아닐까?

시간 약속에 대한 얘기가 아니다. 우리는 신자들이다. 성경 말씀대로 살아야 하는 책임이 있다. 자기가 왜 성경 말씀대로 살지 못하는지 설명한다고 해서 성경 말씀대로 산 것으로 인정되는 법은 없다. "본래 그게 맞지만…"이라는 말은 필요가 없다. 본래 그게 맞으면 그대로 하면 된다. 우리가 선한 데 지혜롭고 악한 데 미련한 사람이 되기 전에는 그 어떤 것으로도 그것을 대신할 수 없다. 선한 데 지혜롭고 악한 데 미련한 사람이 되는 것이 우리를 향한 성경의 요구다.

16:21-23〉 **나의 동역자 디모데와 나의 친척 누기오와 야손과 소시바더가 너희에게 문안하느니라 이 편지를 기록하는 나 더디오도 주 안에서 너희에게 문안하노라 나와 온 교회를 돌보아 주는 가이오도 너희에게 문안하고 이 성의 재무관 에라스도와 형제 구아도도 너희에게 문안하느니라**

예전에 성경을 읽다가 22절이 참 재미있다는 생각을 한 적이 있다. "이 편지를 기록하는 나 더디오도 주 안에서 너희에게 문안하노라"라고 했으니까 로마서는 바울의 친필 서신이 아니라는 뜻이다. 전하는 얘기에 의하면 바울은 시력이 굉장히 안 좋았다고도 하고 혹은 극심한 안질에 시달렸다고도 한다.

그러면 22절은 어떻게 된 영문일까? 더디오가 살짝 이 구절을 집어넣었다고 보기는 어렵다. 만일 바울이 디모데와 누기오, 야손, 소시바더, 가이오, 에라스도, 구아도 등의 안부만 전하고 더디오를 빼먹었으면 22절은 23절 뒤에 있어야 한다. 더디오가 속으로 "어? 내 이름은 왜 안 불러? 그럼 내가 알아서 써야지."라고 했어도 23절 뒤에 가야 하고, 아니면 더디오가 자기 안부도 전하면 안 되느냐고 양해를 구했어도 마찬가지다. "선생님! 제 안부도 전하면 안 될까요?"라고 했을 때 바울이 "아차, 미안해. 자네 이름을 빼먹었구먼. 그래, 자네 안부도 전해야지."라고 했어도 23절 뒤에 더디오의 이름이 나와야 한다. 그런데 22절에 나오는 것을 보면 바울이 더디오의 이름을 구술했다는 뜻이다. 아마 바울이 "자네 안부도 전해"라고 하자, 더디오가 "이 편지를 기록하는 나 더디오도 주 안에서 너희에게 문안하노라"라고 쓰지 않았나 싶다.

우리나라 역대 대통령 중에 공과(功過)가 가장 뚜렷하게 대비되는 대통령이라면 단연 박정희 대통령이다. 공(功)은 경제 발전이고 과(過)는 독재 정치다. "우리나라가 얼마나 가난한 나라였느냐? 이만큼 잘살게 된 것은 전적으로 박정희 대통령의 업적이다."라고 말하는 사람도 있고 "무슨 소리냐? 그때는 우리나라만 발전한 것이 아니라 싱가포르, 대만, 홍콩이 다 비약적인 경제 발전을 이루었다. 그것은 당시 국제 정세에 따른 것이지 어째서 박정희 개인의 공이란 말이냐? 무엇보다 그때 유린된 인권은 어떻게 할 거냐?"라고 말하는 사람도 있다.

그런 박정희 대통령의 업적을 얘기할 때 빠지지 않는 것이 경부고속도로다. 그렇다고 해서 박정희 대통령이 직접 삽을 들고 경부고속도로를 건설한 것이 아니다. 실제로 고속도로 건설 현장에서 땀 흘린 사람은 우리가 모르는 무수한 노동자들이다. 공사 중에 사고로 죽은 노동자가 공식적으로는 칠십칠 명이고 비공식적으로는 수백 명이다. 그 가족은 박정희 대통령이 경부고속도로를 건설했다는 말에 분통을 터뜨릴 수도 있다.

하나님 나라에는 그런 억울함이 아무에게도 없다. 로마서는 바울의 이름으로 기록된 책이다. 그러면 그 내용을 받아 쓴 사람이 더디오면 어떻고 누기오나 구아도면 어떤가? 어차피 성경을 주의 깊게 탐독한 사람이 아니면 아무도 기억하지 못한다. 하지만 하나님은 분명히 기억하신다. 로마서를 구술한 사람은 바울이지만 그 내용을 받아 적은 사람은 더디오라고 명기된 것처럼 우리가 이 세상에서 하는 그 어떤 일도 다른 사람에게 묻어서 넘어가는 법이 없다.

성경이 등한히 여기는 문제가 따로 있다. 21절에 디모데, 누기오, 야손, 소시바더가 나오고 22절에 더디오, 23절에 가이오, 에라스도, 구아도가 나온다. 디모데는 누구나 알지만 누기오, 야손, 소시바더는 그렇지 않다. 야손의 이름은 사도행전에도 나오는데 동일 인물일 수도 있고 아닐 수도 있다. 또 누기오와 소시바더는 본문에만 나온다. 그들이 어떤 사람인지 전혀 알려진 바가 없다.

하지만 가이오는 상당히 유력한 사람이었다. 23절에 "온 교회를 돌보아주는 가이오"라고 되어 있다. 가이오가 온 교회를 어떻게 돌봐주었을까? 〈개역한글판성경〉에는 "온 교회 식주인(食主人) 가이오"라고 되어 있다. 가이오는 온 교회를 위하여 마음을 쓰는 사람이 아니었다. 교회의 현실적인 필요를 채워주는 사람이었다. 알기 쉬운 말로 교회의 물주였다. "저 사람이 우리 교회 물주다"라는 말을 들을 수 있으려면 그 교회 재정의 몇 %쯤 감당하면 될까? 그런 기준은 없지만 최소한 50%는 넘어야 할 것이다. 연간 예산이 1억인 교회에서 물주라는 말을 듣는 사람이라면 연간 5천만 원 이상을 헌금한다는 얘기다. 어지간한 사람으로서는 엄두도 못 낼 일이다. 또 에라스도는 재무관이었다. 상당한 재력가였음을 짐작할 수 있다.

예전에 고린도에 간 적이 있다. 바울이 로마서를 쓴 곳이 고린도였다. 탐방한 곳 중에 그 시대에 포장된 도로 유적도 있었다. 로마시대의 도로는 상당히 유명하다. 도로를 만들기 위해서 먼저 1-2m 깊이로 땅을 파서 바닥에 모래를 뿌리고 롤러로 다진다. 그 위에 30cm 크기로 다듬은 돌을 판판하게 모르타르로 붙인다. 그 위에 호두 크기의 작은 돌을 덧씌우고 다시 자갈과 모래층을 쌓는다. 그리고 맨 위에는 크고 평평하게 다듬은 돌을 까는 것으로 마무리한다. 전체 두께가 2m나 되는 이 포장도로들은 지금의 도로도 따라가지 못할 만큼 튼튼하다. 2,000년이 지난 지금도 사용 가능한 도로가 상당수 남아 있다.

고린도에서 본 도로 유적에는 도로가 시작되는 곳에 도로를 설명한 동판이 있었다. 그 동판에 "이 도로는 이 성의 재무관 에라스도가 놓은 도로입니다"라고 쓰여 있었다. 그 도로의 본래 길이나 공사 비용을 정확히 할 수는 없지만 에라스도가 엄청난 재력가였던 것은 분명하다.

이런 가이오와 에라스도라면 더 비중 있게 다루어야 하는 것 아닐까? 바울의 수제자격인 디모데보다 이름이 뒤에 나올 수는 있어도 누기오, 야손, 소시바더보다는 앞에 나와야 하는 것 아닐까?

여름에 수해가 나면 방송사에 구호성금을 기탁한다. 방송사에서는 그 내용을 보도한다. 그때 성금을 기탁한 순서대로 보도하지 않는다. 액수가 많은 순서대로 보도한다. 그것이 이 세상 원칙이다.

성경은 그런 것을 전혀 고려하지 않는다. 만일 가이오나 에라스도가 물질적인 공헌이 많다고 해서 성경이 그 이름을 더 중요하게 다룬다면 그것이 오히려 이상하다. 그러면 우리 역시 성경이 어떤 것을 중요하게 여기고 어떤 것을 중요하게 여기지 않는지에 관심을 맞출 필요가 있다. 남편 입맛에는 관심 없으면서 옆집 남자 입맛에만 관심이 있다면 정상적인 주부가 아니다. 마찬가지다. 성경이 중요하게 여기지 않는 문제에는 혈안이 되면서 성경이 중요하게 생각하는 문제에는 시큰둥하다면 예수를 믿는 사람이 아닐 수 있다. 혹시 하나님이 중요하게 생각하는 것과 우리가 중요하게 생각하는 것이 전혀 다르지나 않은지 생각을 다시 해봐야 한다.

16:25-27〉 **나의 복음과 예수 그리스도를 전파함은 영세 전부터 감추어졌다가 이제는 나타내신 바 되었으며 …(중략)… 지혜로우신 하나님께 예수 그리스도로 말미암아 영광이 세세무궁하도록 있을지어다 아멘**

25-27절이 한 문장이다. 너무 길어서 무슨 뜻인지 얼른 감이 잡히지 않는다. 우선 나의 복음과 예수 그리스도를 전파함은 영세 전부터 감추어졌다가 이제는 나타내신 바 되었다고 한다. '나의 복음'이라는 표현이 나온다. 또 나의 복음과 예수 그리스도를 전파함은 영원하신 하나님의 명을 따라 선지자들의 글로 말미암아 모든 민족이 믿어 순종하게 하려고 알게 하신 바 신비의 계시를 따라 된 것이라고 한다. 이런 얘기를 한 연후에 "이 복음으로 너희를 능히 견고하게 하실 지혜로우신 하나님께 예수그리스도로 말

미암아 영광이 세세무궁하도록 있을지어다 아멘"이라는 말로 끝맺는다.

바울은 '나의 복음'을 전하는 사람이다. 자기와 관계있는 복음을 말한다. 신앙은 항상 1인칭으로 고백되어야 한다. 자기 간증이 없는 신앙은 신앙이 아니다.

드와이트 무디는 4살 때 아버지가 돌아가셨기 때문에 교육을 거의 받지 못한 채 일찍부터 구두 가게에서 일했다. 주일학교 교사를 하고 싶었지만 교회에서 반을 맡겨주지 않았다. 그래서 교사로 임명만 해주면 자기가 알아서 학생을 모집하겠다는 조건으로 겨우 허락을 받았다. 그때부터 자기가 직접 전도해서 반을 만들었는데 나중에는 반 학생이 1,500명에 이를 정도였다. 남북전쟁이 일어나자 복음을 들고 전쟁터에 뛰어들었다. 무려 1,500차례나 집회를 열어서 복음을 증거했다. 종전 후에는 미국과 영국을 오가면서 복음을 전했는데 평생 동안 2억 명에게 복음을 전했다.

무디 박물관에 가면 그가 읽던 성경이 있다. 성경 여기저기에 밑줄이 그어져 있고 T와 P가 쓰여 있다. T는 Tested, P는 Proved라는 뜻이다. 즉 "내가 시험해봤다", "해봤더니 그대로 입증되더라"라는 뜻으로 군데군데 T와 P를 쓴 것이다. 이런 것이 나의 복음이다. 한 칸 건넌 복음은 무효다. 자기가 직접 체험한 복음이라야 진짜 복음이다.

또 나의 복음과 예수 그리스도를 전파함은 영원하신 하나님의 명을 따라 선지자들의 글로 말미암아 모든 민족이 믿어 순종하게 하려고 알게 하신 바 신비의 계시를 따라 된 것이라고 했다. 신비의 계시는 당연히 성경이다. 하나님이 성경을 기록하게 하신 이유는 모든 민족으로 하여금 믿어서 구원을 얻도록 하기 위해서가 아니다. 믿어서 순종하도록 하기 위해서다. 믿음이 구원으로 연결되지 않고 순종으로 연결된다.

복음이 무엇일까? 복음을 설명하지 못할 사람은 없다. 인간이 하나님을 떠나 죄인이 되었는데 예수님이 우리 죗값을 치르고 십자가에 달려 돌아가셨으니 그 예수님을 믿으면 구원 얻는다는 것이 복음이다. 그런데 이런 복음 설명에는 치명적인 맹점이 있다. 구원 얻은 자의 삶, 하나님의 사랑에 대한 우리의 반응이 설 자리가 없다. 청춘 남녀가 사랑에 빠져도 둘 사이를 설명할 수 있는 일화가 수두룩하게 생기게 마련이다. 그런데 우리와 하나님 사이에는 설명할 수 있는 일화가 아무것도 없다. 단지 구원만 얻었을 뿐 하나님과 아무런 관계도 맺지 않는다. 믿는다고 하면서 순종하지 않기 때문이다.

> 그로 말미암아 우리가 은혜와 사도의 직분을 받아 그의 이름을 위하여 모든 이방인 중에서 믿어 순종하게 하나니(롬 1:5)

로마서를 시작하면서 믿어 순종하게 한다는 말이 나왔다. 로마서를 마치면서 그 말을 반복한다. 복음의 궁극적인 목적은 예수 믿고 구원 얻는 것이 아니다. 순종하는 것이다.

예수를 믿으면 구원은 자동으로 주어지지만 순종 여부는 자기가 선택할 수 있는 것으로 착각하는 사람이 간혹 있다. 대부분의 신자는 믿어서 구원만 얻는 반면 열심 있는 신자는 순종하는 삶을 살기도 한다는 식이다. 절대 그렇지 않다. 믿음과 순종이 한 세트다. 순종하지 않는 사람은 믿음이 없는 사람이고 믿음이 없는 사람이라면 하나님과 관계없는 사람이다.

이어서 바울은 "이 복음으로 너희를 능히 견고하게 하실 지혜로우신 하나님께 예수 그리스도로 말미암아 영광이 세세무궁하도록 있을지어다 아멘"이라는 말로 로마서를 맺는다. 하나님은 지혜로우신 하나님이다. 어떤 것이 하나님의 지혜인가 하면, 복음으로 우리를 견고하게 하는 것이 하나님의 지혜다. 우리가 복음에 순종하면 그 복음은 우리를 견고하게 한다.

요즘에는 신용카드가 일반화되었기 때문에 해당 사항이 없지만 예전에는 지갑이 두둑해야 마음이 든든하다는 말을 하곤 했다. 다이어트에 성공해서 날씬한 몸매를 갖게 되니까 매사에 자신감이 생기더라는 말을 들은 기억도 있다. 심지어는 성형수술을 해서 예뻐지면 자신감이 생긴다는 광고를 본 적도 있다.

얼마 전에 어떤 청년으로부터 책을 추천해 달라는 말을 들었다.

"어떤 책?"

"읽으면 자신감이 생길 만한 책 없을까요?"

"자신감이 책 한 권 읽어서 생기는 것이면 그런 자신감은 별로 중요한 게 아닐 거다. 책 한 권 읽어서 생기는 자신감 말고 제대로 된 자신감을 길러 봐라."

"어떤 자신감이요?"

"예수를 믿어서 생기는 자신감! 예수만 제대로 믿으면 자신감은 저절로 생기지 않을까?"

지갑에 돈이 있으면 생기는 자신감, 몸에 축적된 지방을 연소시키면 생기는 자신감, 쌍꺼풀 수술을 하고 코를 높이면 생기는 자신감, 책 한 권 읽어서 생기는 자신감 같은 것은 하나님이 우리에게 허락하신 예가 없다. 하나님은 우리를 복음으로 견고하게 하기를 원하신다. 우리가 이 세상을 살아가는 힘이 아파트 평수나 자동차 배기량, 출신 학교, 연봉이 아니라 "나는 예수 믿는 사람이다"라는 사실이기를 바라신다.

예전에 남산에 갔을 때의 일이다. 산책 나온 아주머니들이 주고받는 말을 우연히 들었다. 한 아주머니가 말했다. "여자애들은 학원 보낼 필요 없어. 그 돈 모아뒀다가 나중에 성형수술해주면 그게 훨씬 좋아." 농담이었는지 진담이었는지 모르지만 학원에 보내는 것도 좋은 대학 나와야 좋은 사람을 만날 수 있다는 생각 때문이고, 성형수술을 해준다는 얘기도 같은 생각 때문이다. 둘 다 사회적인 신분 보장을 위한 것이다.

예수를 믿는 것은 그런 식의 얘기가 아니다. 신앙은 우리가 세상을 살아가는데 유용한 도움을 주는 방편이 아니라 삶의 원리이고 목적이다. 물론 부잣집 남자를 만나서 결혼하면 그 남자의 부를 같이 누리게 된다. 그 남자의 마음을 사로잡으면 그 남자의 모든 소유가 자기 소유다. 하지만 애초부터 돈을 보고 결혼하려는 것은 경우가 다르다. 만날 때마다 그 남자 얼굴은 안 보고 지갑에만 눈독을 들인다면 아무것도 얻지 못할 것이다. 우리는 하나님의 능력을 구하는 사람들이 아니라 하나님의 얼굴을 구하는 사람들이다. 하나님이 우리에게 주시는 세상 복락 때문에 우리가 견고해지는 것이 아니라 우리가 복음에 순종함으로 인해서 견고해진다.

바울이 이 사실을 알아서 '나의 복음'을 전했다. 그러면 '우리의 복음'은 어디에 있을까? "예수를 믿었더니 어떻더라"라고 말할 만한 것이 어떤 것이 있을까? A4 용지를 나눠주고 "자신이 체험한 예수님에 대해서 쓰시오"라고 하면 얼마나 쓸 수 있을까?

로마서 마지막 시간이다. 지금까지 무슨 내용이 나왔는지 일일이 기억하지 못할 수 있다. 하지만 바울이 마지막으로 언급하는 내용만큼은 기억했으면 한다. 복음은 나의 복음이라야 한다. 신앙에는 마땅히 자기 체험이 있어야 한다. 믿음은 순종으로 나타나야 한다. 하나님은 우리가 복음으로 견고하게 되기를 바라신다. 우리의 힘은 이 세상이 아니라 오직 하나님이다. 우리는 이 모든 사실에 '아멘'을 말하는 사람들이다.

LET'S GO 로마서 ㊦

초판 1쇄 발행 2022. 02. 11.
지은이 강학종
펴낸이 방주석
펴낸곳 베드로서원
주 소 10252 경기도 고양시 일산동구 고봉로 776-92
전 화 031-976-8970
팩 스 031-976-8971
이메일 peterhouse@daum.net
등 록 2010년 1월 18일
창립일 1988년 6월 3일
ISBN 979-11-91921-05-2 03230
책값은 뒤표지에 있습니다.

베드로서원은 문서라는 도구로 한국교회가 복음의 본질을 회복하고

마을목회와 선교적교회로 나아가는데 기여하고자 최선을 다하고자 합니다.

나의 힘이신 여호와여 내가 주를 사랑하나이다(시 18:1)